中国科学院"丝路环境"专项（XDA 20010100）

"一带一路" 专题研究

"一带一路"怎么干

基于案例研究的理论思考

刘卫东 等著

商务印书馆
创于1897　The Commercial Press

图书在版编目(CIP)数据

"一带一路"怎么干:基于案例研究的理论思考/刘卫东等著. —北京:商务印书馆,2023

("一带一路"·专题研究系列)

ISBN 978-7-100-23245-6

Ⅰ.①一… Ⅱ.①刘… Ⅲ.①"一带一路"—国际合作—案例 Ⅳ.①F125

中国国家版本馆CIP数据核字(2023)第233583号

权利保留,侵权必究。

"一带一路"怎么干
——基于案例研究的理论思考
刘卫东 等著

商务印书馆出版
(北京王府井大街36号 邮政编码100710)
商务印书馆发行
北京冠中印刷厂印刷
ISBN 978-7-100-23245-6

2023年12月第1版　开本787×1092 1/16
2023年12月北京第1次印刷　印张18½
定价:138.00元

序　言

今年，共建"一带一路"倡议提出整整十年了。十年来，"一带一路"建设取得了"实打实、沉甸甸"的成果，产生了巨大的国际影响力，必将载入史册。可以说，这是发展中国家所提出的国际倡议中最成功的一个。当初，恐怕没有多少人能想象到它今天受欢迎的程度以及被某些国家抹黑和围堵的程度。事实上，它的成功恰恰可以用这两个方面来反映。

截至2023年6月，已经有150多个国家和30多个国际组织与中国签署了共建"一带一路"合作文件或发表了相关联合声明。正如习近平总书记在党的二十大报告中所指出的，共建"一带一路"成为深受欢迎的国际公共产品和国际合作平台。这个倡议对于世界互联互通、贸易发展、经济增长、减贫脱贫以及实现联合国2030年可持续发展目标的价值，已经得到了广泛的认可；对于中国自身发展和全方位对外开放的重要作用，无须赘述；对于世界经济治理体系改革和发展的重要意义，以及对于经济全球化健康发展的引领作用，令人拭目以待、充满期待。

同时，以美国为代表的少数国家却对于共建"一带一路"倡议的焦虑与日俱增，抹黑行动和战略围堵势头有增无减。2021年，美国国会通过的《2021战略竞争法案》，设置专款用于抹黑共建"一带一路"倡议。同年，美国主导G7提出了一个竞争性倡议，即"重建美好世界"（B3W），欧盟也提出了"全球门户计划"，试图对冲共建"一带一路"倡议的影响。另外，"中国环境威胁""中国债务陷阱"等论调经常出现在西方主流媒体上，也时不时挂在一些西方政客的口头。这与共建"一带一路"倡议刚提出之时其态度截然不同；当时这些西方国家并不认为共建"一带一路"倡议能产生多大的影响。不过，他们的这些举动从另一个方向证明了共建"一带一路"倡议的成功。

从产生的国际影响力来看，共建"一带一路"倡议毫无疑问是成功了。但是，它为什么成功、为什么行？这个问题仍然像谜一样摆在学术界面前。在日常交流中，经常可以听到部分（国内外）学者质疑的声音，认为共建"一带一路"倡议愿景宏大但措施笼统，没有提出清晰而具体的路线图和建设模式；也有人认为它不符合（西方）经济学准则；有人用西方已有国际合作模式和经验来检视共建"一带一路"倡议，认为它不合常规；还有人引用个别出现债务违约的建设项目，认为共建"一带一路"是败笔。确实，在不少人看来，共建"一带一路"倡议有些"雾里看花"和"眼花缭乱"的感觉。一定程度上，共建"一带一路"倡议的成功似乎变成了一个谜。这个"'一带一路'之谜"值得思考。

理解"'一带一路'之谜"着实不容易。这个谜在很大程度上是中外政治和文化差异造成的。从政治上看，中国政府倾向于使用"政治动员"来推动重大、战略性工作，即提出一个战略目标或愿景，动员全社会"八仙过海、各显神通"地去实现它。这种情况下，具体路线图或建设模式往往不会出现在初期，而是需要"摸着石头过河"去探索。从早年的"四个现代化"到后来的改革开放，基本上都是"政治动员"开路，根据形势和条件变化而摸索着"过河"。共建"一带一路"倡议亦是如此。从文化上看，中国人行事仍然受到传统文化的影响。对于多数中国人而言，"阴阳"和"五行"是清晰的、可以用来解释人体运行的概念，而西医需要在细胞和分子层面上才能说明白。在共建"一带一路"倡议这件事上，理念、愿景和原则是清晰的，这对于"政治动员"而言已经足够了，但对于执着于西方思维的人而言，这太模糊了。此外，共建"一带一路"国家数量庞大，各国发展水平和发展条件千差万别，因而需要因地制宜地探索适宜的合作模式，而不是套用统一的模式。因此，理解"政治动员""摸着石头过河"和"因地制宜"这几个关键词，可能有助于解答"'一带一路'之谜"。

"一带一路"的成功，离不开党和国家领导人的亲自谋划、亲自部署与亲自推动。自 2013 年秋提出"丝绸之路经济带"和"21 世纪海上丝绸之路"以来，习近平总书记发表了四十多次关于"一带一路"建设的重要讲话（根据《习近平谈"一带一路"》统计），提到"一带一路"的讲话就更多了；主持审定了"一带一路"建设战略规划，即后来发布的《推动共建丝绸之路经济带和21 世纪海上丝绸之路的愿景与行动》（以下简称《愿景与行动》）；参加了三次"一带一路"建设座谈会并发表重要讲话；出席了三次"一带一路"国际合作高峰论坛开幕式并发表重要演讲。

2015 年秋，在主持十八届中央政治局第二十七次集体学习时，习近平总书记指出，"要推动全球治理理念创新发展"，"弘扬共商共建共享的全球治理理念"，而后"共商共建共享"成为"一带一路"建设的基本原则和最为引人之处；2016 年秋，在第一次"一带一路"建设座谈会上，他要求以"钉钉子"的精神推动"一带一路"建设，并提出了"八个推进"，为"一带一路"建设立柱架梁；2017 年春，在第一届"一带一路"国际合作高峰论坛开幕致辞中，他向与会嘉宾深入阐述了"丝路精神"，推动了全世界对共建"一带一路"倡议的认知；2018 年秋，在第二次"一带一路"建设座谈会上，针对"一带一路"建设快速发展中存在的问题，他提出要坚持稳中求进的工作总基调，推动共建"一带一路"向高质量发展转变；2019 年春，在第二届"一带一路"国际合作高峰论坛开幕致辞中，他提出要秉持共商共建共享的原则，倡导多边主义，坚持开放、绿色、廉洁的理念，努力实现高标准、可持续、惠民生的目标；2021 年冬，在第三次"一带一路"建设座谈会上，他要求以高标准、可持续、惠民生为目标，继续推动共建"一带一路"高质量发展，并根据形势变化为"五通"工作赋予了新的任务，提出要"稳妥开展健康、绿色、数字、创新等新领域合作，培育合作新增长点"。2023 年秋，在第三届"一带一路"国际合作高峰论坛开幕式主旨演讲中，习近平主席宣布了中国支持高质量共建"一带一路"的八项行动，包括构建"一带一路"立体互联互通网络、支持建设开放型世界经济、统筹推进标志性工程和"小而美"民生项目、促进绿色发展、推动科技创新、支持民间交往、建设廉洁之路以及完善国际合作机制。正是因为习近平总书记的掌舵领航，"一带一路"建设才能取得今天的成就。

当然,"一带一路"之所以行,从根本上讲是因为它符合天下大势。过去十多年,世界经济和安全形势持续动荡。一方面,世界仍未从2008年全球金融危机造成的伤害中完全康复(这实际上也是新自由主义经济全球化的危害),经济增长低迷;另一方面,地区冲突和冷战思维愈演愈烈。可以说,世界陷入迷失困境。西方全力树立起来的发展模式和全球化模式已经被证明是存在巨大问题的,弱者和底层逐渐被边缘化,很少分享到增长的好处,导致社会极度不公平和严重的社会动荡。正如习近平总书记所指出的,这个世界出现了"和平赤字、发展赤字、治理赤字和信任赤字"。这些赤字令很多国家特别是发展中国家不安、不满,迫切希望寻求新的全球化道路。在这个背景下,共建"一带一路"倡议宛如一盏新的航灯,吸引了越来越多的国家参与。坚持和平合作、开放包容、互学互鉴、互利共赢,坚持共商共建共享和多边主义,坚持平等合作,坚持新发展理念,坚持惠民生等等,这些做法无疑都是新鲜的国际合作理念,指向新的全球化道路,是治疗旧有道路顽疾的药方(见第一章)。顺大势而为,已然成功了一半!

毫无疑问,共建"一带一路"倡议已经成为一个可以载入史册的历史性事件。过去十年中,我们团队有幸深度参与了这个历史性事件,而且是以贴近决策、贴近实践的方式参与其中。2013年9月8日,在习近平主席提出共建"丝绸之路经济带"倡议的第二天,国家发展改革委西部司(现区域开放司,下同)领导即邀请我们共同开展了"丝绸之路经济带初步研究"。9月下旬,基于这个研究,我们提交了一份建议,为推动"一带一路"建设战略规划的启动做出了贡献。之后,我们牵头承担了国家发展改革委重大研究课题"丝绸之路经济带和21世纪海上丝绸之路战略研究",支撑并参与了战略规划的制定。此后,我们承担了"中蒙俄经济走廊规划研究",并参与了规划编制工作;承担了"十三五"和"十四五""一带一路"建设思路研究以及"一带一路"建设工作进展第三方评估工作;参与了福建海上丝绸之路核心区、新疆丝绸之路经济带核心区和其他一些地区的建设规划或实施方案编制工作;还开展一系列支撑国家发展改革委西部司日常决策的研究工作。这些工作让我们团队对"一带一路"建设工作的愿景、理念、内涵及其精髓有了比较深入的了解;同时,贴近决策的研究工作也拓宽了我们的视野,让我们更加深刻地了解到国家在这个领域的战略需求。

2018年,中国科学院为支撑"一带一路"建设,专门设立了一个A类战略性先导科技专项,即"泛第三极环境变化与绿色丝绸之路建设"(以下简称"丝路环境专项")。我们团队有幸牵头承担了项目一"绿色丝绸之路建设的科学评估与决策支持"。虽然冠以绿色丝绸之路的名字,但我们的工作没有局限于此,而是涵盖了支撑决策的其他方面。在"丝路环境专项"的支持下,我们首先根据委托对"一带一路"建设进展开展了第三方评估,其次组织力量对共建国家和地区的资源环境及社会经济状况进行了系统的梳理与分析,并于2019年正式出版了《共建绿色丝绸之路:资源环境基础与社会经济背景》(中英文版)和《"一带一路"建设进展第三方评估报告(2013—2018年)》。正如我曾经写到的,在那个时间节点上,我们对共建"一带一路"倡议的认识仅仅停留在宏观战略层面,对于海外建设项目层面发生的事情了解十分有限,而且大多是间接知识。这实际上造成了我们知识的脱节。为了缩小这个知识"鸿沟",我们下决心开展"一带一路"建设项目研究,以便了解和总结实际中发生的"故事"。

自2018年夏天开始,我们将主要精力投入建设案例研究之中。五年来,我们联合国内外学者深度研究了30余个建设项目,在类别上包括基础设施、产业园区、制造业、矿业、清洁能源、物流等。其中,2020年初新冠疫情暴发之前,完成了20余个;疫情期间,克服重重困难完成了10个。对于这些项目,我们不是"走马观花"地看看,而是与业主和利益攸关方进行深入座谈,探究当地的社会治理结构,了解项目发展过程及其遇到的问题,分析项目给当地社会经济和生态环境带来的影响,总结建设经验和理论知识。通过这些案例的研究,我们原有的战略研究接上了地气,我们了解了一个个鲜活的"故事",我们也得以利用经济地理学的视角来审视这些建设项目,发现新的知识。

2018年夏,我们对德国杜伊斯堡(中欧班列终点之一)和波兰罗兹(中欧班列终点之一)以及TCL波兰工厂、中白工业园(白俄罗斯)进行了考察,第一次目睹了"一带一路"建设的真实状态。2019年,我们进行了密集的海外调研，幸运地在新冠疫情暴发之前跑完了绝大部分计划中的调研项目，包括肯尼亚的蒙内铁路、埃塞俄比亚和吉布提的亚吉铁路、缅甸的莱比塘铜矿、泰国的罗勇工业园、柬埔寨的西港特区、越南的深圳-海防经贸合作园区、中老磨憨-磨丁经济合作区、中老铁路、格鲁吉亚华凌项目、中哈国际物流港、俄罗斯乌苏里斯克经贸园区、马来西亚-中国关丹产业园、中国-印度尼西亚经贸合作园区等。遗憾的是，由于新冠疫情的暴发，我们未能如愿去希腊的比雷埃夫斯港、印度尼西亚的雅万高铁（这个遗憾在2023年6月得到弥补）和青山工业园以及土耳其的安伊高铁进行调研，但我们与这几个项目的中方业主或建设单位进行了深入的座谈，获得了丰富的资料，而且在东道国获得了当地合作者的大力支持。基于这些项目研究，我们于2021年6月在商务印书馆出版了《"一带一路"建设案例研究：包容性全球化的视角》（中英文版）。

由于疫情的巨大影响，期间我们无法出国进行调研，案例研究几乎停顿了一年。这项工作重新开始于2022年初。几个因素对于重启很重要：首先，我们从"丝路环境专项"其他项目汲取营养，吸收了一些成功的绿色丝绸之路建设案例；其次，我们及合作者幸运地结识了一批在海外开展建设项目的企业的管理人员，如中土集团、中水电、山东魏桥集团、天津泰达集团等，这些热心人非常支持我们的研究工作，接受了形式不同的访谈；再次，我们充分考虑了海外合作者的潜力，请他们协助进行了一些实地调研，也通过视频会议的途径与海外合作者和海外建设项目的利益攸关者进行了交流；最后，在条件允许的情况下，克服疫情带来的困难到海外去调研。终于，我们又直接或间接地完成了10个建设案例研究。基于这些案例以及分领域的总体性研究（如应对气候变化、减贫、生产网络及其资源环境效应、铁路"走出去"、基础设施建设的可持续性），我们于2023年7月正式出版了《共建绿色丝绸之路：科学路径与案例》。

受研究兴趣的影响，我们的关注点集中在商业类项目以及少量的科技合作项目。对于大量的人文交流项目，我们研究不多，没有发言权。仅就我们的研究视野而言，"一带一路"建设项目已然复杂多样、目不暇接了。无论是媒体还是学者们，在提到"一带一路"建设项目时，往往不知这是什么样的项目，经常出现"语言"与"事实"不符的问题。我们根据 30 余个研究案例，从"投融资结构"和"中国企业参与经营程度"两个维度，梳理了商业类建设项目并进行了类型划分（见第三章），为理解"一带一路"建设提供了一些依据。

在案例研究过程中，我们深刻地体会到海外建设项目的难度以及中国企业的艰辛。这种艰难主要体现在企业需要面对一个完全陌生的市场环境，而其自身的海外经营经验却不足。其核心问题主要是制度和文化的差异，表现在语言、日常行为、文化传统、法律制度、治理结构等多个方面。中国企业成长于中国的"土壤"，形成了一些成熟的做法和模式，但这些"最佳实践"搬到异国"土壤"未见得能够成功。所谓"南橘北枳"也！其实，20 世纪八九十年代，西方企业在大规模走向发展中国家（包括中国）时也遇到了类似的问题，一定程度上催生了学术界的"制度和文化转向"。我们非常重视制度和文化因素对于"一带一路"建设的影响，从多个角度总结了经验（见第三章和第四章）。我们特别强调，中国企业要学会与不同类型的利益攸关者打交道以及与国际非政府组织（NGO）打交道，要考虑东道国从国家到地方再到基层社区的需求，平衡各种关系，实现"多尺度耦合"和"多尺度嵌入"（见第七章和第九章）。

基础设施是"一带一路"建设的重点，也是大量共建国家的共同期待。中国已经被学术界和媒体塑造为一个基础设施引导型发展模式的样板，"要想富、先修路"的顺口溜也已流传到很多共建国家。然而，不少出现问题的建设项目正是来自基础设施领域，原因就是一些国家学习了中国的表面经验。实际上，中国自己的成功经验就是不照搬别人的经验；中国式现代化的成功是一个复杂的结合过程。因此，我们认为，为推动共建"一带一路"高质量发展，需要尽快总结中国式现代化经验，提供新的国际发展知识，让共建国家学习中国发展的"真经"（见第二章）。没有真正"解渴"的发展知识，共建国家只能照搬经验。若失败，则中国又将成为被指责的对象。

当然，基础设施建设的可持续性是一个世界性难题，其根本原因在于基础设施既不是纯粹的商品，也不是纯粹的公共产品。我们认为，投融资设计（包括来源和结构）影响着"一带一路"基础设施项目的所谓"成败"（见第五章）。通常的"惯例"对发展中国家基础设施项目现金流的判断可能不准，也没有考虑到很多基础设施项目实际上是一个系统工程，即"技术-制度-文化复合体"（见第四章）。

在专业化分工愈来愈细的时代，企业聚焦"主责主业"是一个趋势，也是国务院国有资产管理委员会对央企海外经营的要求。但是，由于大量共建国家市场体系不完善、供应链不健全，聚焦"主责主业"的企业投资时常会遇到配套困境。因此，我们提出了"本地功能一体化投资模式"（见第六章）。此外，我们还总结了海外经贸合作园区对于中小企业"走出去"的培育作用，提出了"投资花园"的概念（见第七章）；分析了对外通道建设对于地方经济发展的重要意义，透视了"一带一路"建设对于国内发展的带动作用（见第十一章）；还介绍了我们建立的"一带一路"建设风险评估体系及其手机 APP "中科带路"（见第十二章）。最后，我们也把关于绿色丝绸之路建设的战略思考收录到本书之中。

总的来看，"一带一路"怎么干是一个庞大的命题，不是一个团队和一个学科能够回答的问题。我们基于建设案例研究，从经济地理学的视角总结了一些理论知识。尽管是管窥之见，但我们希望这些知识能在推动共建"一带一路"高质量发展的过程中发挥一点点作用。概括起来，我们认为"一带一路"应该这么干：①树立和倡导一个新的、照顾到弱者和基层的全球化理念，这就是包容性全球化（第一章）；②基于中国式现代化经验，打造新的国际发展知识，让中国发展的"真经"指导"一带一路"建设（第二章）；③正确处理制度和文化差异，因地制宜地选择建设模式（第三章），以系统观（技术-制度-文化复合体）来进行项目可行性研究，特别是铁路建设项目（第四章）；④正确看待基础设施引导型发展模式，科学设计基础设施投融资模式，重视基础设施建设项目的可持续性（第五章）；⑤重视"联合出海"，打造本地一体化的投资模式或投资联合体（第六章）；⑥学习和积累与国际（NGO）、国家、地方和社区等不同尺度利益攸关方打交道的经验（第七章和第九章）；⑦充分发挥海外经贸合作园区的"温室"孵化作用（第八章）；⑧重视贯彻新发展理念，特别是生态环境保护工作，打造绿色丝绸之路（第十章）；⑨加强"一带一路"

建设对国内发展的拉动作用，实现共建"一带一路"倡议与国内区域发展战略的紧密衔接（第十一章）；⑩高度重视各方面风险的防控工作（第十二章）。

这些便是我们这本书想探讨的。有些观点在此前出版的《"一带一路"——引领包容性全球化》《"一带一路"建设案例研究：包容性全球化的视角》和《共建绿色丝绸之路：科学路径与案例》中已经阐述过；有些观点则来自我指导的博士生学位论文以及我们团队发表的学术论文。我们在每一章对主要依托的资料进行了单独说明。在一定程度上，这本书可以视为将散落在此前学术产出中的"珠子"串起来的一种努力，方便大家集中了解我们对于"一带一路"怎么干的看法。

当然，只有这些知识是远远不够的！但很多问题和话题超越了我们的专业范畴，有待"一带一路"研究同仁们的共同努力。

刘卫东
于中国科学院奥运村园区
2023 年 8 月 26 日

目 录

第一章　共建"一带一路"倡议：迈向包容性全球化的新航灯 ………… 1

第二章　新的国际发展知识："一带一路"建设的基石 …………………… 24

第三章　基于制度和文化视角的建设模式 ………………………………… 49

第四章　海外铁路建设：技术-制度-文化复合体 ………………………… 70

第五章　基础设施建设的可持续性 ………………………………………… 93

第六章　本地功能一体化投资模式 ………………………………………… 120

第七章　企业走出去的"尺度"问题 ……………………………………… 142

第八章　海外经贸合作园区建设机制 ……………………………………… 165

第九章　重大建设项目的社会许可 ………………………………………… 185

第十章　绿色丝绸之路建设的战略思路 …………………………………… 215

第十一章　跨境通道建设对地方发展的影响 ……………………………… 240

第十二章　风险防范 ………………………………………………………… 262

第一章　共建"一带一路"倡议：
迈向包容性全球化的新航灯①

共建"一带一路"是我国提出的新型国际合作倡议，源自习近平主席2013年出访中亚和东南亚国家期间提出的两个倡议。2013年9月7日，在哈萨克斯坦纳扎尔巴耶夫大学演讲时，习近平主席提出与欧亚国家共建"丝绸之路经济带"；同年10月3日，在印度尼西亚国会演讲时，习近平主席提出与东盟国家共建"21世纪海上丝绸之路"。十年来，共建"一带一路"倡议已成为新时期我国全方位对外开放的旗帜和主要载体，也是我国推动世界经济治理改革的尝试，取得了丰硕的成果，产生愈来愈广泛的国际影响。不仅共建国家普遍支持"一带一路"建设，而且一些处于观望或视而不见的发达国家也已开始重新审视共建"一带一路"倡议。美国和G7提出的竞争性倡议，从另一个侧面证明了共建"一带一路"倡议的成效。

共建"一带一路"倡议产生于经济全球化动荡和退缩时期，肩负着推动经济全球化改革和发展的历史重任。过去40多年，基于新自由主义思想的经济全球化在推动全球经济增长的同时，也导致了愈来愈严重的发展不均衡问题和社会极化问题，已经难以为继。当前，反对经济全球化的声音和保护主义政策愈来愈流行，尤其是少数发达国家利用自身的实力和地位，不断挥舞保护主义"大棒"，破坏经济全球化的规则基础。在此背景下，世界需要一个全新的全球

---

① 本章作者：刘卫东。本章根据以下文献改写而成：
刘卫东："'一带一路'：引领包容性全球化"，《中国科学院院刊》，2017年第4期；
刘卫东："'一带一路'战略的科学内涵与科学问题"，《地理科学进展》，2015年第5期；
刘卫东："新冠肺炎疫情对经济全球化的影响分析"，《地理研究》，2020年第7期。

化理念,来引领世界的发展。因此,推动共建"一带一路"高质量发展,需要提出新的全球化理念,树起新型全球化的旗帜,为世界经济增长和经济全球化发展提供制度保障与知识保障。我们认为,这个新的全球化理念要从古丝绸之路去寻找灵感,将"丝路精神"融入全球化的发展机制之中,开创包容性全球化的新时代。

本章将讨论新自由主义经济全球化的机制与局限性,探讨当今世界可从古丝绸之路借鉴之处,而后提出"包容性全球化"的概念并分析其内涵,最后从这个新的全球化理念出发探讨"一带一路"建设的方向。我们认为,共建"一带一路"是包容性全球化的倡议,将给21世纪的世界和平与发展带来新的哲学思维,为当前低迷的世界经济亮起一盏新航灯。

一、经济全球化的机制

尽管经济全球化这个词汇非常流行,但是它不是一个非常精准的名词,人们对其的理解五花八门。全球化可以体现为各国开放的贸易和投资政策,或者是互联网技术带来的世界各地之间的紧密联系,抑或是公司的全球性经营以及世界市场的整合。从不同的角度去观察和衡量,全球化带给人们的感受和结果是不一样的。例如,我们可能一方面以低廉的价格享受着来自世界各地的优质产品或服务,另一方面却抱怨产业转移带来了就业难题。但是,无论从哪个角度观察,全球化无疑表现为世界各地之间流动性的加强,各国之间生产、消费和市场相互依赖程度越来越高,以及世界各地人们的相互影响越来越大。总的来看,全球化既是一个复杂的历史趋势,也是一个社会建构的现象,社会整体观察的结果(如赞同、抗争或折中)在某种程度上影响全球化进程。也就是说,全球化是一个没有终点且不断变化的过程,必然性和不确定性同时存在,而其发展将伴随着国家间权力的重构(Dicken,2011)。

大量研究表明,经济全球化是在制度、经济和技术力量共同作用下出现的,其中既包含客观的动力,也涉及制度因素。从客观动力来看,一方面,资本积累具有无休止的空间扩张和空间重组的内在需求;另一方面,生产方式从福特主义向后福特主义转变让零部件外包日趋流行，这使得世界很多地区被紧密的供应链联系在一起，形成了各种各样的全球生产网络。此外，过去半个多世纪以来交通和通信技术的进步，让跨越空间组织经济活动的成本大幅度下降，产生了所谓的"时空压缩"。然而，这一切都只是创造了可能性，决定性因素是包括发达和发展中国家在内的世界多数国家"相信"自由贸易是有利的，纷纷拥抱了投资和贸易自由化政策。当然，这种将全球化的动力机制区分为客观和主观的看法，源自不同的本体论和认识论，即人类不是"经济动物"，有意愿也有能力管理自己的需求和欲望。

为了更清晰地表达这种思想，我们建立了一个经济全球化的三角结构的理论框架（图1-1），提出资本的空间出路、技术的时空压缩和国家的开放程度是驱动经济全球化的三个基本力量，这三者的变化及其相互作用结果影响着全球化进程。其中，技术进步带来的时空压缩和资本寻求空间出路的本性在可以预见的未来没有衰退的可能，而国家的开放程度在历史上就一直是波动的，而且还将不断波动。因此，未来经济全球化的发展一方面受到国家开放程度变化的影响（特别是主要经济体），另一方面取决于政府/社会力量在多大程度上可以改变资本和技术的驱动力量，而后者与不同国家的治理结构密切相关。换言

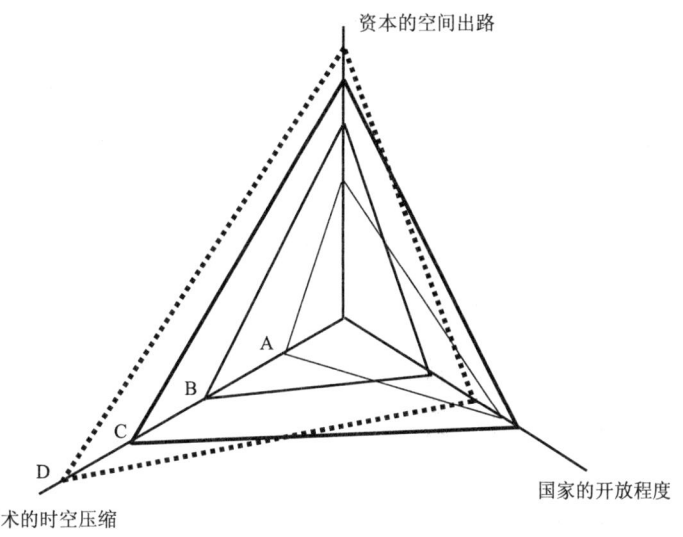

A. 殖民主义自由贸易时期；B. 二战及冷战时期；C. 新自由主义时期；D. 后新自由主义时期

图1-1 经济全球化的三角结构

之，我们必须理解国家有多大的可能性或多大的空间来抵抗资本为逐利而寻找空间出路的本性以及技术进步带来的时空压缩。

资本空间扩张的本性是经济全球化的根本动力。尽管存在质疑的声音，但市场化已经成为当下世界主要经济体共同承认和遵循的主要经济发展机制。在市场经济中，企业和资本追求利润是经济发展的必要前提，而为了获得最大利润资本必须不断寻找新的空间区位，从国内到国外进而到全球。过去200多年中，这种资本寻找空间出路的运动从未停止过。无论是亚当·斯密还是马克思，都从不同角度阐述并揭示了世界市场的重要性。例如，马克思认为国际交换是市场经济演化的必然结果，在运动中增殖是资本的天性，为延缓和克服经济危机资本一定会走向全球。20世纪70年代，美国著名学者戴维·哈维把马克思的思想发展成为一套完整的解释资本积累地理机制的学说，其核心概念就是资本的"空间出路"（Harvey，1981）。哈维认为，资本积累离开空间扩张和空间重组难以维系，需要不断寻求空间出路；无休止地运动是资本积累的一个突出特点。

回顾过去200多年经济全球扩张的历史可以看到，资本的空间出路从推动殖民主义自由贸易（图1-1中A，本章下同）到对外制造业和商业投资（B）（刘卫东、Dunford等，2017），再到国际金融市场上"剪羊毛"（C），一直没有停息过。目前，西方国家很多传统制造业企业已经转型为高度金融化的企业。与过去追求制造和销售利润的制造业资本与商业资本相比，今天高度金融化的资本在空间出路上有着巨大差别。各种金融衍生工具、各种离岸金融以及各种国际金融机构，已经让世界各国的金融市场紧密关联、相互高度依赖。2008年自华尔街蔓延到全球的金融危机，就是一个鲜明的写照。哈维认为，尽管资本形态发生了嬗变，但其本质和逻辑并未发生根本改变，资本的经济全球化"始终都要受到资本积累与投机变化无休止的转变活动的支配"（哈维，2013）。当我们通过全球对外直接投资流量数据判断全球化波动之时，金融市场的全球化丝毫没有退步的信号。事实上，以美国为主的西方主要发达国家一直在迫使包括中国在内的发展中国家进一步开放金融市场。所以，我们必须清楚的是，经济全球化不仅仅是制造业的全球化，也是服务业的全球化，更是金融化资本的全球化。

另一个需要注意的现象是，20世纪80年代以来经济全球化的发展与生产方式的转变一直相伴而行。70年代的"滞胀"危机迫使西方企业不断调整生产方式，从过去的垂直一体化、大规模生产的福特主义方式，转向零部件外包、灵活生产的后福特主义方式。这使得供应链逐渐拉长，零部件生产的地区专业化分工愈来愈明显，催生了全球供应链和全球生产网络。跨国公司及其主导的全球生产网络的崛起，大大改变了世界贸易格局。一方面，世界贸易80%以上发生在全球生产网络之中；另一方面，中间产品占世界贸易的比重大幅攀升，2018年开始这个数字已上升到50%以上，在东亚内部更是高达70%以上。很多大型跨国公司已经发展出完整的全球生产网络，且对网络拥有重要的控制权。尽管它们的生产网络具有显著的地域嵌入性，但是绝大多数情况下这种嵌入性是经济利益驱动的，与政治无关。另外一个现象是，在这个不断外包的过程中，以沃尔玛、家乐福、乐购等大型连锁超市为代表的商业资本崛起，成为一种重要的资本形式和消费品市场霸主，并打造了消费者驱动型的全球生产网络（哈维，2013）。

资本在全球的扩张必须要克服空间障碍，而技术进步带来的时空压缩让跨越空间组织经济活动的成本不断下降，为资本空间扩张提供了必要条件。在长途运输具有高风险、高成本、长时间特点的古代，各国之间的贸易局限于奢侈品，而这根本谈不上什么"全球化"。现代运输和通信技术的出现，让洲际运输时间和成本不断下降，并实现了即时通信，大幅度提升了人们对于世界的认知。过去200年，时空压缩的程度令人惊讶，时至今日人们对"地球村"已经习以为常。帆船时代洲际旅行时间都是数月甚至一年之久（A），轮船出现后这个数字减少到数周（B），飞机出现后则减少到数小时（C）。19世纪末轮船的出现让洲际运输成本下降了70%以上（B），而20世纪60年代末集装箱技术的出现再次让洲际运输成本下降了70%以上（C）（Dicken，2011）。今天，将一个标准集装箱从中国运输到欧洲仅仅需要2 000多美元。假定一个集装箱的货值为10万美元，这样的运输成本几乎已经到了微不足道的地步。

此外，从电报、电话、传真到互联网和移动通信，信息技术的飞速发展已经让信息获取实现了极致的时空压缩。一方面，当今世界人们已经习惯于即时获取各地信息，生活高度依赖信息的全球化；另一方面，所有通过互联网可以交换的数字化工作，已经在全球范围内无比自由地流动，推动了服务外包的兴起和服务业的全球化。100多年前，马克思就提出了"用时间消灭空间"的思想，并预见到资本会追求把一个商品从一个地方转移到另一个地方所花费的时间减少到最低限度。因此，我们需要清楚，强大的时空压缩既是经济全球化的必要条件，更是其重要表现形式之一。只要市场经济机制存在，时空压缩就会持续，就会推动经济全球化发展。

经济全球化的广度和深度取决于世界各国的开放程度。在闭关锁国的时代，在冷战时期，经济全球化的程度非常有限，甚至称不上全球化。在世界主要国家都支持开放政策的情况下，才有了过去40年全球化的飞速发展。国家是否采取开放政策是一个复杂的决策过程，与世界治理结构密切相关，也与流行的经济学思想有关。最早实施自由贸易政策的国家是殖民主义时期的英国（Sheppard，2016）。当时的英国既拥有最发达的制造业，也拥有最广泛的殖民地体系，大量殖民地被迫采取了自由贸易政策。当今的世界是由主权国家构成的，各国在法理上拥有决定本国事务的绝对权力，包括经济政策。但是在现实中，由于各国的经济活动已经相互嵌套，除非发生极端情况，如世界大战，国家的政策空间绝不是一个自由空间。另外，作为国家机器，一国政府的行为也需要均衡国内各种势力的诉求（包括资本的和公众的），在选举政治国家更是如此。这正是一些国家选举口号与执政行动之间存在差别的原因。此外，为解决经济危机，西方国家长期经济政策一直在自由主义和干预主义之间摆动，也影响着其开放程度。

总体上，在经济全球化的三角结构中，国家开放程度的波动是最大的，历史上就是如此。19世纪末到一战之前，资本和劳动力均可自由流动（A），被称为自由主义的黄金时期；之后受战争的影响，流动性大幅度下降。冷战时期，两大阵营内部开放程度逐步提高，但相互之间缺少交往（B）。冷战之后世界才迎来了开放的另一个黄金时期（C），即新自由主义时期。但是，由于资本的空间出路和技术的时空压缩共同作用，即使是在世界开放的收缩期（即二战及冷战时期），各国交往的规模和深度也远高于19世纪。因此，从历史的角度和动力机制看，国家开放程度影响着但并非决定着经济全球化的进程，它给全球化带来不确定性。

二、新自由主义全球化的局限性

如上所述，尽管"经济全球化"这个术语在20世纪90年代后才开始被广泛使用，但经济全球扩张的进程却已经存在了几个世纪。第一次高潮出现在18世纪末至19世纪中期，其主要表现形式是殖民背景下的贸易扩张。当时，以英、法为代表的发达工业国以武力为后盾强迫殖民地国家降低甚至取消关税，将后者变成原料供应地、商品倾销市场和资本输出场所，形成了"核心-边缘"国际分工。此时的所谓"自由贸易"是建立在殖民主义基础上的不平等贸易。第二次高潮发生在19世纪下半叶至20世纪初，其主要形式为技术进步推动的资本全球扩张。一方面，电力、通信、交通技术的进步使人类跨越空间的成本大幅度下降，另一方面，技术创新催生了垄断资本主义。其结果是世界对外直接投资大幅度上升。例如，1900—1914年，世界对外投资总额几乎翻了一番，达到430亿美元。然而，这一时期资本的全球扩张仍然具有明显的殖民主义色彩，不过由于两次世界大战戛然而止。资本流动性的演化过程见图1-2。

二战后世界迎来了第三次经济全球扩张的高潮，其特征是美国主导建立的一系列国际经济合作机制和国际机构，如布雷顿森林体系、国际货币基金组织、世界银行、关贸总协定等，及其形成的汇率机制和自由贸易机制。尽管战后殖民地体系逐步瓦解，但历史上形成的"核心-边缘"模式仍然发挥作用，不平等的分工未能改变。在战后繁荣期，西方主要国家采取了凯恩斯主义政策，认为政府管制和干预主义措施是必要的。同时，由于当时这些国家经济繁荣，资本积累压力不大，流向海外的内在动力小。再加上冷战格局的影响，这一时期的经济全球扩张中贸易的成分远大于资本扩张，因而未形成真正意义上的经济全球化。

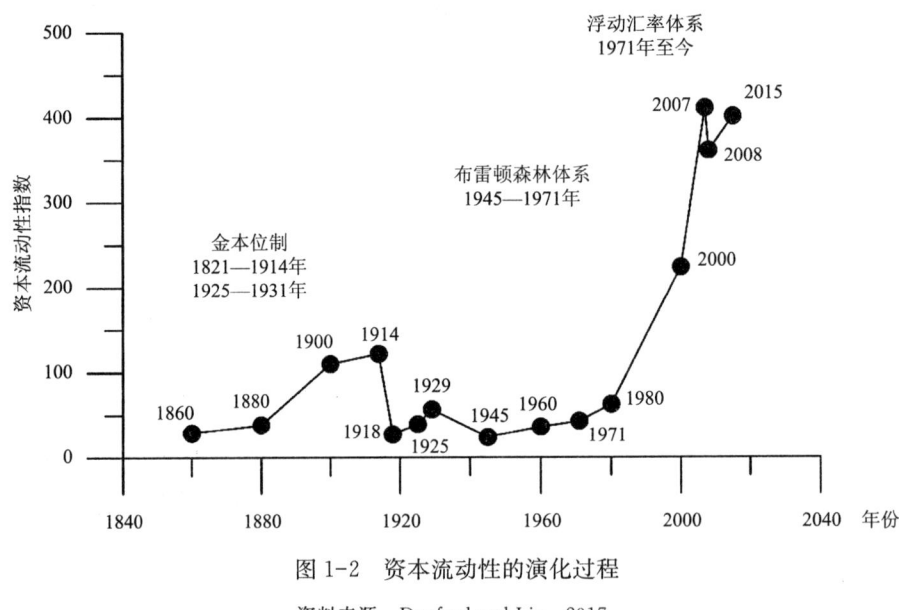

图 1-2 资本流动性的演化过程

资料来源：Dunford and Liu，2017。

20世纪70年代，西方主要发达国家结束了战后繁荣期，出现了严重的"滞胀"问题。为了摆脱危机，以里根和撒切尔政府为代表的西方国家纷纷抛弃了凯恩斯主义政策，拥抱哈耶克的新自由主义思想，大幅度减少政府干预，将国有企业私有化，并采取措施推动投资和贸易自由化。在此背景下，发达国家的资本开始大规模流向发展中国家，出现了迪肯称之为"全球产业转移"的现象。特别是，20世纪90年代初冷战结束后，发达国家的对外投资呈现出爆发式增长。与此同时，经济危机迫使西方企业不断调整生产方式，从过去的垂直一体化、大规模生产的福特主义方式，转向零部件外包、灵活生产的后福特主义方式。这使得供应链逐渐拉长，零部件生产的地区专业化分工愈来愈明显，带来了供应链贸易的大幅增长。因此，发达国家大规模对外投资、生产方式的转变、信息技术的进步以及新自由主义思潮的流行，共同推动世界成为一个愈来愈紧密的社会经济空间。这便是我们称之为"经济全球化"的历史现象，也是经济全球扩张的第四次高潮。

由此可见，过去40多年的经济全球化是欧美发达国家为了解决当时遇到的"滞胀"问题而打造的一套国际经济治理机制，其根基是新自由主义思想。

在推行经济全球化过程中，这些发达国家不但认为市场可以解决所有问题，而且认为世界上存在一条"最佳"发展道路，这就是他们曾经走过的道路，并不断向发展中国家输出这种思想。20世纪90年代的"华盛顿共识"正是新自由主义政策的产物，让苏联和东欧国家陷入多年的经济衰退。在这方面，西方主流经济学和发展经济学起到了推波助澜的作用。很多主流经济学家用数学模型论证自由贸易可以让各国实现均衡发展，而现实却大相径庭（至少在很多空间尺度上如此）。事实上，早在19世纪中叶，英国在废除本国的《谷物法案》后就鼓动西欧国家实施完全自由贸易，而仅仅20多年之后其他国家便感觉到利益受损，纷纷采取保护主义措施。另外，主流经济学关于自由贸易的理论是基于平均个体认识论的，社会基层很容易被"平均"。这正是发达国家在全球化中获得了巨大利益，而其基层民众利益受损的重要原因。

需要承认，经济全球化对促进世界经济增长具有一定的积极作用。1980—2015年，世界经济增长年均速度达到2.86%，经济总规模增长了5.2倍；尽管这个速度从趋势上看远低于此前的战后"繁荣期"，但投资和贸易自由化对于发达国家摆脱20世纪70年代后期的"滞胀"问题还是起到了一定的作用。同期，世界商品进出口额增长了7.3倍，达到33.3万亿美元/年；对外直接投资流量增长了40倍，达到2.1万亿美元/年，资本流动性再次达到高峰（图1-2）。然而，这一时期世界经济也经历了包括发生在1997年和2008年的金融危机。

通过全球性产业转移，全球经济增长在洲际尺度上呈现一定程度的均衡化趋势。按2010年美元不变价计算，1980—2016年，亚洲、非洲和大洋洲经济增长年均速度均高于欧洲和美洲，而后者低于世界平均速度。其中，亚洲增长速度为3.86%，GDP增长了4.91倍，达到26.9万亿美元。从五大洲GDP总规模来看，1980年欧洲占全世界的比重最大，为41.9%；美洲次之，占32.1%；亚洲、非洲和大洋洲分别占20.6%、3.7%和1.7%。到2022年，亚洲经济占世界比重已经达到47.4%，接近一半。

但是，与大量关于自由贸易和全球化的学术研究所声称的截然相反，在很多空间尺度上全球化导致了愈来愈严重的发展不均衡和社会极化问题。根据世界银行数据，1982年最富裕国家与最贫穷国家人均GDP之比为272∶1，2015年上升到336∶1（最富裕的卢森堡人均GDP高达10.2万美元，而非洲的布隆迪只有303.7美元）。这种不均衡不仅表现为欧美国家与非洲、亚洲和拉丁美洲国家之间的差距，以及发达国家与发展中国家之间的差距，而且也表现在发达国家内部。近年来，日本、德国、美国等国家的人口贫困率均呈现上升态势。最新的研究表明，1970—2014年，美国处于30岁的劳动者收入超过其父母的比例从90%下跌到41%，其中下滑最剧烈的是中产阶层（Chetty *et al.*，2017）。也就是说，20世纪70年代以来美国的收入增长主要集中于高收入家庭，而中产和低收入家庭收入提升越来越困难。其主要原因是稳定的制造业岗位持续流失，例如1979—2010年美国制造业岗位从1 943万个减少到1 153万个，下降了40%（佟家栋、刘程，2017）。2016年，美国中产阶层占总人口的比例已下降到40%。

全球范围内贫富差距也不断扩大，财富向少数人集聚，贫困人口所拥有的财产越来越少。尽管近20年来由于中国和印度等新兴市场国家人均收入大幅上升，全球收入基尼系数有所下降，但总体而言收入增长集中在中高收入阶层，低收入人群几乎没有享受到全球化带来的经济增长成果。谢丹阳和程坤（2017）的研究发现，过去30多年中国的人均收入增长最快，但其基尼系数同样增长最快，从改革开放初期的0.15上升到2016年的0.47，顶层10%人群占总收入的比重从1978年的15%上升到2015年的41%。另外，乐施会（OXFAM，2016）发布报告称，全球最富有的62个人，已拥有相当于世界最贫困半数人口的财富总和，并提出"1%人的经济"现象，即世界最富有的1%人口拥有的财富较其余99%还要多，而在过去五年间全球贫困人口财富不增反减。

上述经济全球化的负面效应及其引发的"逆全球化"浪潮已经在学术界得到了广泛的反思。究其根本，支撑经济全球化的核心理论，即新自由主义思潮，特别是其完全私有化、市场化、自由化以及政府零干预的政策取向，在解决20世纪70年代发达国家面临的"滞胀"危机的同时又不断积累了新的矛盾，导致了世界经济的不可持续性。尽管这种归因有一点简单化，而且新自由主义从来都不是以一个单一"面孔"出现的（Brenner et al., 2010），但是其带来的社会负面后果以及经济不稳定性还是得到了学术界和政界广泛的讨论与批判（如 Henderson and Jepson, 2017; Piketty, 2014; Streeck, 2014）。

因此，新自由主义经济全球化是一套主要满足资本空间扩张需要的机制。在这个机制下，资本和大公司获得了巨大利益，而社会特别是基层民众付出了巨大代价，导致了严重的社会问题。此外，由于资本可以自由流动而劳动力难以自由流动的内在矛盾，新自由主义全球化是一个导致"几家欢乐几家愁"的过程。任由这套机制主宰世界经济治理，全球社会矛盾将日益突出，全球可持续发展目标将难以实现，世界存在改革经济全球化机制的巨大需求。事实上，美国退出 TPP（跨太平洋伙伴关系协定）、英国脱欧等一系列"黑天鹅"事件以及近年来中美之间的贸易摩擦和贸易冲突，都显示出世界存在改革经济全球化机制的巨大需求。但是，如何改革没有现成的答案，需要世界各国去共同探索，而不是回到"闭关锁国"的时代。

三、古丝绸之路的借鉴意义：丝路精神

共建"一带一路"倡议让"丝绸之路"这个略带历史厚重感的学术名词走到了决策以及舆论的核心。尽管很多人将丝绸之路视为具体的历史现象，例如古代贸易线路、历史遗迹、文物等，但"一带一路"使用丝绸之路并非在于这些具象，而是使用了丝绸之路的历史文化内涵，或者称之为"丝绸精神"。这也正是《愿景与行动》中提到的核心理念，"和平、发展、合作、共赢"。另外，丝绸之路看似是一个有关中国的"传说"，但实质上它是亚欧大陆乃至非洲很多国家所共享的一个历史文化遗产。"一带一路"利用"丝绸之路"这个历史文化遗产（即丝路精神），为共建国家的当代经贸合作提供了历史渊源以及可以借鉴的合作精神和模式，而这正是当下经济全球化需要借鉴之处。

人类的跨境长途贸易已经存在了数千年。有记载的古代长途贸易最早可以追溯到公元前 3000 年左右，主要发生在美索不达米亚和印度河流域文明。这一阶段贸易的商品主要是古代奢侈品，如香料、纺织品和贵金属等。众多古代

国际城市得以兴盛，就是因为它们在区域贸易网络中处于核心节点位置。这些城市是香料、纺织品、珠宝、礼服等奢侈商品的富集地，能满足其周边地区购买上述商品的需求。例如，公元前2000年左右，塞浦路斯以纸莎草和羊毛丰富而闻名，已经成为地中海东部沿岸地区和埃及的贸易中心。以航海闻名的腓尼基，在香柏木和亚麻布染料的贸易中逐渐成为地中海的核心。而横跨亚欧大陆的"丝绸之路"则是古代跨境贸易和文化交流的代表与象征。或许可以说，"丝绸之路"在一定程度上就是古代版的"全球化"。

丝绸之路指从古代开始陆续形成，遍及亚欧大陆甚至包括北非和东非在内的长途商业贸易与文化交流线路的总称。丝绸之路的出现是古代中国与其他国家、民族之间物质和精神文化交往的产物，是东西方文明相互撞击的结果，亦是历史上中华民族充满开拓精神的记载。在历史上，它将东西方文化联系起来，丰富了丝路沿线各个民族、国家的物质生活，推动了世界文明的进程。回顾2 000多年的历史，丝绸之路不是固定的贸易线路，而是东西方交往的"桥梁"，它的具体线路随着地理环境变化和政治、宗教形势的演变不断发生变化。它的开通与繁荣，从政治、经济、文化等方面推动了世界上很大一部分人口最稠密地区的社会经济的发展。丝绸之路的历史就是沿途各国、各民族、各地区往来交流的历史，是彼此之间的商品交换、贸易往来和文化交流，沿途各国、各民族、各地区都受惠其中。

丝绸之路的产生有着深厚的经济和文化基础，是人类文明高度发展的结晶和产物。沿线各地各民族经济和文化的高度发展为它的产生提供了基础；没有沿途东西方古代文明的产生和发展，就不可能有丝绸之路的出现。沿线各国经济文化综合力量的高度发展为丝绸之路的产生和开通创造了物质基础，而自然禀赋和经济的差异使各地区人民之间产生了强烈的物质及文化交流的愿望与需求。

政治因素对丝绸之路的发展也产生了重大的影响。中国一些朝代对开通丝绸之路往往采取更加主动的政策和措施，而沿线各个大国的兴盛和发展也对丝绸之路的形成与畅通起到了重要作用。其中，西汉时期张骞两次出使西域，东汉时期班超、班勇父子对西域及中亚、西亚的经营，北魏时期多次派使者如韩羊皮等出使中亚、波斯，隋唐时期对西域、中亚、西亚的经营等，都对丝绸之路的开拓与畅通发挥了重要作用。

技术的发展也是丝绸之路发展和变迁的重要影响因素。随着造船技术和航海技术的发展，海运的安全性和成本都有较大改善，从而成为国家之间贸易的主要方式。自南宋建都于杭州之后，古代中国经济、产业、文化重心向沿海转移，加之海运技术的发展，海上丝绸之路逐步繁盛起来。郑和下西洋，是海上丝绸之路繁荣的标志。海上丝绸之路形成的贸易发达程度，远远超过了骑着骆驼在沙漠中行进的陆上丝绸之路时代。

丝绸之路增进了民族交流进程，加强了沿线人民的友谊。丝绸之路的开始与民族迁徙的浪潮同时发生，中国在内的亚欧大陆腹地特别是中亚自古以来是民族迁徙与融合的十字路口。丝绸之路成为民族融合与交流的渠道和纽带，古代匈奴、大月氏、粟特、阿拉伯、突厥、波斯、吐蕃、吐谷浑、鲜卑、党项、回鹘、铁勒、蠕蠕、羌族等在这一地区的活动深刻影响了亚欧大陆的历史，他们建立的许多王国及其历史遗迹成为文明史的重要部分。由于各民族的文明荟萃，亚欧大陆腹地呈现多元的社会结构，在民族融合的历史进程中形成了近现代的多种民族，特别在我国西部发生的以汉文化为依托、以丝绸之路为背景的民族交融，形成了统一的中华民族心理和国家观念。

正如习近平主席指出的，"古丝绸之路绵亘万里，延续千年，积淀了以和平合作、开放包容、互学互鉴、互利共赢为核心的丝路精神"。可以说，古丝绸之路的精髓就是"丝路精神"，而它为"一带一路"建设提供了文化根基与核心理念。在2017年5月14—15日召开的第一届"一带一路"国际合作高峰论坛开幕致辞中，习近平主席对"丝路精神"进行了全面而深刻的阐释。在圆桌峰会开幕致辞中他再次强调，"我们完全可以从古丝绸之路中汲取智慧和力量，本着和平合作、开放包容、互学互鉴、互利共赢的丝路精神推进合作，共同开辟更加光明的前景"。可以说，"丝路精神"为当下经济全球化的改革和发展指明了方向。

和平合作。历史表明，古丝绸之路在和平时期是畅通的，在战乱时期是中断的。这说明，和平是交流、合作、发展、繁荣的前提。从中国汉代的张骞，唐宋元时期的杜环、马可·波罗、伊本·白图泰，到明代的郑和，一代又一代"丝路人"架起了东西方合作的纽带。习近平主席指出，"这些开拓事业之所以名垂青史，是因为使用的不是战马和长矛，而是驼队和善意；依靠的不是坚船和利炮，而是宝船和友谊"。当今世界处于大发展大变革大调整时期，尽管和平与发展是当今时代的主题，但冲突与动荡也频频发生。古丝绸之路留给我们的"和平合作"精神，是弥补"和平赤字"的不二选择。

开放包容。古丝绸之路跨越埃及文明、巴比伦文明、印度文明、中华文明的发祥地，跨越佛教、基督教、伊斯兰教信众的汇集地。不同文明、宗教、种族求同存异、开放包容，并肩书写相互尊重的壮丽诗篇，携手绘就共同发展的美好画卷。这给我们的启示是，"文明在开放中发展，民族在融合中共存"。只有求同存异、开放包容，才能在此基础上寻找利益契合点，共同制定合作方案，共同采取合作行动，形成政策沟通、规划对接、发展融合、利益共享的合作新格局。

互学互鉴。古丝绸之路不是单向输出，而是双向交流和相互学习之路；不仅是一条通商易货之道，更是一条知识交流之路。沿着这条路，中国将丝绸、瓷器、漆器、铁器贸易到西方，将四大发明和养蚕技术传向世界；同时也为中国带来了胡椒、亚麻、香料、葡萄、石榴以及佛教、伊斯兰教和阿拉伯的天文、历法、医药。"五色交辉，相得益彰；八音合奏，终和且平"，人类文明没有高低优劣之分，因为平等交流和相互学习而变得丰富多彩。习近平总书记指出，"更为重要的是，商品和知识交流带来了观念创新……这是交流的魅力"。因此，共建"一带一路"就是要实现优势互补、相互交流、合作创新。

互利共赢。古丝绸之路见证了陆上"使者相望于道，商旅不绝于途"的盛况，也见证了海上"舶交海中，不知其数"的繁华。习近平总书记强调，通过资金、技术、人员等要素的自由流动，古丝绸之路创造了地区大发展大繁荣，实现了商品、资源、成果的共享。历史告诉我们，交流创造新机会，合作谱写新乐章。共建"一带一路"旨在寻找发展的最大公约数，共同做大发展的"蛋糕"，共同分享发展成果，避免地缘对抗的老路，实现合作共赢的新篇章。

四、"一带一路"引领包容性全球化

针对新自由主义全球化带来的种种问题，学术界的批判和社会组织的抗议从来就未停止过。2008年全球金融危机以来这种声音更加强烈。不过，国内外学术界的主流声音还是以反思全球化、寻求新出路为主，并提出了新型全球化或另类全球化道路的问题。例如，谢泼德（Sheppard，2016）在深刻揭示和猛烈抨击全球化的局限性之后并未倡导革命性的反全球化实践，而是呼吁更多地关注和研究国际经贸活动的其他可选择方式，认真思考另类全球化的可能性。毫无疑问，关于这种新型全球化或者另类全球化到底是什么、有哪些道路可走，学术界尚未达成共识。但是，很多学者都认为中国提出的共建"一带一路"倡议值得关注，将可能开创新的全球化道路（如王义桅，2017；赵白鸽，2017；Braun et al.，2017）。

基于对经济全球化机制的认识，我们认为，"现代生产方式、全球生产网络和现代通信技术已经把世界上很多国家紧密联系在一起，你中有我、我中有你，世界已经不可能退回到孤立主义和封闭时代……在这个历史节点上，世界需要的是改革经济全球化的机制，而不是推倒重来"（刘卫东，2017a）。从解决全球化负面效应来看，新的全球经济治理模式，需要顾及社会基层的利益，需要让现代化的基础设施延伸至更多的地区，需要让经济增长惠及更多的民众。过去40多年全球化的实践证明，依靠新自由主义全球化机制，很难实现这样的目标。因此，世界既要继承经济全球化有益的一面，也针对其局限性要进行改革，而共建"一带一路"倡议则提供了一个改革的平台和方向。

从宏观背景看，共建"一带一路"倡议是全球化深入发展、世界经济格局变化以及中国自身发展模式转变共同作用的结果，其核心因素是中国资本正在走向全球化（刘卫东，2017a）。从前述经济全球扩张历程分析可见，中国资本如何走出去，不但涉及自身的战略利益，也涉及全球化向哪个方向发展。中国既不可能采取殖民主义方式走出去，更不可能利用帝国主义或主导意识形态的方式走出去，也不可能另起炉灶建立全新的国际经济新秩序。中国只能在现有国际经济治理框架基础上，采取强化国家间合作、实现互利共赢的新方式走出去，这就是借鉴"丝绸之路"文化内涵、以"丝路精神"为精髓的共建"一带一路"倡议。

根据中国政府公布的《愿景与行动》，共建"一带一路"将"秉承开放的区域合作精神，致力于维护全球自由贸易体系和开放型世界经济"，"旨在促进经济要素有序自由流动、资源高效配置和市场深度融合，推动沿线各国实现经济政策协调，开展更大范围、更深层次的区域合作，共同打造开放、包容、均衡、普惠的区域经济合作架构"。习近平主席曾多次强调，共建"一带一路"就是用"和平合作、开放包容、互学互鉴、互利共赢"的"丝路精神"推动共建国家的合作，实现互利共赢。因此，共建"一带一路"倡议正是"丝路精神"与经济全球化理念的有机结合，将引领包容性全球化新道路。

基于《愿景与行动》以及对经济全球化的认识，我们提出，"'一带一路'……是推动经济全球化深入发展的一个重要框架……不是简单地延续以往的经济全球化，而是全球化的一种新的表现形式，其中的突出特征是融入了'丝绸之路'的文化内涵……是包容性全球化的表现"（刘卫东，2015；Liu and Dunford, 2016），并进一步论述道，"一带一路"是包容性全球化倡议，将开启包容性全球化的新时代（刘卫东，2016，2017a，2017b；刘卫东、田锦尘等，2017；刘卫东、刘志高，2016）。

包容性全球化是针对新自由主义全球化而言的，两者之间既有联系也有根本性区别。包容性全球化不是全球化开倒车或"逆全球化"，而是全球化的发展和改革。就技术驱动的全球化而言，两者是一脉相承的；就资本空间出路驱动的全球化而言，两者的基本机制是相同的。两者之间的根本区别在于全球化不能仅仅为资本空间扩张和积累服务，也要照顾到活生生人们的需要。这要求国家扮演好"调节者"的角色，解决资本市场"期限错配"的问题，选择适合国情的发展道路，保障各方平等地参与全球化，以及在经济全球化过程中保护文化多元性。这些便是包容性全球化的核心内涵和主要表现。

1. 发挥好国家"调节者"的作用，照顾好底层和弱者的需要

无论是全球发展还是国家发展的研究与实践，自由市场与政府干预之间的关系一直是焦点（Henderson and Jepson，2017）。从 20 世纪初剑桥学派的经济自由主义到 20 世纪 30 年代开始的凯恩斯学派的政府干预主义，再到 20 世纪 80 年代占据统治地位的新自由主义，政策实践的着力点犹如"跷跷板"，在完全自由市场与政府干预之间不断轮回（韦伟强，2006）。在新自由主义流行时代，国家的主要职能就是为资本的全球扩张提供良好的条件和环境，而解决新自由主义实践所积累的庞杂问题则需要重构国家的权力（Harvey，2005）。当然，这不意味着必须重回凯恩斯主义，但某种形式的干预主义肯定是必要的。特别是，国家需要从主要服务于资本积累和扩张转向更加重视社会公平并提高治理能力。首先，各国政府需要加强合作以应对全球挑战，如金融市场的动荡、气候变化等；其次，国家需要强化保护基层民众和贫困人口的能力，如再就业培训、创新创业能力培育、减贫脱贫等；最后，国家需要具备对资本市场的引导能力和资源配置能力以及提供基本公共服务的能力。共建"一带一路"倡议非常重视政府的作用，首先强调的就是共建国家的政策沟通以及发展战略对接、规划对接和项目对接，积极寻找利益契合点。这样的发展并非仅仅满足资本"信马由缰"的空间扩张需要，而是考虑到欠发达地区和底层民众的需要，将让更多的人和更多的地区受益，体现了强大的包容性。

2. 扭转资本市场"期限错配"局面，将可靠且可负担的基础设施延伸到欠发达地区

很多研究已经表明，连通性（connectivity）是一个地区从经济全球化中获得发展机遇的前提（Sheppard，2016），并且投资于瓶颈制约性基础设施也会刺激经济增长、获得社会和金融回报（林毅夫、王燕，2017）。而现实却是另一幅图景，尽管现代化基础设施已经将世界上很多地区连接成网络化的"小世界"和发达的市场体系，但全球仍然有很多地区和数十亿人口没有进入这个现代化的体系之中；同时，一些发达国家（如美国）的大量基础设施已经老化却没有得到及时更新。这个问题的出现与近 30 年来全球资本市场的变化有很大关系。传统的储蓄银行和投资银行曾是金融市场的主角，但最近 30 年这些传统金融机构的地位不断下降，取而代之的是各种新的金融中介机构，如养老金、对冲基金、主权基金、保险公司等（Clark，2017）。克拉克（Clark，

2017）的研究表明，经合组织（OECD）国家的养老金已经是最大的储蓄和投资机构。例如，2016年英国的养老金规模高达3.5万亿美元，比1987年增长了7倍多；美国的养老金规模更高达27万亿美元。此外，全球主权基金的规模也达到了15万亿美元。这些新的金融中介机构更倾向于在金融市场进行投机性投资或短期投资，属于典型的"热钱"。诺贝尔经济学奖获得者斯蒂格利茨（Stiglitz，2016）曾讲道，"对对冲基金来说，一个季度几乎就是永恒了"。而基础设施建设项目具有规模大、周期长、资本密集的特点，回报期长，得不到"热钱"的青睐。因此，林毅夫和王燕（2017）提出，全球基础设施融资市场存在着严重的"期限错配"，需要更多的"耐心资本"。中国政府提出的共建"一带一路"倡议的优先领域之一就是设施互联互通，并将提供大量基础设施建设融资，有助于欠发达国家和地区加快接入现代化基础设施网络的进程，从而获得发展机会。这正是共建"一带一路"倡议受到很多发展中国家欢迎的重要原因之一。

3. 放弃推广统一发展模式或最佳实践，让共建国家根据国情选择合适的发展道路

全球化不需要一个统一的发展模式。伴随经济全球化，美、英等国不断把新自由主义思想输送给其他国家，特别是发展中国家。20世纪90年代中期由国际货币基金组织、世界银行联合美国财政部主导制定的"华盛顿共识"成为标准药方，为全球经济设置了标准和原则（Harvey，2005）。一旦哪个国家需要金融援助时，这个国家就必须按照"华盛顿共识"采取新自由主义经济政策，否则就得不到援助并面临崩溃的危险。一直到2008年全球金融危机之前，世界银行一直向发展中国家兜售其"最佳实践"，其中的"精髓"就是私有化、市场化和自由化。近20多年的经验表明，被迫采纳"华盛顿共识"的国家几乎都陷入了经济困境，丧失了经济独立自主的地位。而没有采纳这个标准药方的中国，通过"摸着石头过河"的方式探索出了适合自己的发展道路，实现了经济的腾飞。正因如此，不同于新自由主义全球化，中国提出的共建"一带一路"倡议不认为世界上只有一条最佳发展道路（即发达国家走过的路），而是强调每个国家应该根据发展条件和自身基础选择适合自己的发展道路。中国国家主席习近平在"一带一路"国际合作高峰论坛上曾指出,中国不干涉别国的意识形态,不输出自己的发展模式,着眼于互利共赢,共同做大"蛋糕"、共同分享。

4. 坚持共商共建共享的原则,保障各方平等地参与全球化

正如其概念所包含的,全球化是世界各国和人民共同的事业。尽管世界强国是全球化的推动者,但各国应该有平等参与的基本权利。历史经验表明,在此前的经济全球扩展过程中,强者总是以霸权的姿态出现。无论是早期以英、法为代表的殖民主义贸易扩张,还是后来以美国为代表的帝国主义资本全球扩张,都是极不平等的国际经贸形式。在近 30 多年的经济全球化过程中,大型跨国公司成为新的强者,具有某种霸权地位和巨大的权力,让很多国家在与其谈判中处于弱势。我们(Liu and Dicken,2006)曾用"被动嵌入"的理论概念揭示道,大国在全球化中拥有天然的优势地位。在进一步推进全球化过程中,如何照顾到"弱者"无疑是包容性的一个关键问题。共建"一带一路"倡议坚持"开放包容"和"平等互利"的理念和"共商共建共享"的原则,把寻找发展的最大公约数放在首位,突出共同发展、共同繁荣;而且,该倡议不划小圈子、不搞"一言堂",秉持开放的态度,欢迎有兴趣的国家或地区以适当的方式平等地参与。《"一带一路"国际合作高峰论坛圆桌峰会联合公报》专门强调,要特别关注最不发达国家、内陆发展中国家、小岛屿发展中国家等。这正是共建"一带一路"倡议强大包容性的体现。

5. 在经济全球化过程中保护文化多元化

过去 300 年来,西欧和北美国家率先崛起为发达国家,在全球经济扩张中占据着主导地位。这一方面让这些西方国家产生了自我为中心的意识形态和绝对的文化优势感,另一方面在强大压力下也让很多发展中国家产生了文化自卑感。尤其是近几十年来,伴随经济全球化力量越来越强大,在主观和客观因素共同作用下,很多国家的文化独立性变得岌岌可危起来。好莱坞电影、麦当劳快餐文化、"颜色革命"等席卷了很多国家和地区,带来了各种各样的文化冲突;这种西方中心论和文化优势论所带来的恶果,非常不利于全球可持续发展。而古丝绸之路流传下来的"互学互鉴"精神则反映出完全不同的文化价值观。基于"丝路精神"的共建"一带一路"倡议尊崇"和而不同"的文化价值观，强调在维护文化多元性的基础上共谋发展、共求繁荣、共享和平。所谓"和而不同"就是平等对待、互学互鉴以及多样性与统一性的共存。习近平主席多次强调，共建"一带一路"倡议不以意识形态划线，不搞政治议程；人类文明没有高低优劣之分，文明因为平等交流和相互学习而变得丰富多彩，变得更有创新力。

在2017年5月14—15日举办的第一届"一带一路"国际合作高峰论坛上，很多国家首脑在开幕演讲中都指出，"一带一路"建设具有强大的包容性，将让更多的地区分享全球化的好处。例如，巴基斯坦总理谢里夫认为，共建"一带一路"倡议表现出强大的文化多元性和包容性，为处于全球化边缘的人们提供了发展机遇。法国前总理德维尔潘认为，"一带一路"建设是联通古今、通向未来的桥梁，旨在发展的道路上"不让一个人掉队"。智利总统巴切莱特、土耳其总统埃尔多安、捷克总统泽曼、埃塞俄比亚总统穆拉图等都表达了同样的期待。联合国秘书长古特雷斯在高峰论坛前夕接受中央电视台采访时曾指出，"一带一路"非常重要，能够把世界团结在一起，促进全球化朝着更公平的方向发展。

2017年的《"一带一路"国际合作高峰论坛圆桌峰会联合公报》提出，"共同致力于建设开放型经济、确保自由包容性贸易……携手推进'一带一路'建设和加强互联互通倡议对接的努力，为国际合作提供了新机遇、注入了新动力，有助于推动实现开放、包容和普惠的全球化……实现包容和可持续增长与发展"。可以说，推动包容性全球化是在"一带一路"国际合作高峰论坛上各国首脑达成的重要共识。从历史趋势看，包容性全球化可以视为经济全球化的2.0版本，将为世界的和平与发展带来中国智慧和中国方案。或许这就是凯恩斯主义和新自由主义之后新的治理模式。

五、小结

世界在经历200多年的经济全球扩张后，在制度、经济和技术因素共同作用下进入了经济全球化时代,而经济全球化在 40 多年后走到"十字路口",逆全球化的声音不绝于耳、实践行动不断出现,何去何从对于全球可持续发展至关重要。探索新型全球化道路或另类全球化的任务,已经摆在了世界各国政治领袖和学术精英的面前。在这个大背景下,中国政府提出的共建"一带一路"倡议正在得到越来越多国家的积极响应,成为共同探索国际经济治理新机制的一个平台。

当前,关于经济全球化的争论很多,既有坚定的拥趸者,也有尖锐的批判者。由于我国的经济增长得益于经济全球化,国内外很多学者和媒体呼吁我国去引领全球化。这种呼声从大方向看是正确的,但是我国不能原封不动地去推动全球化的老路。首先,不能忽视经济全球化带来的负面问题,应该正视这些问题,寻找解决办法。其次,我国获益于经济全球化是因为我国有一个强有力的政府,将市场力量与政府力量有机结合起来,而不是照搬西方发展模式。继续推动主要满足资本空间扩张需要的新自由主义全球化,不仅不利于全球可持续发展,也与我国的社会制度不相容。因此,我国应该用自己的发展经验去引领经济全球化机制的改革,为国际经济治理提供中国方案。

习近平主席提出的共建"一带一路"倡议,基于丝绸之路的历史文化内涵,向世界展示了全新的合作理念与合作模式。其精髓是"丝路精神"与全球化的有机结合,其内涵是包容性全球化。十年前,当我国提出并开始"一带一路"建设之时,没有人能够预见到全球化形势会如此急转直下。当时,我国只是想通过"一带一路"建设为全球经济治理"添砖加瓦"。现在经济全球化进入"十字路口"和迷茫区,这在客观上使"一带一路"建设成为世界各国推动经济全球化深入发展和机制改革的一面旗帜,将引领包容性全球化。

参 考 文 献

Braun, B., Liu, W., Roberts, S. M. *et al*. Book review forum on Eric Sheppard's limits to globalization: disruptive geographies of capitalist development. *Economic Geography*, 2017, 93 (5): 527-541.

Brenner, N., Peck, J., Theodore, N. Variegated neoliberalization: geographies, modalities, pathways. *Global Networks*, 2010, 10 (2): 182-222.

Chetty, R., Grusky, D., Hell, M. et al. The fading American Dream: trends in absolute income mobility since 1940. *Science*, 2017, 356 (6336): 398-406.

Clark, G. L. Financial intermediation, infrastructure investment and regional growth. *Area Development and Policy*, 2017, 2 (3): 217-236.

Dicken, P. *Global Shift: Mapping the Changing Contours of the World Economy*. 6th ed. New York: The Guilford Press, 2011.

Dunford, M., Liu, W. Uneven and combined development. *Regional Studies*, 2017 (51): 69-85. https://doi.org/10.1080/00343404.2016.1262946.

Harvey, D. *A Brief History of Neoliberalism*. Oxford: Oxford University Press, 2005.

Harvey, D. The spatial fix — Hegel, Von Thunen, and Marx. *Antipode*, 1981, 13 (3): 1-12.

Henderson, J., Jepson, N. Critical transformations and global development: materials for a new analytical framework. *Area Development and Policy*, 2017, 3 (1): 1-23.

Liu, W., Dicken, P. Transnational corporations and "obligated embeddedness": foreign direct investment in China's automobile industry. *Environment and Planning A: Economy and Space*, 2006, 38 (7): 1229-1247.

Liu, W., Dunford, M. Inclusive globalization: unpacking China's Belt and Road Initiative. *Area Development and Policy*, 2016, 1 (3): 323-340.

OXFAM. 62 people own same as half the world — EU needs to take action against tax havens. OXFAM Davos Report, January 18th, 2016.

Piketty, T. *Capital in the Twenty-First Century*. Cambridge MA: The Belknap Press of Harvard University Press, 2014.

Sheppard, E. S. *Limits to Globalization: Disruptive Geographies of Capitalist Development*. Oxford: Oxford University Press, 2016.

Stiglitz, J. A Nobel laureate explains how Trump could nuke the economy. *Vanity Fair*, December 27th, 2016.

Streeck, W. *Buying Time: The Delayed Crisis of Democratic Capitalism*. Brooklyn, NY: Verso, 2014.

哈维著,闫嘉译:《后现代的状况——对文化变迁之缘起的探究》,商务印书馆,2013年。

李雪亚、路红艳:"全球基建新动向对我国对外承包工程行业的影响及应对",《国际经济合作》,2022年第3期。

林毅夫、王燕:"新结构经济学:将'耐心资本'作为一种比较优势",《开发性金融研究》,2017年第1期。

刘世伟:"金融机构助力'一带一路'绿色发展",《中国金融》,2021年第22期。

刘卫东:"'一带一路'战略的科学内涵与科学问题",《地理科学进展》,2015年第5期。

刘卫东:"'一带一路'战略的认识误区",《国家行政学院学报》,2016年第1期。

刘卫东:"'一带一路':引领包容性全球化",《中国科学院院刊》,2017a 年第 4 期。
刘卫东:《"一带一路"——引领包容性全球化》,商务印书馆,2017b 年。
刘卫东:"新冠肺炎疫情对经济全球化的影响分析",《地理研究》,2020 年第 7 期。
刘卫东、刘志高:《"一带一路"建设对策研究》,科学出版社,2016 年。
刘卫东、M. Dunford、高菠阳:"'一带一路'倡议的理论建构——从新自由主义全球化到包容性全球化",《地理科学进展》,2017 年第 11 期。
刘卫东、田锦尘、欧晓理等:《"一带一路"战略研究》,商务印书馆,2017 年。
刘卫东等:《"一带一路"建设案例研究:包容性全球化的视角》,商务印书馆,2021 年。
佟家栋、刘程:"'逆全球化'浪潮的起源及其走向:基于历史比较的视角",载佟家栋、谢丹阳、包群等:"'逆全球化'与实体经济转型升级笔谈",《中国工业经济》,2017 年第 6 期。
王义桅:"'一带一路'能否开创'中式全球化'?"《新疆师范大学学报(哲学社会科学版)》,2017 年第 5 期。
韦伟强:"哈耶克、凯恩斯之争谁赢了?——评新自由主义与凯恩斯主义的兴衰及对我国经济的启示",《理论观察》,2006 年第 6 期。
谢丹阳、程坤:"包容性全球化探析",载佟家栋、谢丹阳、包群等:"'逆全球化'与实体经济转型升级笔谈",《中国工业经济》,2017 年第 6 期。
赵白鸽:"'一带一路'引领新型全球化",《人民日报》,2017 年 5 月 9 日。

第二章 新的国际发展知识："一带一路"建设的基石[①]

"一带一路"建设吸引了大量发展中国家参与。究其原因，除了新型国际合作理念与合作模式以外，中国成功的发展经验也是重要的引人之处。尽管中国领导人强调中国经验和模式不能照搬，但仍有不少国家直接搬用中国的具体经验。例如，"要想富、先修路"被很多国家学习，但是，共建国家经常忽视其与中国之间存在制度和文化上的差异。中国的发展经验与发展模式往往都是在自己的制度和文化"土壤"中发展出来的，很多情况下不能简单地复制到其他国家。因此，本章聚焦于中国模式的制度和文化因素，初步总结出一些基于中国模式的国际发展知识，期望能够推动"一带一路"建设高质量发展。

改革开放40多年，中国经济社会发展取得了举世瞩目的历史性成就。在不到半个世纪的时间里，中国成功地从低收入国家到接近高收入国家下限标准，脱贫攻坚战取得全面胜利。放眼全球，20世纪中叶以来，广大发展中国家为实现经济增长和消除贫困做出了巨大努力。虽然成就显著，但总体效果并不理想，在南亚、撒哈拉以南非洲和拉美等地区，至今仍有7亿多绝对贫困人口。国际社会期待中国对其发展实践的系统研究和理论总结，从而改善国际发展知识的有效供给和交流互鉴，为全球发展贡献中国智慧和中国方案。

同时，随着共建"一带一路"的稳步推进，中国企业开始新一轮"走出

[①] 本章作者：刘卫东、程汉。本章根据以下文献改写而成：
Liu, W., Dunford, M., Liu, Z. et al. *Exploring the Chinese Social Model: Beyond Market and State*. Agenda Publishing, 2022.

去"。20世纪90年代末实施的"走出去"战略以采矿业和制造业项目为主，大多呈点状分布，地域嵌入程度相对有限。与此不同，"一带一路"框架下的基础设施互联互通和海外经贸合作园区的地域嵌入程度更高，东道国当地发展模式和治理结构直接影响"一带一路"海外重大项目建设进展。这要求中国在充分了解东道国国情的基础上，同各方一道深入研究并提出既适合东道国国情、又有利于高质量共建"一带一路"的国际发展知识。

改革开放以来，中国学术界对国外的关注主要集中在欧美发达国家，学习这些国家的先进经验和知识，将其本地化，形成适合中国国情的发展知识。随着中国与共建"一带一路"国家交往越来越密切，中国已经到了需要为发展中国家提供发展知识的新阶段。党的二十大报告指出，中国式现代化为人类实现现代化提供了替代性选择，拓展了广大发展中国家走向现代化的途径。"一带一路"建设秉持和平合作、开放包容、互学互鉴、互利共赢的丝路精神和共商共建共享的原则。在此背景下，中国与共建"一带一路"国家之间不仅需要基础设施的"硬联通"，更需要发展知识的"软联通"，携手探索包容性全球化道路，打造新型国际发展合作模式。

一、知识联通与共建"一带一路"高质量发展

随着共建"一带一路"成为深受欢迎的国际公共产品和国际合作平台，越来越多的共建国家想学习中国的发展模式。但是，中国式现代化是把马克思主义基本原理同中国具体实际相结合、同中华优秀传统文化相结合的产物，是一步一步摸索出来的，其他国家无法照搬。照搬我国发展的表面经验，而不理解其背后的体制机制变革和文化根基，难以推动共建"一带一路"高质量发展。当前我国已进入推进高水平对外开放的关键期，亟须加强对中国式现代化的理论研究，为共建国家提供新发展理论，推动各国发展知识联通。所谓发展知识联通，指发展背景、发展道路和发展理论及其具体行动的交流互鉴。唯有如此，才能实现共建"一带一路"的高质量发展。

新中国成立以来，中国深刻总结反思西方现代化发展遇到的问题，走出了

一条不同于西方国家的以剥削社会底层为代价、以破坏生态为代价、以其他国家落后为代价的现代化新路。中国式现代化为人类实现现代化提供了替代性选择，拓展了广大发展中国家走向现代化的途径。近年来，越来越多的共建国家期待从中国发展经验中学习到新的发展理论和发展知识。同时，中国作为一个负责任的大国，有责任也有义务为全球发展贡献中国智慧和中国方案。而中国经验的"真经"就是不全盘接受其他国家的成功发展经验，而是与自己的具体实际相结合。只有"真经"才能提供新的发展知识。因而，改善发展知识的有效供给，重视各国发展知识的联通，才能帮助共建国家学习中国式现代化的真谛，推动共建"一带一路"高质量发展。也就是说，共建"一带一路"不仅需要设施的联通，更需要发展知识的联通。

2013年以来，"一带一路"建设取得了实打实的、沉甸甸的成果，一大批"一带一路"建设项目建成投产或有序推进。但与此同时，海外建设项目的风险也在增加，一些重大项目出现可持续性问题，特别是财务违约。其背后的原因主要是在项目可行性论证过程中就项目论项目，忽略了重大项目乃是一个发展问题，是社会经济系统工程中的一部分。缺少对发展的正确认识，缺少正确发展理论的支撑，对重大建设项目的认识和论证可能就会出现偏差，就会出现"照搬"中国经验的问题。因而，传统的单个工程视角下的风险管理已无法适应"一带一路"建设高质量发展的需要。只有加强发展知识联通，才能帮助共建国家找到适合自己的发展道路，才能在宏观上以系统的视角做好重大建设项目的风险管理工作。

21世纪以来，关于中国模式的学术研究方兴未艾，形成了大量的研究报告。但这些研究仅仅停留在经验总结和政策研究上，没有对中国的发展经验进行理论凝练和抽象，没有形成可被共建国家学习的具体的发展知识。在这种研究水平上，其他国家只能照搬中国经验，学习中国式现代化的"皮毛"，实际上不利于中国经验的传播与学习借鉴。党的二十大报告对中国式现代化做出了高屋建瓴的理论凝练，为共建国家提供了现代化道路的新选择。但是，具体怎么干，还需要中国提供更为具体的发展知识。

中国与共建"一带一路"国家的发展经验交流日益密切，相关经验分享、知识交流和制度对话正在全面展开，交流成效和国际影响也在不断提高。但此类交流倾向于呈现中国式现代化的道路创新，注重彰显中国个性和中国特色，而不是展现基于中国经验总结的发展知识，因而容易被知道，但不容易被理解，即知其然而不知其所以然。我国已经迈上新征程；要成为一个世界强国，我们所提供的发展经验就不能仅仅停留在强调中国政治经济制度的特色，而更应从一般意义上去思考中国式现代化的世界价值和意义。

此外，中国在与共建国家开展治国理政和发展经验交流的过程中，始终秉持互学互鉴的原则，不输出中国模式；但这种经验交流模式对塑造共建国家发展环境的实际影响比较有限，共建国家也不能深入学习中国式现代化经验。目前，世界上的发展模式研究主要是西方发达国家在二战后基于自身的发展经验，特别是围绕国家干预和自由市场的关系，向发展中国家提供发展知识，影响其发展政策和措施。这些知识以发达国家为参照系，往往不适用于发展中国家。加快中国式现代化研究，形成中国发展模式的理论知识体系，有助于发展中国家探索适合其国情的现代化理论和道路，为人类发展提供更好的中国智慧和中国方案。

二、基于中国模式的国际发展知识

为共建"一带一路"国家提供新发展知识的前提是更加深入地认识中国式现代化道路特征。国际上关于中国模式的讨论主要围绕国家干预和自由市场的关系展开，并在两者之间不断摇摆、轮回。中国的发展实践可以对此做出有效补充。一方面，从更好发挥政府作用、提升国家治理能力的角度，研究如何培育市场、引导市场配置资源，提升财富创造和积累能力；另一方面，超越传统的市场与政府二分法，研究政府如何通过提供公共服务和社会保障、投资基础设施和人力资本，处理区域发展不均衡和不平等问题，实现以人民为中心的财富分配与再分配。

尽管发展的主角是市场，但国家和社会也扮演重要的角色。更为重要的是，国家、市场和社会之间的互动性联结，无论是正式的还是非正式的，纵向的还是横向的，直接的还是间接的，对发展都至关重要。其中，无论是三类行动者的行动本身，还是它们之间的联结，都受制于行政治理、市场治理和社会治理。行政、市场和社会治理机制的运行方式以及三者之间的复杂互动，造就了发展模式的多样性。为此，我们提出将发展置于市场、政府和社会的三维空间中进行分析。图2-1说明了三者之间的基本关系。

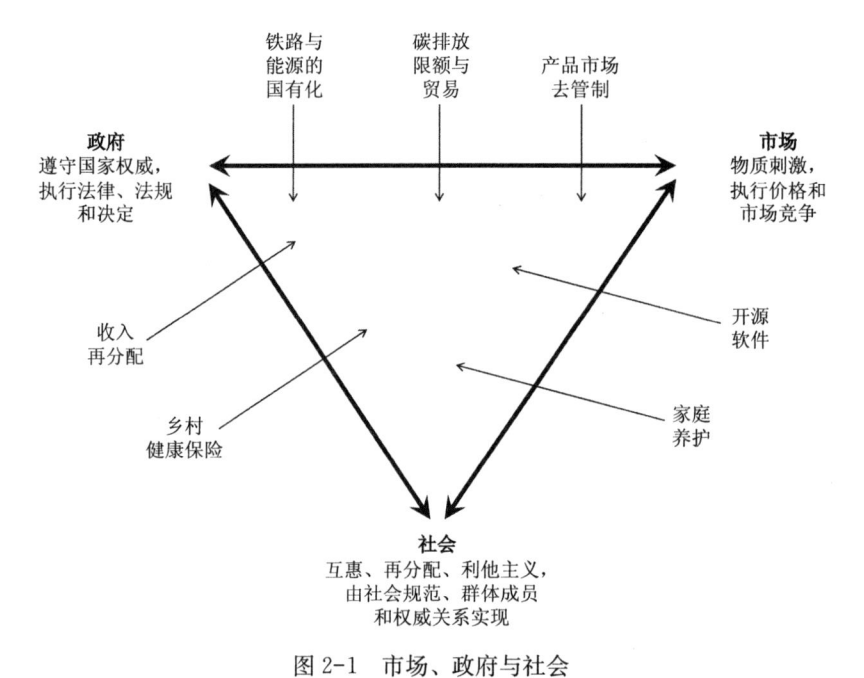

图 2-1 市场、政府与社会

资料来源：改自 Bowles and Carlin (2020)。

以往对于政府的认识，往往局限于政府与市场的关系，现在看来，社会也是至关重要的一方。社会力量，也称为社会自组织力量，它是靠具有强烈公共精神、公共责任的个体或组织，以自我管理、自我服务、自我教育、自我监督的方式，自觉遵循一定的公共行为规范，并承担一定的公共治理职责，由此促进经济社会的发展。国家治理活动中，政府力量最擅长公共领域的治理，市场力量最擅长经济领域的治理，而社会力量最擅长纠正和弥补政府力量及市场力量的缺陷与不足，社会力量在公共领域和私人领域都能够找到自己最佳的角色定位。好的国家治理模式一定是政府、市场和社会三方力量相对均衡且能够互相支持也相互制约的格局。

因此，发展模式深刻嵌入在具体的社会关系和社会结构中，并受制度、政治和文化等非经济要素影响（图 2-2）。这一视角突破新古典经济学将市场交换作为经济发展唯一影响机制的假设，强调发展的地方性特征，包括结构性制度环境以及不同行为主体的能动性。社会认知、人际牵绊、社会约定俗成或隐而不宣的习惯、法律规范等，都会影响发展决策和行为，对经济组织与国家发展的面貌产生深远影响。发展模式的社会文化嵌入表现在譬如儒家文化或东亚发展模式当中，不同的文化背景提供了不同的价值与行为意义，影响了管理、交易跟消费等经济层面。

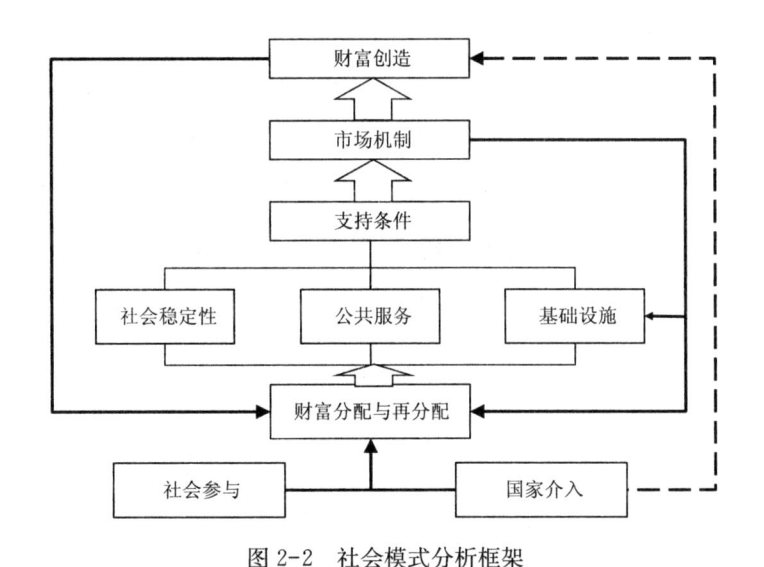

图 2-2 社会模式分析框架

资料来源：Liu et al.，2022。

正如习近平总书记在《不断提高运用中国特色社会主义制度有效治理国家的能力》讲话中所指出的，我国今天的国家治理体系，是在我国历史传承、文化传统、经济社会发展基础上长期发展、渐进改进、内生性演化的结果。当下中国的国家治理是长期以来坚持历史逻辑、理论逻辑、实践逻辑的必然结果，是文明基体的当代延续，并非无源之水、无本之木，更不是凭空生出的"飞来峰"，不能脱离特定社会政治条件和历史文化传统来抽象评判。中国模式是中国共产党人从中国社会主义初级阶段的具体实际出发，用邓小平的话说就是"主要是根据自己的实际情况和自己的条件"，探索中国自己的社会主义现代化道路的成果。

中国模式在处理体制改革、经济发展、社会稳定三者的关系方面，找到了最佳平衡点；中国现代化进程的指导方针非常务实，即集中精力满足人民最迫切的需求，首先就是消除贫困，并在这个领域取得了显著的成绩；不断地试验、不断地总结和汲取自己与别人的经验教训，不断地进行大胆而又谨慎的制度创新。与此同时，随着中国特色社会主义市场经济的发展，我国经济组织形式多样化发展，根据所有制性质的不同，既有非公有制的经济组织形式，也有混合所有制的经济组织形式，以多元化市场主体增强社会自治活力，由新经济组织参与社会治理，并充分发挥其在社会治理中的主体作用。

这些特色均与中国特色社会主义的价值理念和制度体制息息相关。中国在探索自己发展道路过程中所形成的价值理念，是中国模式在全世界的影响之所以扩大的主要原因，而在从经济、政治、文化和社会等方面解读中国模式时也有必要将制度与体制性内容纳入分析框架。其他相关特征包括强烈的集体主义精神、服从权威、关系（互惠）、行政地位和等级观念、干部评价体系、强制计划、纵向和横向的政府关系、对口支援、土地公有制和土地管制、户口制度、财政分配制度、财政转移支付、税收、国家对经济资产的所有权、国有商业银行和开发银行、私有化和发展区划等等。正是这些蕴含在中国政治和社会体系中的治理手段，在很大程度上将中国模式与世界上的其他发展模式区分开来。中国模式的各种治理工具为市场生产、社会稳定和劳动价值创造了有利的支持条件，包括物质条件，如公共服务设施和城市及区域基础设施。这些条件的创造与财富分配和再分配密切相关，包括通过公有制、教育、社会保障和医疗等方面的政府支出、对口支援、扶贫方面的定点援助、个人所得税和财政转移等政策渠道。

三、中国模式的主要特征

1. 财政转移支付和对口支援

中国的对口支援萌发于20世纪50—60年代的社会主义建设初期，起初主要用于工农业现代化进程中的地方城乡工农协作，此后，在长期的发展过程中，对口支援机制围绕不同时期经济社会发展的突出矛盾和任务，经历了萌发探索、确立发展、深化推进三个阶段。对口支援是中国特有的政府协作行为、政策模式或工具，是促进欠发达地区发展的政策模式（Liu，2015）。

中国特色反贫困过程中的对口支援，为贫困地区和人口汇聚及配置了大量的人力、物力、财力资源。党的十八大以来，东部九省份的东西部扶贫协作（2015—2020年）和307家中央单位定点扶贫（2013—2020年）向对口支援贫困地区累计投入资金与物资计1 432.6亿元，帮助引进资金1.2万亿元，干部与专技人才交流超13.1万人次，培训基层干部与专业技人才超过368.8万次，"万企帮万村"行动12.7万家民营企业竞争帮扶13.91万村（含7.32万贫困村），帮助1 803.85万贫困人口脱贫。中央、东西部与地方辖区内的对口支援反贫人力、财政、政策及信息资源的筹集和配置是党领导下中国特色对口支援机制高效运转的结果（Song et al.，2019）。

中国特色对口支援机制在多个领域取得了杰出的治理绩效。其中，中国的反贫困是对口支援机制运行的典型场域，对口支援在反贫困的时间、空间、主体、支援关系方面具有独特性：一是对口支援反贫困持续时间较长，自1979年正式提出对口支援边疆和少数民族地区就肩负着反贫困的使命，在脱贫攻坚战发挥关键作用并将持续缓解相对贫困；二是对口支援反贫困涉及空间最广，包含东西部23个省级行政区、东部33个发达城市以及中西部832个贫困县所辖的广大农村地区都实践过对口扶贫；三是对口支援反贫困参与主体最多，中央部门、民主党派、人民团体、中央企业、高等院校、人民军队等300余家中央单位，贫困省区各级党委政府、企事业单位均参与到结对帮扶贫困县和贫困村户的支援实践中；四是对口支援反贫困的结对关系系统、全面，包含了中央单位与贫困县定点结对、地方横向省市县之间扶贫协作、地方内部结对帮扶、社会与市场机构对农村基层单位等错综复杂的立体支援网络；五是对口支援反贫困实践在创新推进对口支援的同时，为中国乃至世界反贫史上的"人间奇迹"做出了杰出贡献，代表着中国特色对口支援机制的功效和成就（Liu，2015）。

尤其是党的十八大以来，反贫困中对口支援的这种独特性愈加鲜明和强烈，从而使得它具备对口支援机制的典型性。反贫困中的各类对口支援不仅达成了资金帮扶，而且提供了人力资源的对口支援，包括干部交流、专业人才培训、贫困劳动力技能培训和劳务输出。对口支援反贫困通过中央对地方、地方对地方以及地方内部结对三种类型的持续帮扶，为反贫困的"人间奇迹"做出了杰出贡献（Song et al.，2019）。

2. 脱贫攻坚

中国共产党从成立之日起就把消灭剥削、消除贫困、实现共同富裕作为始终不变的追求和使命。新中国成立 70 多年来，作为执政党的中国共产党以彻底解决困扰中华民族几千年的贫困问题、实现社会主义现代化强国为目标，根据不同历史时期的具体国情提出消除贫困、实现共同富裕的一系列措施，不断推进扶贫脱贫工作取得重大成就。在以习近平同志为核心的党中央领导下，中国组织实施了人类历史上规模空前、力度最大、惠及人口最多的脱贫攻坚战。2021 年 2 月 25 日，习近平总书记在全国脱贫攻坚总结表彰大会上庄严宣告，脱贫攻坚战取得了全面胜利，中国完成了消除绝对贫困的艰巨任务（Liu et al.，2022）。

党的十八大以来，以习近平同志为核心的党中央对扶贫工作高度重视，习近平总书记亲自指挥、亲自部署，创新性地提出了一系列扶贫新思想、新论断和新方案，为指导中国开展扶贫事业奠定了强大的理论基础和行动指南。中国脱贫攻坚事业取得历史性成就，不仅为世界减贫事业做出重大贡献，更重要的是为世界反贫困事业贡献了中国力量和中国方案。为加强一线扶贫力量，全国累计选派近 300 万县级以上机关、国有企事业单位干部参加驻村帮扶，包括目前在岗的第一书记 20.6 万人、驻村干部 70 万人，加上近 200 万乡镇扶贫干部和数百万村干部。为开展全国性的贫困识别，仅 2014 年党和政府就组织了 80 多万人逐村逐户登记造册，共识别出 12.8 万个贫困村、2 948 万贫困户、8 962 万贫困人口，基本摸清了我国贫困人口分布、致贫原因、脱贫需求等信息，建立起全国统一的扶贫信息系统（Liu et al.，2022）。

对于贫困人口规模庞大的国家，找准贫困人口、实施扶真贫是普遍性难题。脱贫攻坚贵在精准、重在精准，成败之举在于精准。中国在脱贫攻坚实践中，积极借鉴国际经验，紧密结合中国实际，创造性地提出并实施精准扶贫方略，做到扶持对象、项目安排、资金使用、措施到户、因村派人、脱贫成效"六个精准"，实施发展生产、易地搬迁、生态补偿、发展教育、社会保障兜底"五个一批"，解决好扶持谁、谁来扶、怎么扶、如何退、如何稳"五个问题"，增强了脱贫攻坚的目标针对性，提升了脱贫攻坚的整体效能。我国精准扶贫实践，是以党的领导为根本，以加强基层组织建设为抓手，通过各级党组织将农村社会、群众、贫困户组织起来，动员全社会的力量，以国家资源注入带动社会自身运转，实现了可持续脱贫、可持续发展，为世界减贫事业提供了系统的方法路径借鉴。

3. 区域发展战略

新中国成立 70 多年来，我国区域经济发展主要经历了三个阶段。前 30 年，我们实行高度集中的计划经济体制，区域经济发展主要由国家重工业发展战略推动，采取的是均衡发展战略。改革开放后，我国开始实施向东倾斜的非均衡发展战略，从而促进了沿海经济的高速增长。20 世纪 90 年代起，我国区域发展战略开始由非均衡发展转向协调发展，区域发展协调性显著增强。党的十九大报告从我国区域发展新形势和社会主要矛盾变化的新要求出发，明确提出实施区域协调发展战略，成为新时代推动我国区域发展的重大战略部署（Liu *et al*.，2022）。

从区域发展战略的演变可以看出，我国在不同历史时期，根据区域实际情况和经济社会发展的需要，与时俱进，不断调整和创新区域发展战略。不同时期提出和实施的区域发展战略都具有显著的时代特征，具体内容不同，但一脉相承，体现了缩小地区差距、实现共同富裕这一要求。70 多年来的实践经验表明，在区域发展战略选择上要着重处理好效率与公平、政府与市场、均衡与非均衡、中央与地方四个方面的关系，着眼推动经济高质量发展，深入实施区域协调发展战略，推动形成基本公共服务均等化、基础设施通达程度比较均衡、人民生活水平大体相当的区域协调发展新格局。

当前，中国的区域发展具有东西发展差距仍然明显、南方与北方发展不平衡以及城乡发展不平衡三个特点。党的十九大以来，中国区域协调发展战略的指向性、精准化越来越明确和全面，正在推动新发展格局的形成。"十四五"规划突出强调了"四大板块"和"五大战略"。"四大板块"为西部地区、东北地区、东部地区和中部地区。当前，中国的区域协调发展战略包括推进西部大开发形成新格局、加快东北老工业基地振兴、推动中部地区崛起、实现东部地区优化发展的"四大板块"总体战略。影响深远的脱贫攻坚战略正是区域协调发展战略的重要组成部分。"五大战略"为京津冀协同发展、长江经济带发展、粤港澳大湾区建设、长三角一体化、黄河流域生态保护和高质量发展。"四大板块"和"五大战略"在空间上存在互动关系。

"十四五"规划中对区域发展的战略规划是：深入实施区域重大战略、区域协调发展战略、主体功能区战略，健全区域发展体制机制，构建高质量发展的区域经济布局和国土空间支撑体系。主要内容包括优化区域经济布局、深入实施区域重大战略、深入实施区域协调发展战略、积极拓展海洋经济发展空间四个方面。从国家尺度来看，要做到国内国际双循环相结合；从区域尺度来看，要加快构建以城市群为载体的网络化空间格局；从县域尺度来看，要着力释放集聚经济外部性，构建促进区域发展的新机制与新政策。

4. 基础设施建设

基础设施建设作为一项多领域、跨行业、长周期的工作，不仅需要统筹多方力量，科学、有序地稳步推进，更需要兼顾绿色低碳、成本效益、可持续发展。从新中国成立初期到改革开放前期，我国基础设施中的交通运输、邮电通信等的发展仍处严重滞后状态，发展速度相对缓慢。1953—1978年，我国基础设施资本存量年均增长率为7.07%。改革开放初期，基础设施仍然是我国经济社会发展的短板。1979—1989年，我国基础设施资本存量的年均增长率为6.94%。在此期间，我国开始对基础设施发展采取一些短期性对策，利用有限资金加大对重点基础设施的投入，改变基础设施薄弱、缺口的状况，一些水利工程、铁路工程等项目的建成，为经济社会发展打下了良好的基础。20世纪80年代中后期，国家开始认识到基础设施对国民经济发展的重要性，开始对交通、通信等基础设施的发展作出明确部署，并大量增加投资。1989—

2003年，我国共发行6 600亿元特别国债用于基础设施建设，同时带动大量社会资本的进入，主要用于水利、交通、通信、城市基础设施、城乡电网改造等项目的投资，使国民经济平稳度过困难时期。1990—2008年，我国基础设施资本存量从11 903亿元增长到192 378亿元，18年增长超过16倍，年均增长16.72%（Straub et al.，2008）。

进入21世纪，我国基础设施对经济增长的促进作用日益明显，良好的基础设施条件降低了制造业的生产成本和流通成本，增强了中国产品开拓市场和参与竞争的能力。同时，政府开始鼓励外资和民营资本进入基础设施项目投资，基础设施投资主体开始多元化，资金来源渠道多样化，有效缓解了基础设施建设资金不足的问题。"十四五"时期，党的十九届五中全会提出，我国将加快发展现代产业体系，推动经济体系优化升级。发展新型基础设施将面临重要战略机遇期，统筹推进创新基础设施建设，打造新型基础设施发展动力源，将为国家重大区域战略实施、社会公共服务能力提升、区域经济高质量发展和关键要素市场化配置提供重要支撑（Démurger，2001）。

在基础设施投融资方面，发挥重大项目牵引和政府投资撬动作用。根据国家重大战略等明确的重点建设任务，选择具备一定收益水平、条件相对成熟的项目，采取多种方式吸引民间资本参与。发挥政府投资引导带动作用，同时落实鼓励民间投资发展的各项政策措施，完善民间投资政策环境，有利于更好稳定市场预期和投资信心，促进民间投资高质量发展。从合法合规、合作共赢的角度，为基础设施项目开拓市场化融资渠道，综合运用财政资金、地方政府专项债券、政府与社会资本合作（PPP）、股权投资＋EPC、绿色金融、基础设施REITs等多种资金来源、渠道与方式，打出基础设施投融资模式的"组合拳"。

5. 教育

中华民族素来有着尊师重教的优良传统，千百年来憧憬着"学有所教""有教无类""因材施教"等教育梦想，无数先贤为延续中华文脉、培养治世良才不懈求索。新中国成立70多年来，我们党继承和发扬了这些优良传统，把教育事业放在优先位置，推动教育事业实现跨越式发展，逐步将这些梦想变为现实。新中国成立以来，我们党对教育地位作用的认识不断深化和升华，教育在党执政兴国中的战略地位逐步确立，教育的基础性、先导性、全局性地位和作用日益凸显。

新中国成立初期，全国 4.5 亿人口，80% 以上是文盲，学龄儿童入学率只有 20%，1949 年全国接受高等教育的在校人数只有 11.7 万人。今天，我国教育总体发展水平跃居世界中上行列。2021 年，全国共有各级各类学校近 53 万所，在校生超 2.9 亿人。相比十年前，2021 年，学前教育毛入园率 88.1%，提高 23.6 个百分点；在实现全面普及的基础上，九年义务教育巩固率达到 95.4%，提高 3.6 个百分点；高中阶段教育毛入学率 91.4%，提高 6.4 个百分点；高等教育毛入学率 57.8%，提高 27.8 个百分点（Bai and Qian, 2010; World Bank, 1994, 2019）。

各级教育普及程度达到或超过中高收入国家平均水平，其中学前教育、义务教育达到世界高收入国家平均水平，高等教育进入普及化阶段。20 万名义务教育阶段建档立卡辍学学生动态清零，历史性解决了长期存在的辍学问题，为全面建成小康社会做出重要贡献。实现义务教育基本均衡，学校面貌有了根本改观，形成城乡义务教育均衡和一体化发展新局面。持续实施重点高校招收农村和贫困地区学生专项计划，累计录取学生 95 万余人。

国家教育投入力度越来越大，从 2012 年起实现了国家财政性教育经费占 GDP 4% 的目标并保持连续增长。党的十八大以来，学前教育取得快速发展，普及普惠水平大幅提升。2021 年，全国有幼儿园 29.5 万所，在园幼儿达到 4 805 万人，学前三年毛入园率达到 88.1%；普惠性幼儿园覆盖率达到 87.8%，使绝大多数的幼儿能够享受到普惠性的学前教育服务（Liu et al., 2022）。

2021 年，全国拥有大学文化程度的人口超过 2.18 亿人，比十年前大幅增长。通过实施基础学科拔尖人才培养计划，深化工程硕博士培养改革，加强大学生创新创业教育，加快培养急需紧缺人才。优化职业教育类型定位，推动职普融通，深化产教融合，中高职学校（不含技工学校）十年累计培养毕业生 7 900 多万人。"双一流"建设扎实推进，若干学科进入世界一流学科前列。高校创新能力持续提升,十年来获得全部国家自然科学奖的67%、国家技术发明奖的72%,连续三年牵头获得国家自然科学奖一等奖,在原始创新、关键核心技术攻关等方面做出了重要贡献。深化产学研合作,加快科技成果转化,高校专利转化金额十年间从8.2亿元增长到88.9亿元。上述举措推动高校哲学社会科学繁荣发展。

6. 社会保障

从1921年诞生之日起,中国共产党就将劳动人民的社会保障问题置于非常重要的地位。1931年通过的《中华苏维埃共和国劳动法》对工人福利作出相应规定;抗日战争时期,又领导制定了《陕甘宁边区劳动保护条例(草案)》及一系列相关法令,不仅有工伤保险和女工生育保险,还对年老、疾病、待业以及发生其他生活困难的社会成员给予一定的物质帮助。解放战争时期,中国共产党在解放区建立了劳动保险等一系列保障制度,为新中国成立后建立社会保障制度积累了有益经验(Sahoo et al., 2012)。

1949年新中国成立,面对数以千万计的灾民和数以百万计的失业工人,新生的人民政权在一穷二白的条件下,迅速在全国范围内掀起救灾救济高潮,使濒临绝境的灾民与失业工人摆脱了生存困境。1950年全面建立了抚恤优待保障制度。1951年中央人民政府颁布实施劳动保险条例,成为新中国建立社会保障制度的重要标志。此后,又建立了公费医疗、城镇住房福利、救灾救济、农村五保制度、合作医疗制度以及免费教育、相关福利设施等一系列制度。这些制度不仅为城镇居民提供了全方位保障,也为农村居民提供了初级保障。

改革开放后,社会保障进入全面而深刻的制度变革期。经过20多年的不断探索,实现了从与计划经济相适应的"国家-单位(集体)保障制"向适应社会主义市场经济与社会发展进步要求的"国家-社会保障制"的整体转型,不仅有效化解了经济改革与社会转型过程中可能产生的民生危机,而且始终维系着社会安定与国民经济持续高速发展。特别是党的十八大以来,党和政府以全面建成覆盖城乡居民的社会保障体系为目标,以增强公平性、适应流动性、保证可持续性为重点,通过强化顶层设计、理顺管理体制、着力弥补短板、全面推进制度优化等一系列重大举措，使社会保障制度成为全体人民共享国家发展成果的基本途径与制度保障。

中国建立了与社会主义市场经济和社会发展相适应的新型社会保障体系，这一体系由政府主导的法定保障和市场或社会主导的补充保障组成。该体系的基本建成，标志着社会保障制度已成为维系国家长治久安和人民世代福祉的重要制度保障。中国的社会保障已不同程度地惠及全民，成为全体人民共享国家发展成果的基本途径。这意味着占世界总人口近20%的14亿多中国人民被现代社会保障制度所覆盖，这是人类发展史上的奇迹。社会保障水平的持续提高，为全面建成小康社会做出了重要贡献，人民群众的获得感、幸福感、安全感明显增强。同时，社会保障调节经济发展的功能得到了有效发挥，并理顺了管理体制，建成了覆盖城乡的经办服务网络。

四、中国模式的文化和制度基础

1. 文化基础

习近平总书记在学习贯彻党的二十大精神研讨班开班式上发表重要讲话指出，"中国式现代化，深深植根于中华优秀传统文化，体现科学社会主义的先进本质，借鉴吸收一切人类优秀文明成果，代表人类文明进步的发展方向，展现了不同于西方现代化模式的新图景，是一种全新的人类文明形态"。

中华优秀传统文化是中国式现代化的深厚文化底蕴，为中国式现代化构筑了坚实的思想文化基础。中国式现代化根植于中华优秀传统文化，其发展道路也不尽相同。中华优秀传统文化是中华民族的"根"与"魂"，更是中国式现代化的思想沃土与根基力量。中国式现代化道路说到底就是中国特色社会主义道路。中华优秀传统文化所凝结成的核心思想观点、价值理念和人文精神等，都是中国式现代化的重要文化支撑。中国式现代化的本质要求植根于中华优秀传统文化，包括坚持中国共产党领导、坚持中国特色社会主义、实现高质量发展、发展全过程人民民主、丰富人民精神世界、实现全体人民共同富裕、促进人与自然和谐共生、推动构建人类命运共同体、创造人类文明新形态（Jong，2012）。

在中华民族源远流长的文明史上，陆续形成了许多优秀的价值观，这些价值观是中华文明的智慧结晶、中国人民的精神支柱、相互联系的文化纽带、血脉相传的言行准则。诸如天下为公、民为邦本、为政以德、革故鼎新、任人唯贤、天人合一、自强不息、厚德载物、讲信修睦、亲仁善邻等，都是中国人民在长期生产生活中积累的宇宙观、天下观、社会观、道德观的重要体现。马克思主义传入中国后，之所以受到中国人民的热烈欢迎并扎根、开花、结果，一个重要原因是同我国几千年的优秀历史文化和广大人民信奉的价值观具有高度契合性。中国式现代化呈现出鲜明的中国特色，彰显了中华优秀传统文化的基因与底色，是对优秀传统文化创造性转化和创新性发展的必然结果（Yang，2012）。

其中，儒家思想是中国传统文化的重要组成部分，历经千年的发展，不仅深刻影响了中国历史和文化的发展，也对当代社会产生了重要的价值和影响。儒家文化对中国式现代化的作用包括以下三个方面：首先，倡导中庸之道，避免极端化的情绪和行为，让人们以平和的心态去处理社会问题，达到社会和谐的目的；其次，建立良好的人际关系，强调人与人之间的相互尊重、包容、宽容和谅解，这对于现代社会建立良好的人际关系至关重要；最后，指导现代教育的发展，帮助人们更好地理解教育的真正意义，塑造德才兼备的人才，培养出具有高尚品德和卓越才能的人才，为社会和国家的发展做出积极的贡献。当代儒家思想的道德伦理价值在于强调"仁爱""诚信""孝顺""自省"等核心价值观和精神内涵，引导人们以爱心待人、遵守诚信、尊敬长辈、关爱家人、孝顺父母，实现人与人之间的和谐相处，促进社会的公平正义与和谐发展（Liu，2007）。

在社会治理方面，首先，儒家思想强调"德治"。儒家思想认为，通过道德教化和道德感化，可以实现社会治理的目的。在当代儒家思想的社会治理中，强调"德治"的重要性，要求政府和社会各界加强道德建设，注重道德教化和道德感化，引导人们自觉遵守社会规范，维护社会秩序和稳定。其次，儒家思想强调"人治"。儒家思想认为，通过发挥人的主观能动性和创造性，可以实现社会治理的目的。在当代儒家思想的社会治理中，强调"人治"的重要性，要求政府和社会各界发挥人民群众的主体作用，依靠人民群众的力量实现社会治理的目标。最后，儒家思想强调"礼治"。儒家思想认为，通过遵守礼仪和礼节，可以实现社会治理的目的。在当代儒家思想的社会治理中，强调"礼治"的重要性，要求政府和社会各界注重遵守礼仪和礼节，加强社会道德建设，促进社会和谐稳定。总之，当代儒家思想的社会治理价值在于强调"德治""人治""礼治"等核心价值观和治理原则，引导政府和社会各界注重道德建设、人民群众参与及社会和谐稳定，为实现社会治理的目标提供有力的支持和保障（Bell and Hahm，2003）。

2. 政治体制

习近平总书记在学习贯彻党的二十大精神研讨班开班式上发表重要讲话强调："党的领导直接关系中国式现代化的根本方向、前途命运、最终成败。党的领导决定中国式现代化的根本性质，只有毫不动摇坚持党的领导，中国式现代化才能前景光明、繁荣兴盛；否则就会偏离航向、丧失灵魂，甚至犯颠覆性错误。"中国式现代化是中国共产党领导全国各族人民在长期探索和实践中历经千辛万苦、付出巨大代价取得的重大成果。这一新型现代化，既有各国现代化的共同特征，更有基于自己国情的鲜明特色。中国共产党不仅为实现现代化创造了根本社会条件，而且为现代化建设奠定根本政治前提和宝贵经验、理论准备、物质基础；中国共产党不仅为中国式现代化提供了充满新的活力的体制保证和快速发展的物质条件，而且为中国式现代化提供了更为完善的制度保证、更为坚实的物质基础、更为主动的精神力量。

中国共产党领导的多党合作和政治协商制度是中国的一项基本政治制度。这一制度既植根中国土壤、彰显中国智慧，又积极借鉴和吸收人类政治文明优秀成果，是中国新型政党制度。中国《宪法》规定："中国共产党领导的多党合作和政治协商制度将长期存在和发展。"中国新型政党制度中包括中国共产党和八个民主党派以及无党派人士。中国共产党同各民主党派长期共存、互相监督、肝胆相照、荣辱与共，形成了"共产党领导、多党派合作，共产党执政、多党派参政"的政治格局。

中国新型政党制度创造了一种新的政党政治模式，在中国的政治和社会生活中显示出独特优势与强大生命力，在推进国家治理体系和治理能力现代化中发挥了不可替代的作用，也为人类政治文明发展做出了重大贡献。中国新型政党制度是马克思主义政党理论与中国实际相结合的产物，是中国共产党、中国人民和各民主党派、无党派人士的伟大政治创造，是从中国土壤中生长出来的，是在中国历史传承、文化传统、经济社会发展的基础上长期发展的结果。中国新型政党制度植根于中华优秀传统文化。在人类文明的历史长河中，中国人民创造了源远流长、博大精深的优秀传统文化，倡导天下为公、以民为本，崇尚和合理念、求同存异，注重兼容并蓄、和谐共存，为中华民族生生不息、发展壮大提供了强大精神支撑，也为中国新型政党制度的形成发展提供了丰富的文化滋养（He and Warren，2011）。

政党协商是中国共产党同民主党派基于共同的政治目标，就国家重大方针政策和重要事务，在决策之前和决策实施之中，直接进行政治协商的重要民主形式，是社会主义协商民主体系的重要组成部分（Shih et al.，2012）。无党派人士参加政党协商。中国共产党同民主党派主要就中国共产党全国和地方各级代表大会、中共中央和地方各级党委有关重要文件的制定、修改；《宪法》的修改建议，有关重要法律的制定、修改建议，有关重要地方性法规的制定、修改建议；人大常委会、政府、政协领导班子成员和监察委员会主任、法院院长、检察院检察长建议人选；关系统一战线和多党合作的重大问题等开展政党协商。多年来，各民主党派中央、无党派人士围绕"一带一路"建设、京津冀协同发展、长江经济带发展、粤港澳大湾区建设、长三角一体化发展、创新驱动引领高质量发展、推进供给侧结构性改革等关系国计民生的重大问题深入考察调研，向中共中央、国务院提出的许多意见建议被采纳。中国共产党积极完善知情明政机制、考察调研机制、工作联系机制、协商反馈机制，为各民主党派、无党派人士知情出力创造条件。

中国模式的落实要依赖其官员管理制度。人事权的核心自然是干部任免权。中国的干部人事制度是在中国共产党管理干部（即"党管干部"）的根本原则指导下建立起来的，"党管干部"是指党中央和党的组织系统在官员的任命与管理中居于领导地位。根据中国共产党《党政领导干部选拔任用工作条例》(2014年修订版),县级以上的党委、人大、政府、政协、纪委、人民法院以及人民检察院的党政领导干部都适用这一规定。也就是说,中国的党政领导干部是由各级党委按照干部管理权限,经过动议、民主推荐、考察、讨论决定后,依法向人民代表大会、人大常委会、政府推荐人选或提名人选,再由其进行任命产生的。因此,中国的干部任免权主要由拥有相应管理权限的一级党委掌握(Unger and Chan,1995)。

在"党管干部"体制下,中国的人事权虽呈现出高度集权的特征,但并不意味着它在中央与地方之间的配置是一成不变的。在实践中,中央与地方政府之间干部任免权的调整主要通过三个方面实现:管理幅度、选任标准和干部交流。管理幅度,即纵向上的管理范围,新中国成立以后很长一段时间内,中国实行"下管两级"甚至"下管三级"的干部人事制度,一直到20世纪80年代才转变为"下管一级";选任标准,《中国共产党章程》指出"党按照德才兼备、以德为先的原则选拔干部",操作层面则由各级党委根据实际制定具体考察标准,调整干部选任标准被许多学者视为中国通过干部任免来实现治理成功的关键所在;干部交流,指各级党委及其组织部门可以按照干部管理权限,通过调任、转任对党政领导干部的工作岗位进行调整,《党政领导干部交流工作规定》要求从中央到地方的党、人大、政府、政协的领导班子及其职能部门负责人以及纪委、法院、检察院的领导成员都属于参与干部交流的对象。

3. 行政结构

中国作为一个人口众多、地域辽阔、地区间发展极不平衡的大国,如何处理好中央与地方关系长久以来一直是执政者所面临的难题。一般而言,中央与地方关系是指国家体制中纵向上权力与资源配置的基本关系。中国《宪法》对中央和地方国家机关之间的职权划分是这么表述的:"遵循在中央的统一领导下,充分发挥地方的主动性、积极性原则",有着鲜明的中央集权的特征,但从实践层面而言,中国的中央与地方关系却呈现出更为复杂的形态。自新中国成立以来,根据经济社会发展的需要,其中央与地方关系也始终处于动态调整之中。对近70年中国与央地关系的变迁进行梳理,从中可以发现,立法权、财权、事权和人事权构成了中央与地方关系调整的四个主要维度。也就是说,中国大多通过这四个维度来实现对中央与地方关系的调整（Chan，2010）。

中国的行政区划是在中央以下分为省级（省、自治区、直辖市），县市级（自治州、县、自治县、市），以及乡镇（乡、民族乡、镇）三级。但在实际操作中，地方分为省、市、县、乡镇四级。例如，1994年颁行的《预算法》中，我国实行一级政府一级预算，设立中央、省、市、县、乡镇五级预算。因此，从政府架构上，我国是独特的五级政府架构。中国央地关系的制度体现以及蕴含在其中的集权与分权的辩证，构成我国中央与地方关系中特殊的矩阵式结构："条块关系"。"条"，是指中央到地方的纵向的，以部门为依据的管理体系；"块"，则是指以行政区划为准的党委领导下的政治关系。条块结合，又称双重领导体制，这种领导体制中最常见的表述是"条块结合，以块为主"，在具体事务的领导中，地方职能部门既接受地方政府的领导，也受上级对口部门的业务指导或领导。此外，又有"条块结合，以条为主"的垂直管理的不同形式（Tsui and Wang，2004）。

条块结合的优势在于加强了中央集权。在地方加强了权力分割，一竿子插到底的"条条"有力地分割了"块块"，表面上与中央政府"职责同构"的地方党政系统以条条切割开来，每一根条条都是中央约束地方的线索。条块关系的特殊架构也赋予了中央在央地关系运作中的灵活性。在这种架构中，中央精神在地方上有"块"和"条"两个代理人，条条和块块分别掌握中央精神，并通过自己的领导系统传达、贯彻到地方。中央可以灵活地调节条与块的侧重点：要发挥中央的积极性，就更偏重条，要强调地方的积极性，就更偏重块（突出体现在20世纪90年代末以来垂直管理强化的趋势→在条条关系中坚持党的领导，主要依靠党组）。但条块关系带来的一个制度性后果是条块矛盾的频发以及由此带来的权威的碎片化状态，这种分化的状态实际上强化党的协调功能。总的来说，靠"协商办事"寻求问题的制度化解决方式必然带来一定程度的"人治"色彩，克服分散化，取得共识的过程未免不够透明，有失规则性（Edin，2003）。

在财税关系方面，中国在1994年实行分税制改革之前，中央与地方之间的财权配置还经历过两种模式："统收统支"和"财政包干"。在"统收统支"

的财政体制下,地方财政基本只是中央财政的延伸,即地方的绝大部分财政收入都要上缴中央,地方的财政支出也都要经中央在国家计划的范围内进行审批,由中央核定指标后专款专用,因此地方政府几乎没有财政自主权。"财政包干"则是指在明确划分中央和地方财政的收支范围后,按照一定办法确定地方财政的包干基数,收入大于支出的地方,多余部分按照一定的比例上缴,支出大于收入的地方,由中央从工商税中给予调剂收入或另外给予定额补助,这意味着地方政府在基于包干基数上缴中央财政后剩余部分的财政收入,成为其可自行支配的财权(Bian et al., 2001)。

随着分税制改革的进行,中国央地之间的事权调整开始更多地通过财税体制改革在财政支出责任上显现出来。这种以财政支出责任来度量的事权也被称为"财政事权",用于指代一级政府应承担的运用财政资金提供基本公共服务的任务和职责。分税制改革初步构建了中国央地之间财政事权划分的体系框架,在其纲领性文件《国务院关于实行分税制财政管理体制的决定》中,规定"中央财政主要承担国家安全、外交和中央国家机关运转所需经费,调整国民经济结构、协调地区发展、实施宏观调控所必需的支出以及由中央直接管理的事业发展支出","地方财政主要承担本地区政权机关运转所需支出以及本地区经济、事业发展所需支出"。但也可以看出,受当时客观条件约束,分税制改革仅对中央与地方之间的财政事权做了笼统模糊的划分。进入 21 世纪后,为了缓解日益严重的地方政府事权与财权不匹配的矛盾,明确中央与地方之间支出责任成为中国政府改革的一个重要议题。在 2016 年出台的《关于推进中央与地方财政事权和支出责任划分改革的指导意见》中,中国提出将政府的支出责任划分为中央财政事权、地方财政事权以及中央与地方共同财政事权,2019—2020 年形成中央与地方之间财政事权和支出责任划分的清晰框架。

五、小结

自 2013 年共建"一带一路"倡议提出以来,中国始终坚持以共商共建共享为原则,以和平合作、开放包容、互学互鉴、互利共赢的丝路精神为指引,以打造命运共同体和利益共同体为合作目标，得到了共建国家及国际社会的广泛关注和积极响应。当今世界面临百年未有之大变局，国际局势复杂多变。在此情势下，共建"一带一路"倡议，从理念转化为行动，从愿景转变为现实，推动形成中国与世界联动发展的新格局，共建"一带一路"成为深受欢迎的国际公共产品和国际合作平台。

党的二十大报告提出，要推动共建"一带一路"高质量发展。当前是共建"一带一路"高质量发展的关键阶段，要全面强化风险防控，统筹推进重大项目，切实防范风险，加强海外利益保护。完整、准确、全面贯彻新发展理念，以高标准、可持续、惠民生为目标，巩固互联互通合作基础，拓展国际合作新空间，扎牢风险防控网络，努力实现更高合作水平、更高投入效益、更高供给质量、更高发展韧性，推动共建"一带一路"走深走实、行稳致远。

经过 20 多年"走出去"的实践探索，我国积累了海外项目风险管理的丰富经验，技术性和操作性风险管理的实务能力逐渐增强（如自然、技术、法规、合同、劳务、物资、设计、环境、健康等风险）。然而，"一带一路"建设是一项宏大的系统工程。随着海外项目风险复杂性的增加和新特征的出现，传统工程视域下的风险管理能力已无法完全适应共建"一带一路"的现实需求。"一带一路"海外项目作为大型社会性工程，其项目风险具有系统整体性和不可分割性，尤其是要注重共建国家制度、文化等方面对项目的系统性和整体性影响。共建国家经济社会发展水平不均，互联互通水平迥异，导致不少中资企业在国内推进项目建设顺畅，但在走出国门之后，出现"水土不服"和财务不可持续等现象。

与国内重大项目和传统跨国项目不同，共建高质量"一带一路"不能仅仅依靠我国自身能力应对所有关键风险，尤其是制度、文化等重大外部风险，更需要共建国家全面提升推进现代化建设的能力，将有效市场和有为政府更好结合，通过财富有序积累以及分配与再分配，走上发展的快车道，加速走向现代化。只有基于共建国家内部的发展改革，优化资源配置，才能与中方一道打造全方位、全天候的风险治理韧性网络，构建政府间协商、顶层间协调、参与方协同的多元多层风险治理机制，以保障"一带一路"海外重大项目在安全可控的环境中推进。

中国式现代化为人类实现现代化提供了替代性选择，拓展了广大发展中国家走向现代化的途径。中国共产党人深刻总结反思西方现代化发展遇到的问题，走出了一条不同于西方国家以剥削社会底层为代价、以破坏生态为代价、以其他国家落后为代价的现代化新路。中国式现代化道路受到共建"一带一路"国家的日益关注，共建国家期待对中国发展实践的系统化研究和理论化提炼，从而改善国际发展知识的有效供给和交流互鉴。同时，中国也有责任、有义务为全球发展贡献中国智慧和中国方案。随着中国与共建"一带一路"国家交往愈发密切，中国与共建国家之间不仅需要基础设施的"硬联通"，更需要发展知识的"软联通"，携手探索包容性全球化道路，打造新型国际发展合作模式。

二战结束后，亚非拉国家获得民族独立，积极寻求有益的发展政策和措施，以图实现现代化。西方发达国家基于自身的发展经验，积极向发展中国家提供国际发展知识。然而，西方主流国际发展知识运用于发展中国家却遭遇失败。最主要原因是这些知识以发达国家为参照系，往往不适用于发展中国家。中国式现代化，既有基于自身国情的中国特色，又有发展中国家现代化的共同特征，有助于发展中国家探索适合其国情的现代化理论和现代化道路。对照当前中国崛起的过程，中国已经到了需要为发展中国家提供国际发展知识的新阶段。

目前亟须全面构建国际发展知识研究体系，系统研究和提炼中国式现代化理论和现代化道路。为发展中国家提供发展知识的前提是更加深入地认识中国自身的发展实践特征，而此前对于中国发展实践的研究大多是经验型总结，缺乏理论型提炼。70多年来，西方的主流国际发展知识主要围绕国家干预和自由市场的关系，在两者之间不断摇摆、轮回。中国经过长期实践、探索出的发展实践可以对此做出有效补充，在融入全球化过程中总结的经济社会发展经验可供共建国家参考借鉴。同时，这也有利于丰富中国式现代化的内涵，增强中国的道路自信、理论自信、制度自信、文化自信。一方面，从更好发挥政府作用、提升国家治理能力的角度，研究政府如何培育市场、引导市场和配置资源，实现财富积累；另一方面，超越传统的市场与政府二分法，从包容性全球化的角度，研究政府如何通过提供公共服务和社会保障、投资基础设施和人力资本，处理区域发展不均衡和不平等问题，实现财富分配与再分配。

参 考 文 献

Bai, C., Qian, Y. Infrastructure development in China: the cases of electricity, highways, and railways. *Journal of Comparative Economics*, 2010, 38（1）: 34-51. DOI: 10.1016/j.jce.2009.10.003.

Bell, D., Hahm, C.（eds.）*Confucianism for the Modern World*. Cambridge: Cambridge University Press, 2003.

Bian, Y., Shu, X., Logan, J. Communist Party membership and regime dynamics in China. *Social Forces*, 2001, 79（3）: 805-841. DOI: 10.1353/sof.2001.0006.

Bowles, S., Carlin, W. Shrinking capitalism. *AEA Papers and Proceedings*, 2020, 110: 372-377. DOI: 10.1257/pandp.20201001.

Breslin, S. The China model and the global crisis: from Friedrich List to a Chinese mode of governance? *International Affairs*, 2011, 87（6）: 1323-1343. DOI: 10.1111/j.1468-2346.2011.01039.x.

Chan, K. Fundamentals of China's urbanization and policy. *China Review*, 2010, 10（1）: 63-93.

Démurger, S. Infrastructure development and economic growth: an explanation for regional disparities in China? *Journal of Comparative Economics*, 2001, 29（1）: 95-117. DOI: 10.1006/jcec.2000.1693.

Edin, M. Remaking the Communist Party-state: the cadre responsibility system at the local level in China. *China: An International Journal*, 2003, 1（1）: 1-15.

He, B., Warren, M. Authoritarian deliberation: the deliberative turn in Chinese political development. *Perspectives on Politics*, 2011, 9（2）: 269-289.

Jong, M. The pros and cons of Confucian values in transport infrastructure development in China. *Policy and Society*, 2012, 31（1）: 13-24. DOI: 10.1016/j.polsoc.2012.01.005.

Liu, J. Confucian moral realism. *Asian Philosophy*, 2007, 17（2）: 167-184. DOI: 10.1080/09552360701445109.

Liu, W. Governance, politics and culture. In Dunford. M., Liu, W.（eds.）*The Geographical Transformation of China*. Abingdon: Routledge, 2015: 22-59.

Liu, W., Dunford, M., Liu, Z. et al. *Exploring the Chinese Social Model: Beyond Market and State*. Agenda Publishing, 2022.

Peck, J. On capitalism's cusp. *Area Development and Policy*, 2021, 6 (1): 1-30. DOI: 10.1080/23792949.2020.1866996.

Sahoo, P., Geethanjali, N., Ranjan, D. China's growth story: the role of physical and social infrastructure. *Journal of Economic Development*, 2012, 37 (1): 53-75. DOI: 10.35866/caujed.2012.37.1.003.

Shih, V., Adolph, C., Liu, M. Getting ahead in the Communist Party: explaining the advancement of Central Committee members in China. *American Political Science Review*, 2012, 106 (1): 166-187. DOI: 10.1017/s0003055411000566.

Song, T. *et al*. 2019. Policy mobilities and the China model: pairing aid policy in Xinjiang. *Sustainability*, 11 (13): 3496-3512. DOI: 10.3390/su11133496.

Straub, S., Vellutini, C., Warlters, M. Infrastructure and economic growth in East Asia. Policy Research Working Paper 4589. Washington, DC: World Bank, 2008.

Tsui, K., Wang, Y. Between separate stoves and a single menu: fiscal decentralization in China. *China Quarterly*, 2004, 177: 71-90.

Unger, J., Chan, A. China, corporatism, and the east Asian model. *Australian Journal of Chinese Affairs*, 1995, 33: 29-53. DOI: 10.2307/2950087.

World Bank. *Belt and Road Economics: Opportunities and Risks of Transport Corridors*. Washington, DC: World Bank, 2019.

World Bank. *World Development Report 1994: Infrastructure for Development*. New York: Oxford University Press, 1994.

Yang, B. Confucianism, socialism, and capitalism: a comparison of cultural ideologies and implied managerial philosophies and practices in the P. R. China. *Human Resource Management Review*, 2012, 22 (3): 165-178. DOI: 10.1016/j.hrmr.2012.01.002.

第三章　基于制度和文化视角的建设模式[①]

为推动共建"一带一路"高质量发展，画好精谨细腻的"工笔画"，需要做好每一个建设项目。这要求对已有建设模式和建设项目进行深入剖析，总结经验和教训，探讨"一带一路"的建设模式，产出对未来高质量发展具有指导意义的理论知识。本章在回顾经济地理学制度和文化转向的基础上，从制度和文化的视角提出了"一带一路"建设模式，为共建"一带一路"的案例研究提供一个宏观背景和理论基础。从中国参与融资和参与经营两个视角，本章总结出基于EPC、基于特许经营和企业直接投资三种项目类型；并借鉴制度和文化转向的研究技巧，根据项目/技术的"破坏性"和地域嵌入的广度和深度，将"一带一路"建设项目划分为变革性项目、支撑性项目、一般性项目与海外经贸合作园区四大类，用于识别项目的制度和文化敏感性。

一、"一带一路"建设面临的制度和文化问题

自2013年9月共建"一带一路"倡议提出以来，"一带一路"建设取得了举世瞩目的成就，我国与共建国家的经贸合作呈现快速上升态势。截至2023年6月，中国已经同150多个国家和30多个国际组织签署了共建"一带一路"

[①] 本章作者：刘卫东、姚秋蕙。

合作文件。2013—2022年，我国与共建国家的进出口额年均增长8.6%。①2022年，我国与共建国家的进出口额为13.83万亿元，占外贸总值的32.9%，高出整体增速11.7个百分点；我国企业在共建"一带一路"国家的非金融类直接投资达到1 410.5亿元，较上年增长7.7%，占同期我国对外直接投资总额的17.9%；在共建国家承包工程完成营业额5 713.1亿元，新签合同额8 718.4亿元，分别占总额的54.8%和51.2%。②与此同时，一大批建设项目在共建国家落地生根，造福了当地社会，实现了合作共赢。根据国务院国有资产监督管理委员会发布的信息③，截至2019年底，共有81家中央企业在共建"一带一路"国家承担了3 400多个建设项目，涉及基础设施建设、能源资源开发、国际产能合作等领域。截至2023年，中央企业累计承担境外的港口、铁路、机场等重大基础项目超过200个。④同时，大量民营企业也开始加速走入共建"一带一路"国家，投资建厂或经商。

然而，在快速推进的过程中，也出现了一些不可忽视的问题。我们在《"一带一路"建设进展第三方评估报告（2013—2018年）》中曾列举反思了一些问题（刘卫东等，2019）。例如，"写意"与"工笔"不够协调，建设愿景和理念以及大原则比较完善且广受欢迎，但是具体建设方式和工作有待进一步探索；愿景和理念宣传多，实践工作总结少，可视性成果不够多；政府冲得过于靠前，企业尚未发挥主体作用，市场机制和商业规则有待强化；"共商共建共享"在项目层面没有完全到位，一些项目脱离当地实际需求和运营能力；"稳中求进"没有完全落实，个别项目操之过急、过大，不良政绩观没有完全杜绝；建设工作面上扩展非常快，存在企业"一哄而上"的问题；适应"走出去"的体制机制还没有建立起来，政策保障措施不够具体、力度有限；人文交

---

① 《人民日报》："我国进出口规模首次突破40万亿元 连续6年保持世界第一货物贸易国地位"，2023年1月14日，http://www.gov.cn/xinwen/2023-01/14/content_5736849.htm。
② 商务部："2022年我国对外投资合作情况"，2023年2月13日，http://www.mofcom.gov.cn/article/tongjiziliao/dgzz/202302/20230203384453.shtml。
③ 国资委："目前81家央企在'一带一路'沿线承担了超3 400个项目"，2020年1月15日，http://finance.sina.com.cn/roll/2020-01-15/doc-iihnzahk4304236.shtml。
④ 国资委："共建'一带一路'倡议提出十周年 央企承担境外重大基础项目累计超200个"，2023年2月23日，https://economy.gmw.cn/2023-02/23/content_36387143.htm。

流推进力度和协同性不够，尚没有发挥民心相通的先行保障作用。此外，"一带一路"建设也是在世界各国的媒体和智库的检视之下开展的。尽管相当一部分媒体报道和智库报告存有抹黑的成分，但是大量的国际反响是相对中立而挑剔的，其反映的一些问题在一定程度上是存在的。即使不存在，也在客观上为更好地推进"一带一路"建设提了醒。

在此背景下，如何让"一带一路"建设更加成功，成为一个亟待解决的关键问题。事实上，早在2018年中国政府就已经意识到了这个问题，并提出了解决思路和前进方向。在2018年8月举行的"一带一路"建设工作五周年座谈会上，习近平总书记提出向高质量发展转变是下一阶段推进共建"一带一路"工作的基本要求。在2019年4月举办的第二届"一带一路"国际合作高峰论坛开幕致辞中，习近平主席再次提出，"聚焦重点、深耕细作，共同绘制精谨细腻的'工笔画'，推动共建'一带一路'沿着高质量发展方向不断前进"；而且，强调要在建设项目上下功夫，让共建"一带一路"成果更好惠及全体人民，为当地经济社会发展做出实实在在的贡献。[①] 推动共建"一带一路"高质量发展，需要中国与共建国家的共同协作和共同努力，也需要学术界的研究支撑。

画好精谨细腻的"工笔画"，需要做好每一个建设项目，让这些项目秉持共商共建共享的原则，实现开放、绿色、廉洁的理念和高标准、可持续、惠民生的目标，真正实现互利共赢。然而，在实际推进过程中，由于我国企业（特别是民营企业）缺少海外投资经营的经验，盲目照搬国内经营模式，对各国的制度和文化差异认识不足，导致一些建设项目出现波折。例如，由中土集团和中铁二局承建的亚吉铁路采用电气化铁路技术，而埃塞俄比亚和吉布提长期以来未能形成铁路技术积累、经营管理队伍和技术标准，建设项目在属地国出现了铁路技术与制度、经济、文化的不适应性（王成金等，2020）；缅甸的密松水电站项目由于缅甸国内紧张的民族关系、上升的民族主义情绪以及政权冲突等原因而被搁置（李晨阳，2011）；科伦坡港口城在2015年斯里兰卡大选后，

[①] 习近平："齐心开创共建'一带一路'美好未来——在第二届'一带一路'国际合作高峰论坛开幕式上的主旨演讲"，《中华人民共和国国务院公报》，2019年第13期。

被新政府以"缺乏相关审批手续""重新环境评估"等为由暂停了项目建设。①

以上案例虽然是个案，但反映了制度和文化因素对"一带一路"建设项目存在不可忽视的影响。事实上，也有一些成功的案例，在充分考虑制度和文化差异的情况下，实现了项目的顺利运行。例如，蒙内铁路探索了"技术-制度-文化"复合体海外发展模式，通过制度保障、文化相互适应以及技术标准、管理模式、产业链条的属地化管理，保障了项目的成功运营（王姣娥等，2020）；缅甸莱比塘铜矿项目主动适应东道国的社会变革，通过多样化制度创新嵌入当地的社会经济环境，取得了政府、企业和当地社区的共赢（高菠阳等，2020）；中白工业园通过政府间合作框架和机制协调两国战略利益，并借助合理的园区开发公司股权结构及其强大的全球网络运用能力确保了园区的长久发展（刘志高、王涛，2020）。

共建"一带一路"国家大多为发展中国家，政治环境和文化背景各异，部分共建国家受政权更迭、社会矛盾、腐败问题、地缘安全、大国干预、宗教文化多元、部族治理结构复杂等因素影响，存在较高的投资风险；各国的政府职能、金融体制、法制等水平还影响着投资项目的落地和建设进展。此外，对于铁路、港口、能源、产业园区等不同类型的项目，受制度和文化因素的影响程度也有所不同。因此，对各国之间在制度和文化上差异的深刻认识以及对具体项目受制度和文化因素影响的综合分析，是企业海外投资经营成功的基础和先决条件。

总之，为实现共建"一带一路"高质量发展，画好精谨细腻的"工笔画"，从制度和文化视角开展高水平的案例研究，是下一步的重要努力方向。现有的国内外"一带一路"研究中，中文文献主要关注互联互通、全球化与区域合作、经济发展与对外开放、对外贸易投资、人民币国际化、地缘关系、文化交流等主题，英文文献则主要关注政治地理、国际经贸合作、可持续发展、开发性金融等领域［详见《"一带一路"建设案例研究：包容性全球化的视角》第一章（刘卫东等，2021）］。总体来说，已发表的论文比较庞杂，宏观性、战

---

① 外交部："科伦坡港口城项目暂停施工而非取消项目"，2015年3月6日，http://www.gov.cn/xinwen/2015-03/06/content_2829031.htm。

略性和舆论性的文章偏多，基于深入案例研究的高水平论文较少，难以支撑共建"一带一路"高质量发展的需要。为此，本章的目的是对已有建设项目进行深入剖析，从制度和文化的视角总结"一带一路"建设模式，为共建"一带一路"的案例研究提供一个宏观背景和理论基础，从而为共建"一带一路"高质量发展的落地提供理论支撑。

二、经济地理学的制度和文化转向

经济地理学对于制度和文化因素的研究是有传统的，始于20世纪90年代。简化地看，二战后西方经济地理学经历了三次大的转向（Sheppard，2000）：20世纪50年代，战后繁荣期和福特主义大规模生产的广泛流行，以及人们对"科学主义"的推崇，使计量革命成为经济地理学的主流；70年代，资本主义经济危机的蔓延、传统制造业中心的衰退、失业率居高不下和滞胀等问题，以及社会科学领域对人权、民主和社会结构改革的诉求，使马克思主义政治经济学成为经济地理学的主要思想来源；90年代以来，经济全球化和信息技术的快速发展，带来了生产方式、消费模式、劳动力关系和福利体制等方面的巨大变化，不同国家和地区的繁荣与衰落越来越难以用简化的经济逻辑进行合理的解释，这催生了经济地理学的制度和文化转向。虽然之后又出现了关系学派、演化经济地理学派、全球生产网络学派等，但都可以"冒险"地并入制度和文化转向这个大脉络之中。

制度和文化转向的出现有其深刻的现实背景（Peck and Tickell，1994；Amin，1999；Scott，2004）。首先，资本主义生产方式由大规模生产、大众消费的福特主义转向以柔性生产和个性化消费为主要特征的后福特主义，并在交通和信息技术变革的推动下向全球扩张，形成了新的国际劳动分工。在这个地理扩散和功能整合的过程中，企业与企业之间、企业与地区之间以及地区与地区之间的关系更加复杂，经济过程涉及的主体间相互作用更多地嵌入在不同的社会、政治、制度、文化环境之中。其次，在新自由主义思想的影响下，国家的传统地位被削弱，其功能向下移交给地方管理机构，向上则依靠跨国机制的协调，老工业区衰落、新产业区崛起、跨区域问题等现象推动了多尺度治理机制的研究。最后，随着跨国公司在全球的快速扩张，围绕"全球-地方"冲突出现了大量关于地方和区域如何在全球化背景下提高发展能力的讨论，融入全球体系的区域发展过程离不开多尺度制度和文化的共同作用。同时，商品、资本、人口、知识跨国流动的快速增长，使人们更加意识到不同国家与地区之间的制度和文化差异。

制度和文化都是复杂的概念。一些研究认为制度是塑造、约束、促成经济行为的规则、程序、传统和惯例（Martin and Sunley, 2015; Gertler, 2018）；一些研究则认为制度还包括组织机构，如政府和非政府组织等非企业主体（Cooke et al., 1997; Farole et al., 2011）；还有一些研究将制度视为对于最佳实践、关键概念等的共同理解和期望以及稳定的相互作用模式（Gertler, 2004; MacKinnon et al., 2009）。例如，区域创新系统理论强调政府、研究机构、银行、风险资本、培训组织等实体制度，新产业区和"学习型区域"理论则强调促进信任与合作的社会制度和文化（Cumbers et al., 2003）。总体来说，第一种解释的应用最多，即将制度视为更广泛的制度环境和制度安排，包括成文的、明确的法律和规则等正式制度，以及隐性的、默认的惯例和规范等非正式制度。"文化"指全体社会成员共同持有的生活方式、行为规范、文化传统和价值观，通常作为非正式制度的一部分对经济和社会活动产生影响（寇等，2012）。例如，有很多研究揭示了儒家文化对于东亚国家经济活动的影响，包括忠诚、集体观念、和谐、尊重长者、服从权威等观念（Yang, 2012; Bell and Hahm, 2003; Jong, 2012）。而在非洲很多国家，游牧文化仍然存在，塑造了明显不同的经济和社会实践。

尽管马西（Massey, 1984）在20世纪80年代就提出任何因素对地方发展所起的作用都与该地方的地理和历史环境有关，但制度和文化转向的标志性事件一般被认为是1992年迪肯和思里夫特（Dicken and Thrift, 1992）把经济社会学家格兰诺维持（Granovetter）提出的"嵌入"（embeddedness）概念引入经济地理学研究，使这个学科的研究对象融入文化、社会和制度背景之中，并从中获得新的研究内涵与发展方向。这个新的经济地理学流派倾向于利用来自社会学、经济学、政治学、管理学等学科的多样化概念，更广泛地理解正式和非正式制度如何塑造及约束各种形式的经济行为与实践，包括生产、消费、投资、创新和组织变革、劳动力和资本市场、企业间关系和学习等等（Martin，2000；Yeung，2003；Gertler，2018）。之后的经济地理学研究，无论是新区域主义，还是全球生产网络与演化经济地理学，都将制度和文化因素放到核心解释要素之中。例如，新区域主义对劳动力市场、制度厚度（institutional thickness）的研究（Amin and Thrift，1994；Storper，1995），全球生产网络研究对于"嵌入"以及战略耦合中制度因素的重视（Henderson et al.，2002；Liu and Dicken，2006；Yeung，2016），而演化经济地理学则强调制度对区域发展路径的影响（Martin，2010；Simmie，2012；Boschma，2015）。

可以说，制度和文化因素的研究贯穿了过去 30 年西方经济地理学的发展。对"经济"的重新认识，将经济与制度和文化视为相互作用、相互塑造的空间驱动力，为经济地理学打开了广阔的研究空间。但是，需要非常清醒地意识到，制度和文化是非常复杂的演化现象，具有自反性，会随着发生的经济现象及其空间结果而不断变化，而且还具有明显的尺度特征（Jessop，2001）。因此，正如盖特勒（Gertler，2010，2018）指出的，经济地理学的制度转向应该关注个体能动性、制度演变、不同尺度的制度间相互作用以及采用比较的方法，更加关注区域制度如何与国家尺度的制度进行相互作用，并强调多尺度制度共同演化的过程、个体能动性的作用以及制度演化路径和方向的可预测程度。概括起来，经济地理学制度和文化转向的研究趋势，体现在更加关注制度的多尺度性和尺度间的相互作用（Brenner，1999；Sheppard，2002；Pike et al.，2015），制度与经济过程的共同演化（Martin and Sunley，2015；Hall and Soskice，2009），多主体对制度演化过程的影响（Phelps and Wu，2009；Coe and Yeung，2015），以及不同制度和文化间的相互作用（Whitley，1998；Christopherson，2002；Dicken，2003；Phelps and Waley，2004）。

1978 年改革开放以来，虽然中国经济地理学一直在引入西方的理论思想和研究范式，但主要还是沿着"以任务带学科"的道路在发展（刘卫东等，2011）。其研究脉络与近 40 年来的社会经济转型和制度变革紧密相关，所关注的研究对象、理论问题和解释机制与西方经济地理学的制度和文化转向既有异曲同工之妙，也有明显的差别。特别是，中国的社会经济结构和治理体制，决定了与改革开放相关的制度建设以及国家和地方层面的宏观规划、发展战略、空间治理等正式制度是经济空间演化的主导因素，这在一定程度上扩充了西方关注的法律和规则等正式制度以及惯例和规范等非正式制度的研究范围（刘卫东，2003，2014；刘卫东、陆大道，2004）。可以说，中国经济地理学没有出现西方那种制度和文化转向，中国经济地理学对制度和文化因素的研究伴随国家的改革而生。

总体而言，西方经济地理学的制度和文化转向，主要关注了发达国家的社会经济转型及其在向发展中国家投资过程中所遇到的制度和文化问题，对于理解"一带一路"建设具有指导意义，但不能照搬到中国的海外建设案例研究中（李小建，2004；吕拉昌、魏也华，2005）；而中国经济地理学对制度因素的讨论主要服务于国内社会经济发展的现状和需求，也难以直接应用到海外建设研究之中（樊杰，2007；陆大道，2009；刘卫东等，2010；顾朝林，2011）。当前，中国进入大规模"走出去"的新阶段，"一带一路"建设对理论发展提出了新要求。与力图通过新自由主义的全球扩张来提供制度和文化保障的西方跨国投资不同，共建"一带一路"倡导共商共建共享和互利共赢的新型国际合作模式。在这个背景下，如何借鉴西方经济地理学的研究结果，在中国经济地理学的发展基础上开展共建"一带一路"模式研究，有待中国地理学者不断的努力，也有待与西方学者开展比较案例研究。

三、"一带一路"建设模式：基于制度和文化视角

为支撑共建"一带一路"高质量发展落地，画好精谨细腻的"工笔画"，需要对已有建设项目和建设模式进行深入剖析，总结经验和教训。而经济地理学的制度和文化转向的研究技巧，对于"一带一路"建设模式研究具有借鉴意义。本节将从制度和文化的视角，划分"一带一路"项目类型，并从"地域嵌入的广度和深度"以及"项目/技术的'破坏性'"两个维度，识别不同项目

类型的制度和文化敏感性。

1. 建设项目分类

研究"一带一路"建设案例，必须首先明确建设项目是什么。尽管社会各界对"一带一路"建设项目都很感兴趣，但是到目前为止还没有官方的定义。广义地讲，所有中国在共建国家直接投资、参与融资和参与建设的项目，都可以被称为"一带一路"建设项目。狭义地讲，由于共建"一带一路"倡议强调政府间合作，只有纳入政府间合作的项目才有资格被称为"一带一路"建设项目。由于缺乏官方定义，一些企业、媒体乃至个别政府部门随意为建设项目扣上"一带一路"的帽子。在很大程度上，"一带一路"俨然已经成为一把似乎能够涵盖一切的"伞"，其结果是戴上"一带一路"帽子的建设项目有些鱼龙混杂。当然，定义"一带一路"项目不是本章力所能及的。本章将根据实践调研所获得的知识，对"一带一路"建设项目进行粗略的类别划分（图3-1）。其划分依据是投融资结构和中国企业参与经营程度。这些不同项目类型也在一定程度上代表了不同的建设模式。

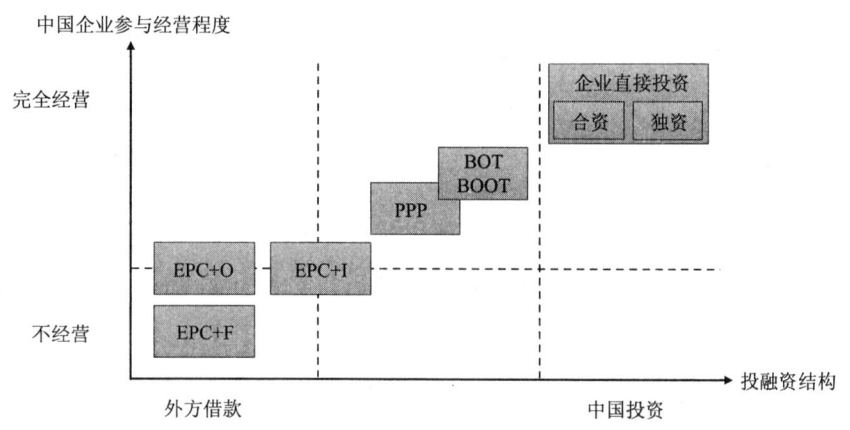

EPC+F：工程总承包+融资；EPC+O：工程总承包+短期运营；EPC+I：工程总承包+部分投资；PPP：政府-社会资本合作；BOT：建设-运营-移交；BOOT：建设-拥有-运营-移交

图3-1 "一带一路"建设项目分类

资料来源：刘卫东、姚秋蕙，2020。

第一类是以工程总承包（Engineering, Procurement and Construction, EPC）为基础的项目。近年来，中国企业包揽了世界上多数基础设施建设工程，但并非所有的 EPC 项目都应该算作"一带一路"建设项目。例如，中国水电集团承建了由亚洲开发银行提供融资的尼泊尔加德满都供水项目，狭义地看，这个 EPC 项目就很难算作"一带一路"建设项目。而亚洲基础设施投资银行和欧洲银行联合融资的印度班加罗尔地铁轨道工程（R6 线），以及亚洲基础设施投资银行与亚洲开发银行联合融资的格鲁吉亚巴统双车道公路项目，则可以视为"一带一路"建设项目（温灏、沈继奔，2019）。因此，一般来讲，只有中国提供或牵头提供融资的"工程总承包＋融资"（EPC＋F）项目才能视为"一带一路"建设项目。一些 EPC 项目在完工后，由于东道国缺乏运营能力，中国建设企业需要负责运营一段时间，这就出现了"工程总承包＋短期运营"（EPC＋O）模式，需要中国企业更深入地与当地社会经济系统发生联系。中国企业承建的发展中国家的铁路，往往最后成为这种建设模式。此外，由于市场上 EPC 项目越来越稀缺，一些情况下承包建设工程的中国企业需要作为股东进行部分投资，并参与到项目运营中去，这催生了"工程总承包＋部分投资"（EPC＋I）模式。在这种情况下，中国企业除了是项目的工程承包商外，还是项目的投资人之一。

第二类是以特许经营为基础的项目，包括最近发展很快的政府-社会资本合作（PPP）项目以及历史悠久的建设-运营-移交（BOT）/建设-拥有-运营-移交（BOOT）项目。这类项目的投融资结构介于传统的对外直接投资和外方借款之间。PPP 项目是学术界特别是金融领域研究的热点话题（宋涛等，2019）。这类项目一般集中在低回报率的长期性公共服务领域，如供水、污水处理等。从字面上看，这类项目似乎很简单，就是政府与社会资本的合作项目。但是，在"一带一路"建设中，PPP 项目很复杂，关键是国有企业是不是可以算作社会资本。在中国国内，已经建立现代经营制度、进行市场化运营的国有企业被容许参与 PPP 平台。但是，对于其他国有企业（如中国铁路总公司）该如何归类，还需要探索和等待。从这个角度看，中老铁路的建设模式是很特别的（图 3-2）。中老铁路以中国铁路总公司、中投公司、云南投资公司和老挝铁路公司合资成立的中老铁路公司为业主，获得老挝交通部 50 年的特许经营权，从中国金融机构贷款 60%（资本金占另外 40%）进行建设和运营。

这是中国铁路"走出去"第一次尝试这种建设模式，有可能开创"一带一路"建设投融资模式的新道路。

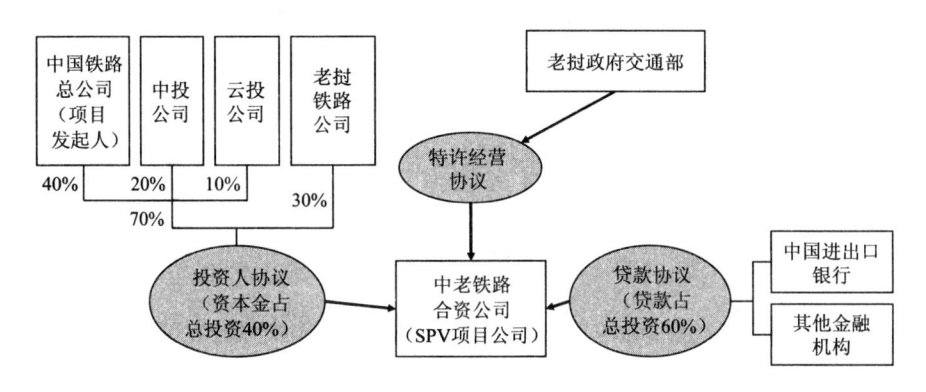

图 3-2　中老铁路建设模式

资料来源：刘卫东、姚秋蕙，2020。

PPP 项目一般以政府给予的特许经营权为基础，这让它与另一类项目的划分上有重叠，即 BOT 或 BOOT 项目。后者在基础设施建设领域已经流行了上百年，是以特许经营权为基础的一种建设模式。为了适应不同的条件，BOT 衍生出许多类型，例如 BOOT、BOO（Build-Own-Operate，建设-拥有-运营）、BLT（Build-Lease-Transfer，建设-出租-移交）等。与 PPP 项目中政府需要分担风险不同，BOT 项目的风险由建设运营方自己承担。"一带一路"建设中，三峡南亚投资有限公司建设的巴基斯坦卡洛特水电站就是一个典型的 BOOT 案例（图 3-3）。BOT/BOOT 项目不需东道国有任何债务负担，但是对于投资者而言回报期长，而且存在政局和政策变动等风险。这类项目以及 PPP 项目，既不属于传统的直接投资，也不属于单纯的外方借款，在"一带一路"建设中愈来愈普遍，需要地理学者高度关注。

第三种类型是中国企业的对外直接投资，这是地理学长期研究的对象，这里就不需赘述了。

2. 基于制度和文化视角的建设模式

进入 21 世纪以来，国内外学术界不乏对中国对外直接投资的研究，特别是对制度因素的关注。巴克利（Buckley）等人在 2007 年最先从理论上对中国

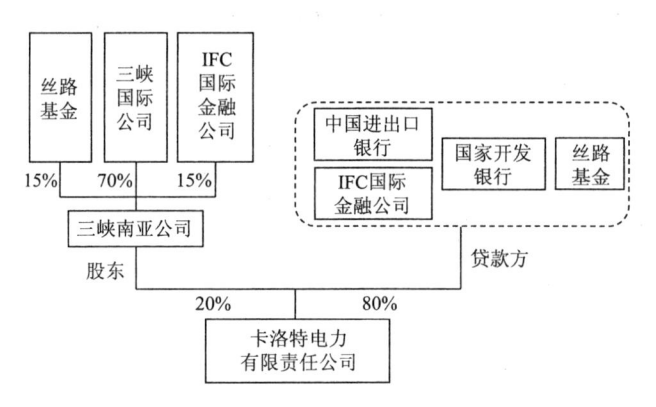

图 3-3 巴基斯坦卡洛特水电站建设模式

资料来源：刘卫东、姚秋蕙，2020。

企业对外直接投资的决定性因素进行了实证分析，指出需要引入国内资本市场不完善、特殊所有权优势和制度因素三种特殊解释，它们与寻求市场、资源和战略资产、政治风险、地理和文化邻近性等因素共同影响着中国企业的对外投资行为（Buckley et al., 2007）。此后一些研究阐述了中国企业对外直接投资所表现出的特殊性（Alon et al., 2018），尤其强调制度因素在其中的重要地位，认为东道国和母国的制度因素直接影响了中国对外直接投资的主体构成及其战略决策和投资行为（Morck et al., 2008；Peng et al., 2008；Peng et al., 2009）。同时，已有研究也关注了中国的国有企业和私营企业对外投资的差别性行为（Amighini et al., 2013；Buckley et al., 2018）。国有企业与母国政府之间的关联，使中国政府能够通过政府间关系的建立降低投资的潜在风险，与东道国政府利益的协同进一步保护中国投资免受东道国腐败和不利政策变化的影响（Oneill, 2014）；但研究也发现，特殊的企业性质使国有企业在东道国受到的制度压力比私营企业更为复杂，意识形态冲突、对国家安全的威胁和由于母国政府的支持、缺乏透明度的企业治理引起的关于企业合法性、不公平竞争的批评，以及经济回报、社会回报、外交回报之间的权衡等，都是国有企业对外直接投资过程中需要谨慎处理的问题（Meyer et al., 2014；Chalmers and Mocker, 2017）。而私营企业则具有不同的制度性选择。在母国复杂的制度环境中长期经营的经验，使私营企业更愿意到具有相似特殊制度环境的经济体投资（He et al., 2015）；但私营企业海外投资也面临着自身的困难，包括企业决策和治理能力不成熟、由于制度和文化差异导致的劳资冲突以及与当地社区的矛盾等。尽管这些研究具有重要的借鉴意义，但是对于指导"一带一路"建设而言还存在不足。首先，它们主要关注企业直接投资项目，较少涉及融资项目或混合项目；其次，考虑到更为广泛的项目谱系（图3-1），已有研究没有考虑不同类型项目对制度和文化差异的敏感性。

为了让具体案例研究更加具有针对性和指导性，我们从"地域嵌入的广度和深度"以及"项目/技术的'破坏性'"两个维度对"一带一路"建设项目进行了分类，用以识别它们的制度和文化敏感性（图3-4）。这里的"破坏性"借鉴了熊彼特的"创造性破坏"思想，指一个项目/技术应用对于当地原有的市场平衡和社会经济结构的冲击。例如，一条铁路的开通毫无疑问会打破原有的运输结构，扰动原有的运输市场，给卡车运输行业带来巨大影响。我们认为，"破坏性"越大就越需要重视制度和文化差异。所谓的项目/技术的"地域嵌入的广度和深度"，指项目/技术涉及的当地国土范围（例如铁路要穿越大面

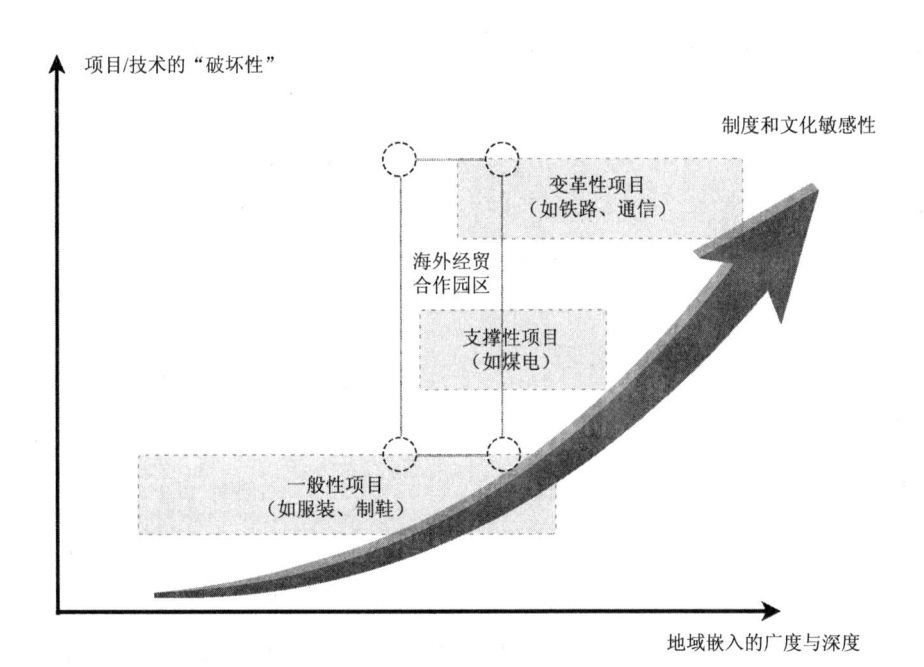

图3-4 "一带一路"建设项目的制度和文化敏感性分类

资料来源：刘卫东、姚秋蕙，2020。

积国土），以及对当地地理环境的影响和改造程度（采矿项目会带来比较大的景观改变），乃至使用当地劳动力的规模（庞大的就业规模会对当地产生巨大的社会影响）。我们认为，地域嵌入程度越高，就越需要重视制度和文化的差异。

从这个分析框架出发，可以把"一带一路"建设项目分为四大类。第一类是变革性项目，其"破坏性"和地域嵌入程度都很高，会对当地的社会经济系统产生巨大的影响甚至变革。典型的变革性项目是现代化铁路。第二类是支撑性项目，如火电站、水电站等。一方面，这类项目对当地社会经济系统具有支撑性或改善性作用，但可能会改变当地居民的消费习惯，"破坏性"程度居中；另一方面，它们往往是点状的，地域嵌入的广度低，但有的项目会改变当地的地理环境（如水电改变流域生态环境）或带来环境影响（如火电的碳排放）。第三类是一般性项目，主要是制造业。这类项目的"破坏性"较低，一般不会给当地的社会经济系统带来较大的冲击，大部分项目对制度和文化差异不是那么敏感，但有的项目地域嵌入深度比较高（如采矿项目会改变地理环境），也需要高度重视制度和文化差异。第四类是海外经贸合作园区项目。这类项目的地域嵌入程度居中，面积一般都在几平方千米到几十平方千米之间，但有时具有"破坏性"，尤其是园区优惠条件很多、形成与外部不对等竞争之时，以及园区就业规模庞大之时。我们期望通过未来的案例研究来逐步明晰不同类型的项目需要具体注意的制度和文化因素。以下列举本团队过往研究中的几个案例。

蒙内铁路属于典型的变革性项目（王姣娥等，2020）。在这个项目建设之初，中国企业仅仅想做 EPC 项目，但完工之后当地没有运营能力，只能应邀签约承担一定时期的运营责任，而运营就要深深嵌入当地的制度和文化环境之中。这给中国建设企业带来极大的挑战。标准铁路这个在中国看起来简单的建设工程，实际上是"技术-制度-文化"的复合体。只不过经过几十年的发展在中国国内保障铁路运行的法律法规以及相应的铁路文化已经非常成熟，不再被人们特别关注。当这样一条简单的铁路被复制到非洲国家时，其运营就遇到了种种不适应。例如，当地人很难适应中国铁路运营的"半军事化"管理文化。

另外，铁路的开通极大地冲击了当地国家的卡车运输市场，形成了高度的政治紧张态势。目前，蒙内铁路已基本解决了法律法规的保障问题，逐步进入正常运营。这个案例表明，对于变革性项目，企业必须从一开始就要考虑制度和文化因素，做好统筹谋划，仔细考察项目的制度和文化"土壤"，才能确保建设项目成功。仅仅想做 EPC，难以画好"工笔画"。

缅甸莱比塘铜矿项目是一个不具有社会经济"破坏性"，但具有高度地域嵌入性的制造业项目（高菠阳等，2020）。中国万宝公司从加拿大艾芬豪公司接手的这个铜冶炼项目，从一开始就遭遇了缅甸从军政府向民选政府转变的剧烈变化，不得不面对征地补偿、移民搬迁安置、环保、佛塔搬迁、社区居民未来生计等一系列问题。这个曾经看似难以持续下去的建设项目最终于 2016 年正式投产，实现了企业、缅甸政府和当地社区的"三赢"。万宝公司通过种种创新性制度安排，主动地实现了"多尺度嵌入"，突破了制度和文化制约。例如，邀请国际著名环保公司帮助缅甸政府制定环保法，然后严格根据该法律制定了符合国际标准的环境和社会影响评估（ESIA）；充分考虑缅甸政府的收益，将与缅甸经济控股公司的双方合作变为加入缅甸政府的三方合作；正确对待国际非政府组织的质疑，积极开展与非政府组织的合作。莱比塘铜矿项目很好地揭示了制度的多尺度性及尺度间的相互作用。

中白工业园、泰中罗勇工业园和柬埔寨西哈努克港经济特区（西港特区）三个建设案例则揭示了，海外园区对于中国企业克服"走出去"过程中制度和文化差异的中介作用，以及尺度转换和尺度间协同对于园区成功的重要性。这种中介作用主要体现在海外园区为"走出去"的中国企业提供了制度和文化差异最小化的"投资者花园"（investor garden）（陈伟等，2020）。中白工业园是经过两国政府协商、由习近平主席和卢卡申科总统亲自推动的合作园区项目，最初由中工国际（国企）负责建设和运营，后来引入全球运营商招商局。在三个尺度的协同作用下，该园区的招商和运营日渐兴旺（刘志高、王涛，2020）。泰中罗勇工业园则是由华立集团（来自浙江的民营企业）与泰国安美德公司合作开发的项目，后来逐步升级为"国家级境外经贸合作区"（中国商务部）、"浙江省推进'一带一路'建设成果清单示范园区"等示范园区。在升尺度

(upscaling)过程中，罗勇工业园获得了中泰两国各级政府的支持，并借助"一带一路"平台吸引了社会各界资源的流入，成为一个具有示范意义的海外园区（宋涛等，2020）。

中老磨憨-磨丁跨境经济合作区，则揭示了跨境合作中的"尺度困境"（宋周莺等，2020）。边境接壤地区是多尺度汇聚地，既是国家间的界面，也是省、市、县、乡乃至村之间的界面，其治理需要多尺度间的紧密合作。而现实往往是尺度间的脱节，地方希望做的事情缺少国家的许可，而国家（尤其是中国这样的大国）又难以区别对待来满足地方的个性化需要。克服"尺度困境"是提升跨境经济合作效果的重要前提。

四、小结

共建"一带一路"已经进入高质量发展阶段，画好精谨细腻的"工笔画"是未来的工作重点。中国政府已经从理念、原则、重点工作领域等方面确立了共建"一带一路"的宏观框架，并通过开放、绿色、廉洁、高标准、可持续、惠民生六个关键词指明了其高质量发展的理念和目标。这些宏观愿景能否实现取决于具体的"工笔画"，特别是建设项目能否实现互利共赢。目前，"一带一路"建设总体上进展良好，但一些项目也存在问题。就我们的研究来看，问题出现的主要原因之一是中国企业"走出去"经验不足，尤其是对于中外之间制度和文化差异重视不够。发达国家的跨国公司已经在世界上摸爬滚打了上百年，积累了丰富的经验；他们的学术界也开展了大量的研究，提供了扎实的理论知识。而中国企业"走出去"不过一二十年。因此，开展"一带一路"建设案例研究、及时总结经验和模式，是中国学术界的当务之急，也是推动共建"一带一路"向高质量发展转变的重要保障。

由于共建"一带一路"仍处于探索阶段，具体建设项目和模式仍在不断发展之中，因而目前中国政府还没有对"一带一路"建设项目给出明确的界定。我们的研究突出强调了政府合作框架下发展出来的或者被纳入政府合作框架的建设项目，并总结出基于EPC、基于特许经营和企业直接投资三种项目类型。

每种类型项目的投融资结构和中国企业参与经营程度都有所不同，值得进行深入的比较研究。借鉴制度和文化转向的研究技巧，我们根据项目/技术的"破坏性"和地域嵌入的广度和深度将"一带一路"建设项目划分为变革性项目、支撑性项目、一般性项目和海外经贸合作园区四大类，用于识别项目的制度和文化敏感性。需要强调的是，本章提出的研究框架和理论总结仍然是初步的，尽管对共建"一带一路"的案例研究起到了一定的引导作用，但仍然有待更多案例研究的支撑，也有待根据更多案例研究来进一步发展和完善。

参 考 文 献

Alon, I., Anderson, J., Munim, Z. H. et al. A review of the internationalization of Chinese enterprises. *Asia Pacific Journal of Management*, 2018, 35 (3): 573-605.

Amighini, A. A., Rabellotti, R., Sanfilippo, M. Do Chinese state-owned and private enterprises differ in their internationalization strategies? *China Economic Review*, 2013, 27: 312-325.

Amin, A. An institutionalist perspective on regional economic development. *International Journal of Urban and Regional Research*, 1999, 23 (2): 365-378.

Amin, A., Thrift, N. J. Globalization, institutional thickness and local prospects. *Revue d'Économie Régionale et Urbaine*, 1994, 3: 405-427.

Bell, D., Hahm, C. *Confucianism for the Modern World*. Cambridge: Cambridge University Press, 2003.

Boschma, R. Towards an evolutionary perspective on regional resilience. *Regional Studies*, 2015, 49 (5): 733-751.

Brenner, N. Globalisation as reterritorialisation: the re-scaling of urban governance in the European Union. *Urban Studies*, 1999, 36 (3): 431-451.

Buckley, P. J., Clegg, L. J., Cross, A. R. et al. The determinants of Chinese outward foreign direct investment. *Journal of International Business Studies*, 2007, 38 (4): 499-518.

Buckley, P. J., Clegg, L. J., Voss, H. et al. A retrospective and agenda for future research on Chinese outward foreign direct investment. *Journal of International Business Studies*, 2018, 49 (1): 4-23.

Chalmers, A. W., Mocker, S. T. The end of exceptionalism? Explaining Chinese national oil companies' overseas investments. *Review of International Political Economy*, 2017, 24 (1): 119-143.

Christopherson, S. Why do national labor market practices continue to diverge in the global economy? The "missing link" of investment rules. *Economic Geography*, 2002, 78: 1-20.

Coe, N., Yeung, H. *Global Production Networks: Theorizing Economic Development in an Interconnected World*. Oxford: Oxford University Press, 2015.

Cooke, P., Uranga, M. G., Etxebarria, G. Regional innovation systems: institutional and organisational dimensions. *Research Policy*, 1997, 26 (4-5): 475-491.

Cumbers, A., MacKinnon, D., McMaster, R. Institutions, power and space: assessing the limits to institutionalism in economic geography. *European Urban & Regional Studies*, 2003, 10 (4): 325-342.

Dicken, P. "Placing" firms: grounding the debate on the "global" corporation. In *Remaking the Global Economy: Economic-Geographical Perspectives*. London: SAGE Publications, 2003: 27-44.

Dicken, P. *Global Shift: Mapping the Changing Contours of the World Economy*. 7th edition. New York: The Guilford Press, 2015.

Dicken, P., Thrift, N. The organization of production and the production of organization: why business enterprises matter in the study of geographical industrialization. *Transactions of the Institute of British Geographers*, 1992, 17 (3): 279-291.

Farole, T., Rodriguez-Pose, A., Storper, M. Human geography and the institutions that underlie economic growth. *Progress in Human Geography*, 2011, 35 (1): 58-80.

Gertler, M. *Manufacturing Culture: The Institutional Geography of Industrial Practice*. Oxford: Oxford University Press, 2004.

Gertler, M. Rules of the game: the place of institutions in regional economic change. *Regional Studies*, 2010, 44 (1): 1-15.

Gertler, M. Institutions, geography, and economic life. In Clark, G. L., Feldman, M. P., Gertler, M. S. et al. (eds.) *The New Oxford Handbook of Economic Geography*. Oxford: Oxford University Press, 2018.

Hall, P. A., Soskice, D. Varieties of capitalism and institutional complementarities. *MPIFG Discussion Paper*, 2009, 39 (3): 449-482.

He, C. F., Xie, X. Z., Zhu, S. J. Going global: understanding China's outward foreign direct investment from motivational and institutional perspectives. *Post-Communist Economies*, 2015, 27 (4): 448-471.

Henderson, J., Dicken, P., Hess, M. *et al*. Global production networks and the analysis of economic development. *Review of International Political Economy*, 2002, 9 (3): 436-464.

Jessop, B. Institutional re(turns) and the strategic-relational approach. *Environment &*

Planning A, 2001, 33 (7): 1213-1235.

Jong, M. The pros and cons of Confucian values in transport infrastructure development in China. *Policy and Society*, 2012, 31: 13-24.

Liu, W. D., Dicken, P. Transnational corporations and "obligated embeddedness": foreign direct investment in China's automobile industry. *Environment and Planning A*, 2006, 38 (7): 1229-1247.

MacKinnon, D., Cumbers, A., Pike, A. et al. Evolution in economic geography: institutions, political economy, and adaptation. *Economic Geography*, 2009, 85 (2): 129-150.

Martin, R. Institutional approaches in economic geography. *A Companion to Economic Geography*, 2000: 77-94.

Martin, R. Rethinking regional path dependence: beyond lock-in to evolution. *Economic Geography*, 2010, 86 (1): 1-27.

Martin, R., Sunley, P. Towards a developmental turn in evolutionary economic geography? *Regional Studies*, 2015, 49 (5): 712-732.

Massey, D. *Spatial Divisions of Labor: Social Structures and the Geography of Production*. London: MacMillan, 1984.

Meyer, K. E., Ding, Y., Li, J. et al. Overcoming distrust: how state-owned enterprises adapt their foreign entries to institutional pressures abroad. *Journal of International Business Studies*, 2014, 45 (8): 1005-1028.

Morck, R., Yeung, B., Zhao, M. Perspectives on China's outward foreign direct investment. *Journal of International Business Studies*, 2008, 39 (3): 337-350.

Oneill, D. C. Risky business: the political economy of Chinese investment in Kazakhstan. *Journal of Eurasian Studies*, 2014, 5 (2): 145-156.

Peck, J., Tickell, A. Searching for a new institutional fix: the after-Fordist crisis and the global-local disorder. *Post-Fordism: A Reader*, 1994: 280-315.

Peng, M. W., Wang, D. Y. L., Jiang, Y. An institution-based view of international business strategy: a focus on emerging economies. *Journal of International Business Studies*, 2008, 39 (5): 920-936.

Peng, M. W., Sun, S. L., Pinkham, B. et al. The institution-based view as a third leg for a strategy tripod. *Academy of Management Perspectives*, 2009, 23 (3): 63-81.

Phelps, N. A., Waley, P. Capital versus the districts: a tale of one multinational company's attempt to disembed itself. *Economic Geography*, 2004, 80 (2): 191-215.

Phelps, N. A., Wu, F. Capital's search for order: foreign direct investment in Singapore's overseas parks in Southeast and East Asia. *Political Geography*, 2009, 28 (1): 44-54.

Pike, A., Marlow, D., McCarthy, A. et al. Local institutions and local economic development: the local enterprise partnerships in England, 2010. *Cambridge Journal of Regions, Economy and Society*, 2015, 8 (2): 185-204.

Scott, A. J. A perspective of economic geography. *Journal of Economic Geography*, 2004, 4 (5): 479-499.

Sheppard, E. *A Companion to Economic Geography*. Oxford: Blackwell, 2000.

Sheppard, E. The spaces and times of globalization: place, scale, networks, and positionality. *Economic Geography*, 2002, 78 (3): 307-330.

Simmie, J. Path dependence and new technological path creation in the Danish wind power industry. *European Planning Studies*, 2012, 20 (5): 753-772.

Storper, M. The resurgence of regional economies, ten years later: the region as a nexus of untraded interdependencies. *European Urban and Regional Studies*, 1995, 2 (3): 191-221.

Whitley, R. Internationalization and varieties of capitalism: the limited effects of cross-national coordination of economic activities on the nature of business systems. *Review of International Political Economy*, 1998, 5 (3): 445-481.

Yang, B. Confucianism, socialism, and capitalism: a comparison of cultural ideologies and implied managerial philosophies and practices in the P. R. China. *Human Resource Management Review*, 2012, 22: 165-178.

Yeung, H. Practicing new economic geographies: a methodological examination. *Annals of the Association of American Geographers*, 2003, 93 (2): 442-462.

Yeung, H. *Strategic Coupling: East Asian Industrial Transformation in the New Global Economy*. New York: Cornell University Press, 2016.

樊杰：“我国主体功能区划的科学基础”，《地理学报》，2007年第4期。

高菠阳、刘卫东、宋涛等：“社会变革和制度文化制约下的'多尺度嵌入'——以缅甸莱比塘铜矿项目为例"，《地理研究》，2020年第12期。

顾朝林：“城市群研究进展与展望"，《地理研究》，2011年第5期。

寇·凯利、杨伟聪著，刘卫东等译：《当代经济地理学导论》，商务印书馆，2012年。

李晨阳："缅甸政府为何搁置密松水电站建设"，《世界知识》，2011年第21期。

李小建："国际背景与中国特色的经济地理学"，《人文地理》，2004年第1期。

刘卫东："论全球化与地区发展之间的辩证关系——被动嵌入"，《世界地理研究》，2003年第1期。

刘卫东："经济地理学与空间治理"，《地理学报》，2014年第8期。

刘卫东、金凤君、张文忠等："中国经济地理学研究进展与展望"，《地理科学进展》，2011年第12期。

刘卫东、陆大道："经济地理学研究进展"，《中国科学院院刊》，2004年第1期。

刘卫东、王蓓、余金艳等："深入推进西部开发的战略思路研究"，《经济地理》，2010年第 4 期。

刘卫东、姚秋蕙:"'一带一路'建设模式研究——基于制度与文化视角",《地理学报》,2020 年第 6 期。

刘卫东等:《"一带一路"建设进展第三方评估报告（2013—2018 年）》,商务印书馆,2019 年。

刘卫东等:《"一带一路"建设案例研究:包容性全球化的视角》,商务印书馆,2021 年。

刘志高、王涛:"尺度重组视角下的中国海外政府间合作园区建设机制研究:以中白工业园为例",《地理学报》,2020 年第 6 期。

陆大道:"关于我国区域发展战略与方针的若干问题",《经济地理》,2009 年第 1 期。

吕拉昌、魏也华:"新经济地理学中的制度转向与区域发展",《经济地理》,2005 年第 4 期。

宋涛、刘卫东、高菠阳等:"合作伙伴关系视角下的海外园区政策移动性研究——以泰中罗勇工业园为例",《地理学报》,2020 年第 6 期。

宋涛、星焱等:"资金融通",载刘卫东等:《"一带一路"建设进展第三方评估报告（2013—2018 年）》,商务印书馆,2019 年。

宋周莺、姚秋蕙、胡志丁等:"跨境经济合作区建设中的'尺度困境'——以中老磨憨-磨丁经济合作区为例",《地理研究》,2020 年第 12 期。

王成金、谢永顺、陈沛然等:"铁路技术跨越式转移的制度-经济-文化适应性——基于亚吉铁路的实证分析",《地理学报》,2020 年第 6 期。

王姣娥、杜方叶、刘卫东:"制度与文化因素对嵌入式技术海外转移的影响——以蒙内铁路为例",《地理学报》,2020 年第 6 期。

温灏、沈继奔:"'一带一路'投融资模式与合作机制的政策思考",《宏观经济管理》,2019 年第 2 期。

第四章 海外铁路建设：
技术-制度-文化复合体[①]

交通基础设施已成为中国企业与共建"一带一路"国家合作的重点领域之一。铁路建设对运营制度和文化的依赖性强，属于一种典型的变革性项目和嵌入式技术转移，往往会对当地的社会经济发展产生巨大而深远的影响。随着中国铁路技术的快速发展和企业"走出去"的需求，中国已成为全球重要的海外铁路建设国家之一。中国与东道国之间制度和文化上的差异，是中国企业在海外铁路建设与运营中应关注的重点，也是推动"一带一路"建设向高质量发展转变必须考虑的重要因素。本章在深入分析"一带一路"建设背景与中国海外铁路建设概况的基础上，系统回顾海外铁路技术转移的理论基础与约束条件，归纳总结"技术-制度-文化复合体"发展模式，以期为推动中国海外铁路项目的成功建设与运营提供理论借鉴。

一、"一带一路"与中国海外铁路建设

中国海外铁路建设项目既包括中国在海外的直接投资项目，也包括中国提

[①] 本章作者：王姣娥、杜方叶、刘卫东。本章根据以下文献改写而成：
王姣娥、杜方叶、刘卫东："制度与文化对嵌入式技术海外转移的影响——以蒙内铁路为例"，《地理学报》，2020年第6期；
王姣娥、杜方叶、邬明权等："蒙内铁路"，载刘卫东等著：《"一带一路"建设案例研究：包容性全球化的视角》，商务印书馆，2021年；
王姣娥、李永玲、熊韦等："中国铁路'走出去'可持续发展研究"，载刘卫东等著：《共建绿色丝绸之路：科学路径与案例》，商务印书馆，2023年。

供融资并承建的项目以及一些新兴的混合项目,其建设模式包括基于工程总承包（EPC）的模式、基于特许经营的模式和企业直接投资。铁路作为"一带一路"建设项目中典型的变革性项目,在促进地方社会经济发展的同时,也面临着债务、运营、战略、人才与民众认识等方面的问题与风险。

1. 中国铁路"走出去"历程与模式

"一带一路"建设项目有狭义和广义之分。狭义的"一带一路"建设项目是指在"一带一路"框架下政府间合作的项目,而广义的"一带一路"建设项目是指与中国签署"一带一路"合作文件的国家发生的与中国相关的投资、贷款以及其他国际合作项目（刘卫东、姚秋蕙,2020）。2019 年,中国对共建"一带一路"国家和地区的直接投资为 186.9 亿美元,占当年中国对外直接投资总额的 13.7%;与共建"一带一路"国家新签对外承包工程合同额为 1 548.9 亿美元,占当年中国对外承包工程新签合同额的 59.5%,主要合作领域为电力工程建设和交通运输建设。其中,铁路项目具有自然垄断性与非贸易性以及投资大、回报慢、涉及地域广的特点,其建设对运营制度和文化的依赖性强,并对当地社会经济系统发展具有巨大影响,属于典型的变革性项目（王姣娥等,2020）。

中国企业已在海外承建了大量的铁路基础设施建设项目,并以 EPC 模式为主。2019 年,中国企业在铁路领域新签对外承包工程合同额达到 259 亿美元。据美国《工程新闻纪录》发布信息,2020 年度"全球最大 250 家国际承包商"中,中国企业数量位居榜首,占比达 30%。中国承包商在海外承建并推进的铁路工程项目已占据非常重要的地位。中国铁路"走出去"的步伐逐渐加快,覆盖范围逐步扩展,已建项目主要集中在非洲和亚洲,正在推进的项目覆盖欧洲和美洲。

中国铁路工程"走出去"始于 20 世纪 70 年代的坦赞铁路,而大规模海外铁路建设则集中在 21 世纪。坦赞铁路是中国迄今最大的援外成套项目,被誉为"非洲自由之路"。其建设有着特殊的历史背景和政治因素,是中非人民友谊的不朽丰碑。进入 21 世纪以来,随着中国经济规模的快速增长和结构的调整,中国政府鼓励企业从"引进来"转向"引进来走出去并重",从而为中国对外承包工程提供了坚实的政策保障。2002—2019年，中国对外承包工程新签合同额从150亿美元增长至2 603亿美元（其中交通运输领域699亿美元，铁路领域259亿美元），20年间增长近16倍。与此同时，中国高速铁路技术的发展提高了中国铁路技术和标准的国际知名度，也增强了中国铁路的国际影响力和竞争力。"十二五"期间，李克强总理的"高铁外交"策略甚至引发了全球关注。此外，共建"一带一路"倡议的实施，形成了对外开放的新格局，进一步加速了中国铁路"走出去"的步伐。

目前，中国海外铁路业务主要集中在亚洲和非洲两大市场。自2013年共建"一带一路"倡议提出以来，中国对共建"一带一路"国家的对外承包业务规模持续扩大，其中，亚洲市场增长较为明显，中国企业不仅承建了中老铁路、斯里兰卡南部铁路延长线一期项目等普速铁路，还承建了雅万高铁、安伊高铁、哈拉曼高铁等高速铁路。1976年，中国对外承包商首次进入非洲市场，此后中国在非洲的对外经济合作规模逐步壮大。2001—2019年，中非双边贸易总额从130亿美元上涨至2 087亿美元，中国成为非洲的第一大贸易伙伴。共建"一带一路"倡议提出后，中国对非洲基础设施项目资金和建设投入力度持续加大。2019年，中国在非洲的承包工程新签合同额达到559亿美元，已成为非洲最大的基础设施融资方和承建方，并承建了本格拉铁路、亚吉铁路、阿卡铁路、拉伊铁路、蒙内铁路、内马铁路、丹吉尔-肯尼特拉高铁等代表性项目。

根据投融资方式和中国企业参与运营程度的不同，"一带一路"建设项目可分为以工程总承包为基础的项目、以特许经营为基础的项目以及中国企业的对外直接投资（见第三章）。在中国铁路"走出去"的过程中，绝大多数铁路"走出去"项目为"工程总承包＋融资"（EPC＋F）模式，其核心是中国向东道国提供项目贷款，以获得项目总承包权。一些EPC项目在完工后，由于东道国缺乏运营维护能力，最终由中国企业负责运营维护一段时间，催生了"工程总承包＋短期运营"（EPC＋O）模式或"工程总承包＋短期运营＋维护"（EPC＋O＋M）模式。例如，亚吉铁路采用了EPC＋O＋M模式，由中国中铁和中国铁建中土集团联合运营六年，之后将运营权移交给当地人，并再提供两年的技术服务。除了 EPC 为基础的项目，一部分中国铁路"走出去"的项目采取以特许经营为基础的模式，如雅万高铁采用了"建设-运营-移交"（BOT）模式。

2. 海外铁路建设的问题与风险

海外铁路建设过程中，由于制度和文化等方面的差异，容易面临债务、运营、战略、人才与民众认识等方面的问题与风险。面对这些问题与风险，应建立铁路"走出去"的可持续发展模式理论框架，指导铁路"走出去"的实践过程。具体而言，在制度和文化的约束下，构建可持续的海外铁路建设模式，指导共建"一带一路"倡议下铁路"走出去"的实践过程。

（1）债务风险

债务风险是共建"一带一路"倡议中可持续基础设施发展面临的关键风险。根据《2022 年全球风险报告》的数据，债务危机是共建"一带一路"国家面临的第三大风险。共建"一带一路"国家以发展中国家为主，经济发展基础薄弱，整体水平偏低，外债存量占 GDP 的比重较高。国际货币基金组织（IMF）政府与对外债务统计数据显示，共建"一带一路"国家中有 9 个国家对外存量债务占 GDP 的比重超过 80%。随着东道国债务负担的加剧，"一带一路"铁路项目的债务风险也在增加。

（2）运营风险

根据蒙内铁路、亚吉铁路等项目的经验，海外铁路项目开通运营以后存在以下几方面的风险：首先，保障铁路安全运营的法律法规缺失。有些国家没有保障铁路安全运营的法律法规和保障机制，存在一定的运营安全风险。其次，配套基础设施不完善。很多国家基础设施配套体系比较薄弱，也缺乏集疏运体系的总体规划，影响基础设施总体的互联互通水平。再次，没有提前谋划好货物来源或未考虑到铁路运输可能会损害其他利益体（如公路运输企业、卡车司机）的利益，由此造成货源不足的问题。因此，如何避免铁路建设项目对既有公路运输及相关利益群体的冲击，对于铁路可持续发展具有重要意义。最后，铁路项目建成后的维修和养护问题。由于东道国制造业发展较为薄弱，缺少铁路设备和相关机械的零配件，导致从国内进行配送所需要的时间和费用成本较高。

(3) 战略风险

"一带一路"铁路建设过程中,很多国家处在建设风险不稳定区域。有些国家政府执政基础较为薄弱,腐败现象严重,政府效能风险较高。而部分国家则存在恐怖主义导致当地社会不稳定,社会安全风险系数较高。此外,西方国家调整非洲等地区的战略部署,都会影响东道国对外商直接投资的政策环境和合作态度。如美国对"一带一路"的制衡态势会影响东道国与中国的合作态度,并对中国铁路"走出去"产生负面影响。

(4) 人才与民众认识问题

海外铁路建设主要集中在发展中国家,而这些国家往往缺乏铁路运营、维护和管理等相关专业的人才。即便多数中国企业在铁路建成后对当地进行了相关培训,很多国家仍缺乏铁路技术工人和管理人员。人才问题是中国铁路"走出去"过程中必须要考虑的问题,对铁路运营的可持续性具有重要意义。此外,很多共建"一带一路"国家仍为农耕或游牧文化,政府普遍缺乏对于铁路建设能带来的变化以及如何适应铁路带来的机遇和挑战等的总体认知,这些均不利于铁路的建设和可持续运营。

二、技术-制度-文化复合体发展模式

铁路的"破坏性"和地域嵌入程度很高,对当地的社会经济系统产生了巨大的影响甚至是变革。不同于其他对外投资项目,中国海外铁路项目资金来源由外商直接投资向政府借贷转变,利益主体由跨国企业变为东道国政府,且需要深深嵌入制度、经济和文化环境中,属于典型的技术-制度-文化复合体。本部分深入分析铁路技术经济特征,系统梳理海外铁路技术转移理论基础,并对海外铁路建设与运营的技术-制度-文化复合体发展模式进行理论探索。

1. 铁路的技术经济特征与基本功能

(1) 铁路的主要技术特征

中国铁路的运营速度、动力机制、轨道结构以及车辆设计标准等技术特征与技术标准具有多样性,以满足不同社会经济发展需求。运营速度方面,新建

高速铁路设计时速往往超过 250 千米，部分高速铁路时速可达 350 千米以上，而传统客货混跑铁路的设计时速一般为 80—160 千米。动力机制方面，有使用内燃机和电气两种动力方式。普通铁路通常采用传统内燃机牵引方式，而高速铁路则采用电力动力系统，通过电气化供电系统提供动力。轨道结构方面，存在单线和双线两种设计标准。其中，双线设计为上下行两条线路，通过设置不同轨道使列车可以同时双向运行，以提高线路运输能力和效率。单线设计为一条轨道上设置双向运行，列车根据时刻表和交通信号系统的指示，交替使用轨道。轨道精度方面，根据不同列车的行驶速度等，设置差异化的平整度、几何精度和纵横坡度控制等参数。由于各个国家和地区在自然条件、社会经济特征、市场需求、政治、财务等方面存在显著的差异，进而会影响到铁路设计、建设与运营的技术方案。

(2) 铁路的基本认识与功能

铁路对经济发展具有从属和引导作用（张文尝等，1992）。就从属功能而言，铁路建设必须为地区社会经济发展服务，经济增长和布局是铁路项目建设的依据，并提供资金保障与运输量。从属功能包括三种基本类型：①超前型，促进经济发展，直接投资效果相对较差，对社会经济发展促进作用较强；②协调型，与经济发展相协调，直接投资效果较好，对社会经济发展作用较强；③滞后型，阻碍经济发展，直接投资效果较好，对社会经济发展作用较差。考虑到铁路项目的建设周期长、投资大，一般提倡适度超前建设。引导功能指以铁路建设来引导地区社会经济的空间组织和有序布局。铁路建设在服务国民经济发展的过程中，网络结构、可达性、连通性、运输能力等持续提高，不断提升区位优势，引导地区社会经济发展的有效集聚并完善空间布局。整体上，铁路网络越完善，对区域社会经济的引导作用越强。

铁路发展与工业化之间存在较强的互动关系。工业革命技术变革刺激了铁路的发展，而铁路建设又反过来促进了工业发展。17 世纪末至 18 世纪初，马铃薯等新型粮食作物的传播导致西欧人口大量增加（Nunn and Qian，2011），从而导致农村剩余劳动力的增加并开始在城市全职或兼职工作，促进了城市制造业的发展。在这种背景下，英国主导了全球的第一次工业革命。生产性技术变革很快从制造业蔓延到交通领域，尤其是铁路领域。铁路系统最初是为了运输煤炭而发展起来的，并逐渐成为城际运输的重要交通工具。铁路建设可以大幅度降低运输成本，压缩时空距离，从而扩大市场范围，并促进专业化的形成。例如，1870年英国铁路的平均行驶速度是每小时20—30英里（32—48千米），大约是18世纪主要交通方式——公共马车速度的三倍，在同等运输距离下，时间成本可压缩到原来的1/3；随着铁路技术的进步，19世纪60年代英国铁路运输煤炭的成本仅为公路运输成本的1/20。此外，时空距离的缩短反过来又可以将新的地方纳入合理的交通运输空间，从而扩大了市场范围。例如，20世纪30年代法国公路的平均货运距离为50—60千米，而1905—1913年铁路平均货运距离上升至190千米。在铁路建设的支撑下，人们可以从更远的地方，以更快、更便宜的方式运输货物。因此，在更为高效的铁路运输网络支持下，市场范围不断扩大，劳动地域专业化分工进一步形成。铁路运输网络的扩张可以带动相关行业的发展，对钢铁、煤炭、建筑材料和工程产品的直接需求迅速增加（胡晓莹，2014），而这些产业与铁路的发展可进一步推动工业化进程，从而带动更多产业的发展。

（3）铁路的经济特征

铁路作为准公共服务产品，具有自然垄断性与非贸易性、投资回报慢、规模经济与网络经济效应以及较强的外部正效应等六种技术经济特征：①具有自然垄断性与非贸易性。由于轨道建设昂贵且规模回报不断增加，铁路的初始投资成本很高，同时存在明显的进入壁垒。此外，铁路是不可贸易的，且不受进口竞争的威胁。以上两个特点导致铁路行业产业链的一个或多个阶段出现"市场失灵"。②属于准公共服务产品，投资回报慢。铁路作为准公共服务产品，具有建设周期长、投资回报慢、长时间的沉没成本、高风险的投资组合、非流动性回报、高额的资本支出、定价困难等特征（Ramamurti and Doh，2004）。铁路建设的资本支出占收入的15%—20%，大大高于制造业的3%—4%（Rodrigue，2020）。此外，铁路公司每年需将约45%的收入用于基础设施和设备的资本及维护。③具有合理的经济运输范围。与公路运输相比，铁路的运输规模大，一列10节车厢的货运列车可以运载多达600辆卡车的货物。但铁路运输的灵活性较差，且装卸费用相对较高，往往需要公路运输接驳。因此，铁路在大宗货物的中长距离范围内具有比较优势，其收支平衡距离为 500—1 500 千米（Rodrigue，2020）。④属于低碳、可持续的交通运输方式。在可持续性方面，铁路被视为可以减少碳足迹的绿色运输，火车的燃油效率平均是卡车的 3—4 倍。2019 年，中国铁路运输碳排放占比不到 1%，远低于公路、水路、民航等其他运输方式。⑤具有规模经济与网络经济效应。铁路运输成本由固定成本和可变成本构成，其中可变成本随着运输距离和铁路利用率而变化。因此，铁路运输表现为密度经济特征，即随着铁路利用率的提高，单位成本会下降，因为提供轨道的固定成本会分摊到越来越多的货运或客运中。与此同时，铁路运输具有显著的网络效应，即网络规模越大、连通性越好，运输货物就越容易、越便宜。⑥具有较强的外部正效应，即溢出效应。铁路作为准公共产品存在一定的"外部性"，对社会经济发展具有促进作用。然而，对于人口、经济密度相对不是很高的地区，短期内很难实现单纯的铁路运输收益回报。因此，铁路投资与回报之间的关系不能简单地只考虑其成本，而要考虑现金返还和长期收益之间的权衡。

2. 海外铁路技术转移的理论基础

技术转移是转移过程、认同、吸收和传播等多个过程的复合体。技术转移受多方面因素的影响，如转移双方技术差距以及东道国政治、制度和文化环境，而后者更是技术转移成功与否的关键因素之一。由于不同项目和东道国的最适合政策环境存在差异，部分学者开始关注投资实践案例中的政策流动或政策复制，如基础设施部门的投资以及海外园区的建设等。

重大基础设施建设项目具有投资大、周期长、对地方经济和社会发展影响大、技术性强等特点，因此也一直是跨国投资中关注的焦点。20 世纪初期，随着铁路建设与运营技术的完善，出现了第一批跨国铁路投资与建设项目，如英国在肯尼亚、乌干达等非洲国家的铁路建设，日本和俄罗斯等在中国东北的铁路建设；也有由于殖民国家与被殖民地的矛盾而引起的第三国投资，如 20 世纪初期法国在阿根廷投资的铁路项目。在这个阶段，铁路的建设和运营属于强制性嵌入，并不存在技术转移以及属地化管理等问题。20 世纪 90 年代以来，部分发展中国家开始实施基础设施部门私有化并放松管制。私有部门间的竞争打破了垄断的局面，刺激了外商投资进入。在此背景下，发展中国家基础设施项目的投资空前增加，冲突和风险不可避免。拉马穆尔蒂亚和多赫（Ramamurti and Doh，2004）指出，与制造业相比，基础设施海外投资仍存在极大风险，原因为：①发展中国家政治格局动荡、相关制度建设薄弱，增加了投资环境的不稳定性；②基础设施部门的"自然垄断"特性，阻碍竞争并导致市场失灵。

受机械决定论和线性思维方式的影响，经济学界形成"技术决定论"与"制度决定论"两种截然相反的观点（杨勇华，2009）。随后有学者试图提出"共同决定论"或"相互决定论"，但在逻辑和解释力上均存在一定缺陷。后来，在制度经济理论的影响下，纳尔逊（Nelson，1994）首先从概念层面对社会制度与技术变化之间的互动关系进行了探讨，并将技术与制度之间的关系看作协同演化，认为生产中的具体操作程序或技术可以称为"物质技术"，而劳动分工和生产中的协调与制度可以理解为相关社会群体所掌握的"社会技术"。因此，在技术变革与发展的过程中，"物质技术"的复杂结构需要相关社会群体来掌握，而相关社会群体之间的行动必须由"社会技术"来支撑和协调，这就使得技术的变革通常会扩展到对制度的理解与认知，而制度的发展也同样为技术进步提供新的机会与线索。

从古希腊时期的"技术-文化"对立说，到近现代时期的"技术是一种文化"还是"文化是一种制度"的争论，再发展到当今普遍接受的观念——技术与文化是互动的，技术与文化的概念被不断深化，并逐步形成技术文化论（即从文化的视角看技术）和文化技术论（即从技术的视角看文化）两种审视角度。但无论从哪种视角来看，文化与技术在结构和内容上均相互对应、相互融合。张明国（2004）认为文化与技术均包含三个层次——器物层、制度层和观念层，即文化是由文化器物、文化制度和文化观念所组成，而技术是由技术器物、技术制度和技术观念所组成。可以看出，文化在技术上的映射体现了技术受控于文化，技术对文化的承载体现了文化依赖于技术，二者间存在辩证关系。在此基础上，有关学者开展了对技术与文化相互作用的类型、方式以及过程等研究（张明国，2004）。

3. 技术-制度-文化复合体发展模式探索

20世纪60年代中期，国际经济理论和技术理论中首次使用技术转移。随着学术界的广泛关注，技术转移可以被认定为是有形知识体系（产品、设备、零部件等）、无形知识体系（专有技术、专利、技术标准、技术许可）以及存在于国家、地区、企业、组织、个体之间的宏观和微观信息流动，后者可以通过书面文字或"干中学"的过程来实现。传统意义上，技术转移的成效主要取决于技术引进方、技术输出方和技术本身，可以用一个三维的数学函数表达式 $V=(X,Y,Z)$ 来表示，即技术转移的最终效果取决于不同发展状态的技术（X）、引进方的能力（Y）和输出方战略（Z）所限定的范围（图4-1）。

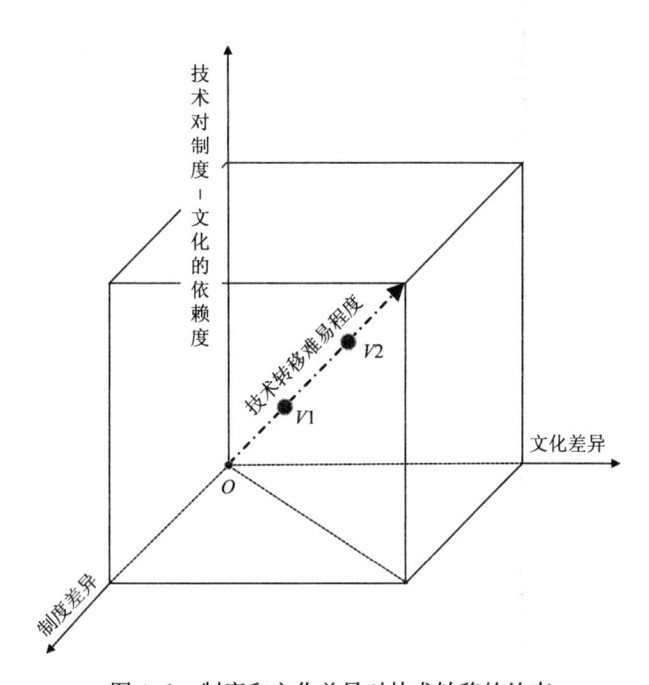

图4-1 制度和文化差异对技术转移的约束

注：制度差异、文化差异以及技术对制度和文化的依赖程度越接近 O 点，对技术转移的约束越小，技术转移越容易成功。如 $V1$ 的技术转移较 $V2$ 更容易成功。

在传统的认知中技术是通用的，可复制性强，但这仅仅是针对技术本身而言。实际上，技术转移是转移过程、认同、吸收和传播等多个过程的复合体，受到转移技术的类型、技术本身生存环境以及转移主体双方制度和文化环境差异等多方面因素的影响（Liu and Dicken，2006；Schmid，2012）。不同类型技术转移的难易程度存在差异。例如，对生产制造等通用型技术而言，通常对输出方的制度和文化依赖性较低，且其生存和发展的必要条件为适应引进方的制度和文化环境。因此，通用型技术的转移较为容易。

现代铁路建设项目投资大、涉及地域广，具有"自然垄断"的属性，且其运营已根植于技术输出国特定的制度、文化与经济"土壤"中，属于一种典型的变革性项目。当此类技术转移到制度和文化差异较大的国家时，需要进行"嵌入式技术转移"。嵌入式技术转移指随着重大项目的建设，某一变革性技术从技术输出国到技术引进国的移动、结合和演化过程。为了培养适合技术在引进国"生长"的土壤环境，在适当改良技术本身的同时，需重构适合技术生存的引进国制度-文化的土壤，并与引进国产业发展、市场需求等经济要素紧密结合，从技术-制度-文化复合体来综合考虑，函数可以表达为：$V=(X, Y, Z, T, S, C)$。其中，T 表示技术，S 表示支撑技术发展的制度，C 表示技术所需适应的地方文化。理论上而言，技术转移既要主动适应技术引进方的制度、文化与经济约束，又必须在此基础上，建设一套符合项目技术生存的制度体系、文化环境以及经济环境，以保持项目的可持续发展。

中国境外重大基础设施建设项目在推动"一带一路"建设向高质量发展中起着至关重要的作用。刘卫东和姚秋蕙（2020）根据项目/技术的"破坏性"和地域嵌入程度，将"一带一路"建设项目划分为变革性项目、支撑性项目、一般性项目和海外经贸合作园区四大类，用于识别项目对制度和文化的敏感性（见第三章）。现代化铁路项目作为典型的变革性项目，其在国内的建设与运营深深根植于我国的制度和文化"土壤"，而共建"一带一路"国家制度建设相对薄弱、与中国文化差异较大，且往往不具备铁路运营技术与能力（图 4-2）。当"中国标准"的铁路建设项目被直接复制到非洲等发展中国家时，将给中国企业带来非常大的挑战，技术对制度和文化的依赖性、技术输出方与引进方在制度和文化层面的差异以及中方企业、东道国政府对应的共同努力，对技术转移能否取得成功具有至关重要的作用。如果忽略了对技术-制度-文化复合体的整体性考量,则项目运营往往难以取得成功。因此,中国铁路在"走出去"的过程中,必须从设计-建设-运营乃至投融资进行全链条考虑,并将铁路项目作为技术-制度-文化复合体进行综合设计、建设与运营,这样将有助于规避风险、提高项目成功概率,也将有助于推动"一带一路"建设向高质量发展。

```
                    ┌─────────────────────────┐
                    │         障碍              │
                    │ 技术对制度-文化的依赖程度、技术 │
                    │ 输出方和引进方的制度-文化差异  │
                    └─────────────────────────┘
                              ⇓
                        嵌入式技术转移
```

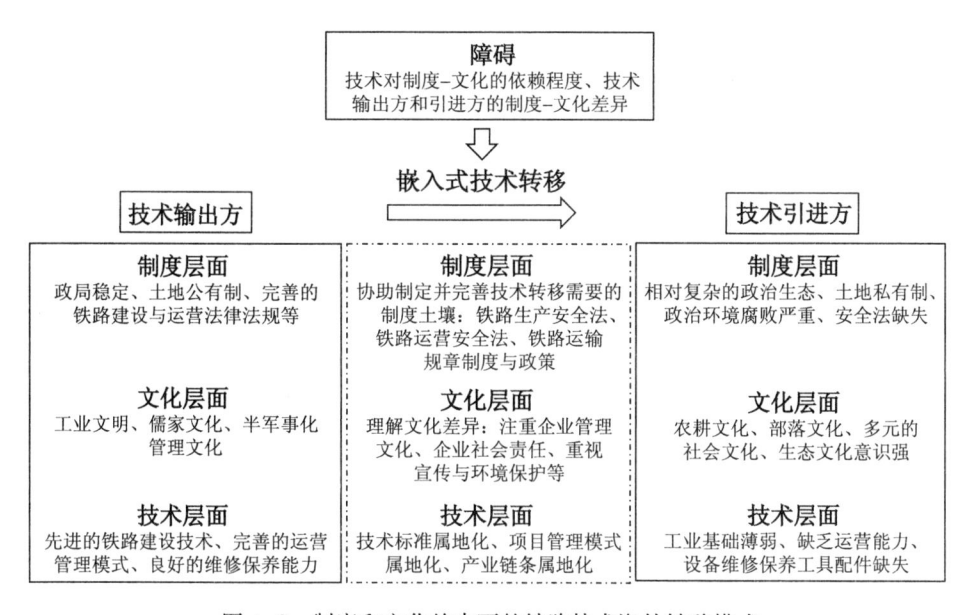

技术输出方		技术引进方
制度层面 政局稳定、土地公有制、完善的铁路建设与运营法律法规等	**制度层面** 协助制定并完善技术转移需要的制度土壤:铁路生产安全法、铁路运营安全法、铁路运输规章制度与政策	**制度层面** 相对复杂的政治生态、土地私有制、政治环境腐败严重、安全法缺失
文化层面 工业文明、儒家文化、半军事化管理文化	**文化层面** 理解文化差异:注重企业管理文化、企业社会责任、重视宣传与环境保护等	**文化层面** 农耕文化、部落文化、多元的社会文化、生态文化意识强
技术层面 先进的铁路建设技术、完善的运营管理模式、良好的维修保养能力	**技术层面** 技术标准属地化、项目管理模式属地化、产业链条属地化	**技术层面** 工业基础薄弱、缺乏运营能力、设备维修保养工具配件缺失

图 4-2 制度和文化约束下的铁路技术海外转移模式

(1) 制度层面

制度适应主要表现为"支撑"和"保障",具体包括政治支持、法律制度、运维监管、行政执法、事故调查等方面。政治支持直接关联铁路项目的地位及建设进展,稳定支持有利于铁路顺利建设,而波动变化则容易导致铁路项目处于摇摆甚至烂尾状态。法律基础包括铁路法、铁路运输法则、铁路运输安全保护条例、应急处理法则等,涉及铁路建设、运输、维护和赔偿等各方面,是否具备这些基本法律导致铁路系统与制度系统的摩擦效应是处于"高效运维或瘫痪甚至废弃状态"。中国铁路技术根植于中国稳定的政治环境、完善的铁路建设与运营法律法规,是铁路建设和运输组织的必要政治支撑、法律基础和制度保障。而共建"一带一路"国家具有相对复杂的政治生态,政治环境腐败严重、安全法缺失。制度系统对铁路适应性的缺失所产生的"结果"或外部效应使铁路建设缓慢、运营安全难以保障。因此，在铁路技术转移过程中，需完善技术转移所需制度土壤，制定铁路生产安全法、铁路运营安全法、铁路运输规章制度等制度与政策。

（2）文化层面

文化适应对铁路海外技术转移的作用表现为"支撑"。相适应的文化为铁路建设和运营提供价值观认同，包括铁路知识认知、沿线部族习俗和居民认同、职业价值观等方面。国家和居民是否对铁路具备认知水平，决定了铁路建设的潜力与运维的安全性，负向适应性的摩擦效应使铁路建设困难与安全风险较大。铁路沿线地区的居民生活和生产习惯需要随铁路建设运维而做出适应性调整，将属地文化与铁路生产相适应，负向适应性的外部效应是铁路运维的安全水平（王成金等，2020）。中国铁路根植于中国的工业文明、传统儒家文化以及"半军事化"管理文化。但中国与共建国家间存在较大的铁路文化、社会文化和生态文化差异。共建国家仍以农耕文明为主，对工业文明持怀疑态度；受西方文化影响大，与中国的儒家文化等存在较大差异，民众对中国技术、中国标准、中国企业具有一定的不信任感，且容易在项目实施过程中造成潜在的文化冲突与风险。此外，共建国家民众具有较强的生态保护意识，对铁路建设、运营过程中造成的环境问题较为关注。因此在技术转移过程中，中方企业应充分理解与尊重文化差异，积极与地方进行文化沟通和融合，维护对外宣传和公共关系，加强与地方社区的沟通协调，积极落实企业社会责任，同时重视环境与生态保护。

（3）技术层面

"属地化"是指企业在跨国经营过程中，按照国际规范、当地法律法规及社会发展需求，对海外项目进行经营的管理模式，包括技术属地化、经营属地化、管理属地化、人员属地化等方面。中国是世界上铁路建设、运营与维护技术先进的国家之一，高速铁路代表了中国铁路技术标准的最高水平。而铁路速度越快、技术水平越高，建设成本与运营维护费用将呈指数增长。但共建"一带一路"国家资金相对短缺，且缺乏独立的运营能力及设备维修保养工具配件。因此，应以符合当地社会经济发展实际情况与需求为原则，制定技术标准，实现技术标准的属地化。技术人才缺失，导致铁路建设、运营与维护等过程对中方产生极大的依赖。中国铁路"走出去"的过程中，应帮助培养技术型人才，实现人员属地化和经济属地化。此外，共建"一带一路"国家建筑材料、施工工艺、劳动力水平等均与中国存在较大差异，若照搬中国施工模式则容易造成建设标准的"水土不服"。因此，铁路技术转移过程中应协助当地企业进行钢材、水泥生产线等的升级改造，生产符合中国标准的产品，帮助实现产业链条的"属地化"，在有效降低项目建设成本的同时，促进本地就业，从而实现双赢。

三、制度和文化约束下的铁路技术转移

如何应对建设运营过程中的风险，实现基础设施项目在东道国的顺利建设和运营，是中国海外重大基础设施建设和运营中关注的重点。本部分以蒙内铁路、亚吉铁路、雅万高铁为例，总结在其建设与运营过程中制度、文化和技术方面的适应过程及诸多探索性经验，以期为中国海外铁路项目建设提供经验借鉴与理论指导。

专栏 4-1

中国在海外建设的代表性铁路项目

1. 蒙内铁路

蒙内铁路东起肯尼亚东部港口蒙巴萨，西至首都内罗毕，是中国在肯尼亚修建的一条全线采用中国标准的标轨铁路，也是肯尼亚独立以来的最大基础设施建设项目。正线全长 472.25 千米，采用单线轨道结构，为内燃机动力牵引系统，并预留电气化改造条件，设计客运时速 120 千米、货运时速 80 千米。

> **2. 亚吉铁路**
>
> 亚吉铁路位于埃塞俄比亚的中部高原，具体路线从亚的斯亚贝巴的瑟伯塔（Sebeta）出发，到吉布提共和国的吉布提市。该铁路全部采用中国标准和中国装备建设而成，全长 751.7 千米，是非洲大陆第一条，也是距离最长的跨国电气化铁路。
>
> **3. 雅万高铁**
>
> 雅万高铁连接首都雅加达和西爪哇省首府万隆，正线全长 142.3 千米，最高设计时速 350 千米。雅万高铁是中国共建"一带一路"倡议和印度尼西亚"全球海洋支点"战略对接的重大成果，是印度尼西亚乃至东南亚地区首条开工建设的高速铁路，也是中国高铁完整地以中国方案走出国门的第一单。

1. 制度层面

（1）政治与政策

国家政局稳定及国家领导人连任执政有助于保障铁路运营制度和政策的稳定性与连续性。肯尼亚、印度尼西亚和吉布提的总统均由全国选举产生。在铁路项目建设与运营过程中，执政党与总统均保持一定的连续性和一致性，为铁路项目顺利开展提供政治与政策保障。与此同时，埃塞俄比亚执政政府的频繁更迭导致国家对亚吉铁路的态度、支持力度等方面反复波动，对铁路建设运维的影响日渐显现。直至 2019 年，埃塞俄比亚人民革命民主阵线内部改组，成立了埃塞俄比亚繁荣党，并由该党领导进行政权更替，为亚吉铁路的建设与运营提供了稳定的政治保障。

（2）法律与法规

海外铁路的建设与运营需要完善的法律法规体系支持。在项目建设运营过程中，共建国家均根据项目情况对法律法规进行完善补充，为铁路项目的顺利开展提供法律支持。蒙内铁路受到肯尼亚政府的密切关注和大力支持，迅速制定并完善了铁路生产、运营的相关制度与法规。为筹得项目财政资金，肯尼亚政府借鉴中国以铁路建设基金支持铁路事业的方法，快速立法通过了《铁路发展基金法》，设立铁路发展基金优先用于还款。与此同时，肯尼亚政府出台了相关的铁路安全生产法、铁路安全运营法，保证了蒙内铁路的长期稳定运营。而亚吉铁路途径的埃塞俄比亚和吉布提两国则组成铁路运营体公司，负责亚吉铁路运营与基础维护的管理和技术服务，并协助业主建立一个综合有效的铁路运输系统（包括行车组织体系、客运组织体系、货运组织体系、信息化管理系统）。亚吉铁路业主（ERC）与埃塞俄比亚政府按照运维联营体提出的安保需求，为项目建设运营提供保障。雅万高铁项目前期，项目征地困难重重。经过多方努力，佐科总统将雅万高铁项目列入国家空间计划中，得到雅加达和西爪哇省以及相关市、县的规划同意，拿到了位置许可，由此企业能够以印度尼西亚政府名义征收所需土地，为项目征地工作争取到了法律保障，使后续工作得以快速推进。

2. 文化层面

（1）铁路文化

铁路与工业化存在很强的互动性，电气化铁路的运维管理工作更为严谨且苛刻，但共建国家工业文明和铁路文化缺失，因此，当中国技术标准铁路在非洲国家建设时，中国铁路的"半军事化"管理文化与共建国家的"农耕/游牧"文化如何融合，成为铁路运营技术转移过程中的重要考虑因素。肯尼亚和埃塞俄比亚处于农业社会，且尚存游牧民族，吉布提处于以服务业为主的发展阶段，其民众均不太愿意接受工厂"准时"作息制度的约束，对"工业文明"持怀疑态度但又不断被融入。中国铁路运营经历了上百年的发展，相关法律法规以及相应的铁路文化已经非常成熟。在中国的铁路管理体制中，安全、高效是铁路运营的两大目标，为此国家制定了《铁路安全管理条例》等法规，而铁路运营部门更是实行"半军事化"管理文化，通过制定严格的规章制度与操作章程，执行"严格准时制度""下级绝对服从上级命令"的观念，从而保障列车的安全与高效运行。考虑到中国与当地在文化环境方面的差异，中方企业通过企业文化、企业管理规章制度、员工培训、"干中学"等机制，培育地方民众和员工铁路运营技术目标与标准，对铁路的安全、高效运营起到了至关重要的作用。

(2) 社会文化

共建国家民众的文化传统、价值观念、宗教信仰、饮食习惯等各方面受西方文化影响较大，与欧美国家具有一定的相通性，但与中国的儒家文化存在较大差异，因此，社会文化适应是铁路项目技术转移的关键内容。由于文化的差异性，导致民众对中国技术、中国标准、中国企业具有一定的不信任感，并容易在项目实施过程中造成潜在的文化风险与冲突。肯尼亚工会组织力量较大，因工资和福利待遇等问题罢工现象比较普遍，给正常社会秩序带来较大影响；而且地方媒体报道的自由权限较大，对中国投资项目的经济可行性、不透明等的合约实践、融资安排、社区以及劳工等方面都非常关注，一旦处理不当，则容易造成恶劣的国际影响，对技术转移形成了一定的文化障碍。为此，铁路项目部紧密联系各方媒体，加强铁路正能量宣传，设立教育示范基地和组织列车体验活动，让地方民众逐步了解到现代铁路文化和工业文明带来的效益，从而尽可能地降低文化冲突。

亚吉铁路沿线部族仍保持着自由流动的游牧生活，沿袭长期形成的游牧习惯，沿铁路线自由放牧，居民、车辆和牲畜自由穿越铁轨，导致人畜事故频繁、列车经常滞留，铁路时刻表无法严格执行。为尊重沿线部族生产生活习惯，亚吉铁路修筑了220个平交道口，并为满足不同季节的游牧和洪水-枯水季节的牲畜流动变化而设置多个道口。印度尼西亚是世界上有着最多穆斯林人口的国家，宗教激进主义时有抬头，一些伊斯兰激进组织针对雅万高铁项目蓄意制造事端，甚至借"中国工人误闯雅加达空军基地事件"宣称中国在印度尼西亚兴建雅万高铁具有军事入侵的企图等。不实的舆论导向影响到政府和民众的对华情绪，在项目实际推进中延缓了征地进程。为此，项目方尤其是中方企业，强化了与当地企业的合作以及与当地民众的交流，积极参与地方公益，赢得了地方民众的支持和好感，这也为项目推进提供了有益帮助。

(3) 生态文化

蒙内铁路、亚吉铁路和雅万高铁的共建国家均十分重视生态保护，为此铁路项目实施过程中根据当地生态环境现状制定施工方案，并积极实施生态修复工作，尽可能降低铁路对当地生态环境的负面影响。其中，蒙内铁路途经沿线附近共有 7 个国家公园/保护区，为减少对其生态环境的影响，在路线选址设计时绕开了其中 6 个，仅从其外围通过。因绕过察沃国家公园的经济成本和社会成本过高，故采用"最少生态占用"原则予以穿过。严格落实东道国环保措施，铁路全线设置 14 处大型野生动物通道（宽>60 米，高>6.5 米），桥梁 61 处，涵洞 600 个，保障动物自由迁徙。大型动物通道保证了长颈鹿等大型动物不低头、不弯腰自由往返铁路两侧，并通过设置电栅栏和 B 型栅栏有效防止野生动物误入铁路线。蒙内铁路通车后，对因施工而破坏的植被采取人工恢复的方式予以恢复，对陡坡等予以加固或植被绿化，使植被遭受的生态风险降到最低。

亚吉铁路途径东非大裂谷高原台地，其中低洼地的雨地积水是当地居民的生活和农业用水，为此承建企业实施了特殊设计，以兼顾铁路运行安全和保护水源两种需求。为保护沿线地区的动物及生境，亚吉铁路全线共设立了 700 余个涵洞，平均每千米设有 2 个涵洞，为野生动物提供通道。部分涵洞扩大了尺寸，成为专设的大型野生动物通道，可供铁路沿线牛羊等家畜和骆驼等野生动物自由迁徙通过。此外，为尽可能减少沿线地形地貌的改变及其对自然环境的干扰，承建企业对亚吉铁路设计和采用了双机牵引技术及设施配置，线路限制坡度采用 18.5‰，很好地适应了沿线地形地貌的变化，避免了大量的深挖高填，减少对沿线地表的大量扰动，降低了对当地生态环境的影响。

印度尼西亚是世界第四人口大国，人口密度大，人地关系紧张。雅万高铁项目重点加强了对土石方工程的科学规划，通过优化选线、选址以减少土石方数量及对地表的扰动，通过路基土石方的科学调配以少占良田，并在有条件时改地造田。在土石方施工中尽量移挖作填，减少了取、弃土的数量，尽量避免在森林内设置取、弃土场，避免占用良田，并在工程后及时采取复耕、绿化等措施减少影响。

3. 技术层面

（1）技术标准

中国是世界上铁路建设、运营技术最为先进的国家之一，高速铁路代表了中国铁路技术标准的最高水平。共建"一带一路"国家与中国在经济基础、技术水平、运维能力等方面均存在较大差异,"采用什么样的技术标准"是项目前期设计讨论的焦点。项目方针对各国国情、需求、社会经济发展现状以及预算投资额,在现场踏勘、考察、谈判以及详细调查、分析和研究的基础上,确定铁路项目的技术标准。通过中国路桥、中铁集团对蒙内铁路进行充分论证,最终提出实施"标准轨距、单线、设计速度120千米/小时、内燃牵引、客货共线铁路"的技术标准,并预留电气化和复线条件。结合埃塞俄比亚和吉布提亚吉铁路全线采用中国二级电气化铁路标准,最小曲线半径在一般路段为1 200米,困难路段为800米,限制坡度为18.5‰,采用标准轨距,瑟伯塔至阿达玛段采用双线设计,阿达玛至吉布提多拉雷港段采用单线设计。此外,在既有投资额不变的前提下,能够保障诸多桥梁、涵洞的建设,实现铁路全线无平交道口,从而极大地降低了野生动物撞车等意外事件的发生频率,有助于保障列车的运营安全与运营速度。经过一段时间的运营实践证明,蒙内铁路和亚吉铁路项目的设计技术标准均适当,符合地方社会经济发展需求。

(2) 运营模式

由于部分东道国的铁路建设与运营能力缺失,为保证项目的顺利进行,中方不同程度地参与到海外铁路项目的建设与运维过程中。蒙内铁路的参与方为中国路桥、肯尼亚政府、肯尼亚铁路公司以及咨询联合体等。其中,肯尼亚政府负责制定铁路建设与运营的相关法律法规、政策制度以及征地等。肯尼亚铁路公司作为业主方,代表政府拥有铁路的建设、运营和维护权限。咨询联合体由中国铁路设计集团牵头,与肯尼亚当地公司共同组成,主要负责机车车辆设备采购、施工监理等工作。在项目建设初期,中国路桥工程责任有限公司仅考虑作为EPC项目,负责整个项目工程的勘察、设计、采购、施工、试运行等过程,但之后发现当地并不具备铁路运营能力,中国路桥通过购买澳大利亚一家铁路运营管理公司——霍兰德,从而获得运营资质。但由于各国铁路建设与运营技术具有独特性,霍兰德公司的运营技术和管理经验并不适宜用于蒙内铁路,中国路桥在国内重新组建符合"中国技术标准"的铁路运营团队。之后,中国路桥应邀通过"5+5模式",签约承担一定时期的运营责任。其中,前5年由中国路桥负责运营,并在运营过程中培养肯方的相关技术人员,以"实现对当地的技术转移",5年后由肯方接管。

亚吉铁路的运营方是埃塞俄比亚、吉布提组成的铁路运营体公司。但因铁路运营体公司不具备相应的铁路建设与运营能力，亚吉铁路运维联营体（亚吉铁路承建方中铁二局和中土集团组成联营体）与埃塞俄比亚铁路公司、吉布提财政部签署了亚吉铁路项目的六年运营和维护管理合同，主要负责亚吉铁路运营与基础维护的管理与技术服务，并协助业主建立一个综合有效的铁路运输系统（包括行车组织体系、客运组织体系、货运组织体系、信息化管理系统），在合同运营期内提供具有竞争力、安全和可靠的铁路货运和客运服务；对当地员工进行技术、管理培训，并安排适当岗位进行实际操作，在合同结束后使业主拥有完备的专业技术队伍，具备线路的独立管理能力。亚吉铁路业主（ERC）与埃塞俄比亚政府按照运维联营体提出的安保需求，解决铁路运营的安全保障，提供铁路运营与维护所需的物资和设备以及各项运输生产费用，所有运营收入全部归亚吉铁路业主所有。

雅万高铁则由中国和印尼企业以合资模式推进项目建设和运营，采取建设-运营-移交模式，建设、运营和融资担保等方面的主体责任由中印尼共同成立的合资公司予以承担。由中国企业联合体和印尼企业联合体共同组建的中印尼雅万高铁合资公司（KCIC）为雅万高铁的项目法人，经营内容包括设计、建设、TOD开发和运营，拥有雅万高铁50年特许运营权，特许运营权期限结束后移交印尼政府运营。在50年特许运营权期内，由中印尼雅万高铁合资公司运营管理雅万高速铁路。考虑到合资公司中，中方联合体具备运营能力，合资公司采用自管自营的运营管理模式，运营初期中方从管理架构、规程规章、管理人员、人员培训等方面提供支持，逐步过渡到以本地化管理为主。

（3）技术人才

海外铁路建设、运营与维护需要大量具备专业素质的技术人才，但相关国家缺失相关专业人才。为解决以上问题，中方为共建国家员工提供从技术到管理的系统培训。蒙内铁路开工之初，中方为当地培训了1.5万名技术工、400名工程师和高级技工。同时，为项目专门设立了人才培训试验基地，每年全额资助大批高中毕业生赴北京交通大学学习，帮助肯尼亚建立铁路工程专业，并培养高层次人才。蒙内铁路项目运营公司中拥有肯方员工 2 762 名，属地化管理达到 76%。

亚吉铁路项目方为 2 000 多名埃塞俄比亚员工提供铁路运营培训，包括乘务员、火车司机、技术人员等，系统学习并实际掌握各种知识。2018 年以来，运维企业共招聘了 1 934 名当地员工，培训 888 人次，输送 34 人到中国学习列车驾驶，稳妥协助业主方推进铁路相关能力建设。中土集团还与天津铁道职业技术学院、吉布提工商学校等合作，在吉布提市创办了"吉布提鲁班工坊"，这是在非洲落地的第一家"鲁班工坊"。运维企业负责培训当地运营团队，帮助当地建立成熟的铁路运营管理体系，达到"修建铁路，创造就业，提振经济，宣传中国标准，培养人才"的综合性目标。亚吉铁路为埃塞俄比亚、吉布提两国提供了近 5 万个就业岗位，中土集团累计在埃塞俄比亚雇用当地员工 2.8 万人以上，在吉布提雇用当地员工 5 000 人以上。除了普通劳务工人外，承建企业还雇用了大量的当地高级雇员，在当地员工中的占比达到 10%。中方采用对印尼方人员培训、协助建立技术体系和管理体系、装备制造合作以及技术转让等多种方式帮助印方实现高铁技术本地化。在运营初期以中方为主，通过管理人员培训、跟班作业等方式开展印尼方人员培训，随运营时间的延长，运营本地化比例将逐年增加。

四、结论与启示

1. 技术属地化是项目建设运营的基本思路

中方企业在承建重大项目工程时，坚持与东道国社会经济发展水平相适应，要为东道国提供水平适宜的技术标准和国情适宜的经营组织方式，充分考虑东道国的政治经济制度、社会文化环境、宗教信仰、民族关系、部族结构，根据东道国的"土壤"推行适宜的项目工程运营模式（刘卫东等，2021）。在此基础上，围绕项目方案、工程设计、投融资、装备材料、建设施工、运营管理等各环节各方面，确定中国标准的进入模式、进入深度及范围与层次。"属地化"是企业在跨国经营过程中，按照国际规范和当地法规制度对海外项目进行经营的管理模式，主要包括经营属地化、管理属地化、人员属地化和待遇属地化等方面。

2. 制度和文化嵌入是项目顺利实施的关键内容

现代化铁路作为典型的变革性项目，其在国内的建设与运营深深根植于我国的制度和文化"土壤"环境中，而共建"一带一路"国家制度建设相对薄弱、与中国文化差异较大，且往往不具备铁路运营技术与能力，当"中国标准"的铁路建设项目被直接复制到共建国家时，将给中国企业带来非常大的挑战。在"嵌入式技术"海外转移的过程中，技术对制度和文化的依赖性、技术输出方和引进方在制度和文化层面的差异以及中方企业、东道国政府对应的共同努力，则对技术转移能否取得成功具有至关重要的作用。如果忽略了对技术-制度-文化复合体的整体性考量，则项目运营往往难以取得成功。因此，中国铁路在"走出去"的过程中，必须从设计-建设-运营乃至投融资进行全链条考虑，并将铁路项目作为技术-制度-文化复合体进行综合设计、建设与运营，这样将有助于规避风险、提高项目成功概率，也将有助于推动"一带一路"建设向高质量发展。

参 考 文 献

Liu, W., Dicken, P. Transnational corporations and "obligated embeddedness": foreign direct investment in China's automobile industry. *Environment and Planning A: Economy and Space*, 2006, 38 (7): 1229-1247.

Nelson, R. The Co-evolution of technology, industrial structure, and supporting institutions. *Industrial and Corporate Change*, 1994, 3 (1): 47-63.

Nunn, N., Qian, N. The potato's contribution to population and urbanization: evidence from a historical experiment. *The Quarterly Journal of Economics*, 2011, 126 (2): 593-650.

Ramamurti, R., Doh, J. P. Rethinking foreign infrastructure investment in developing countries. *Journal of World Business*, 2004, 39 (2): 151-167.

Rodrigue, J. P. *The Geography of Transport Systems*. Routledge, 2020.

Schmid, G. Technology transfer in the CDM: the role of host-country characteristics. *Climate Policy*, 2012, 12 (6): 722-740.

胡晓莹:"英国工业化时期的铁路建设对社会的影响",《黑龙江史志》,2014年第7期。

林毅夫、刘培林:"经济发展战略对劳均资本积累和技术进步的影响:基于中国经验的实证研究",《中国社会科学》,2003年第4期。

刘卫东、姚秋蕙:"'一带一路'建设模式研究——基于制度与文化视角",《地理学报》,2020年第6期。

刘卫东等:《"一带一路"建设案例研究:包容性全球化的视角》,商务印书馆,2021年。

王成金、谢永顺、陈沛然等:"铁路技术跨越式转移的制度-经济-文化适应性——基于亚吉铁路的实证分析",《地理学报》,2020年第6期。

王姣娥、杜方叶、刘卫东:"制度与文化对嵌入式技术海外转移的影响——以蒙内铁路为例",《地理学报》,2020年第6期。

温灏、沈继奔:"一带一路投融资模式与合作机制的政策思考",《宏观经济管理》,2019年第2期。

杨勇华:"基于演化范式的技术与制度关系探要",《广州大学学报(社会科学版)》,2009年第11期。

张明国:"技术转移与文化摩擦:面向现代化的技术文化学研究",《武汉理工大学学报(社会科学版)》,2004年第3期。

张文尝、金凤君、荣朝和等:《空间运输联系:理论研究、实证分析、预测方法》,中国铁道出版社,1992年。

第五章　基础设施建设的可持续性[①]

交通基础设施投资建设一直被认为是"中国奇迹"的关键。自改革开放以来，中国经济的高速发展除了得益于市场取向的经济体制转型的促进外，也得益于包括交通基础设施在内的实体基础设施大规模发展（Straub et al., 2010）。交通基础设施是具有特殊形态的生产部门，与整个社会和国民经济其他部门有着极其密切的联系，属于具有"外部性"的准公共产品，对社会经济发展存在长期影响（De et al., 2010）。由于相应的政治、经济、社会和技术进步的影响，交通基础设施建设往往伴随着复杂化的投资建设方式与多元化的参与主体。从过去半个世纪的经验来看，部分交通基础设施投资建设并未取得可观的预期效果，难以实现可持续发展，甚至使得所在国家的发展被"困"在交通基础设施中。因此，探究交通基础设施与社会经济发展的关系及其作用机制，深入理解交通引导型发展模式，实现可持续的交通基础设施建设，成为学者与政策制定者关心的核心议题。

一、可持续基础设施建设背景与内涵

1. 基础设施建设面临可持续性差的问题

债务问题是可持续的基础设施建设面临的首要挑战。基础设施项目的融资

[①] 本章作者：熊韦、王姣娥、刘卫东。本章根据以下文献改写而成：
熊韦："可持续的交通引导型发展模式研究——以亚吉铁路为例"（博士论文），中国科学院大学，2023年；
王姣娥、李永玲、熊韦等："中国铁路'走出去'可持续发展研究"，载刘卫东等著：《共建绿色丝绸之路：科学路径与案例》，商务印书馆，2023年。

本身高度复杂，涉及多种融资工具、各种经济和社会因素，以及一系列持有不同甚至相互矛盾的目标的利益相关者（Liu and Xiong，2022）。2008 年全球金融危机后，全球大多数国家的财政状况都处于紧张状态。发达经济体的公共债务占 GDP 比重急剧上升，而新兴经济体的债务状况虽然有所改善，但仍然存在财政紧缩的难题（Qureshi，2016）。因此，为满足大规模基础设施的投资需求，双多边金融机构和私营部门的基础设施投资参与度越来越高。与此同时，随着全球化程度的不断加深，越来越多的基础设施项目涉及更大的空间范围（跨越国界）和多样化的参与主体，其在融资、监管、所有权和使用权方面的复杂性也不断增加，进而加剧了偿还压力和还款约束的限制（Schindler and Kanai，2019）。可持续的基础设施建设无疑面临着更大的挑战：一旦不可持续，不仅会影响未来的融资成本和负债水平，使后续的建设、更新和升级陷入困境，还会产生更广泛的经济后果——投资者的信心和相互间的信任崩溃，不良贷款的积累将增加国家债务风险（Pieterse and Hyman，2014；Ansar et al.，2016）。

基础设施相互依赖性的增加对其可持续建设及发展产生的不确定性尚未得到充分理解。基础设施本身具有较强的配套性，且难以轻易转换为其他用途，只有整体网络的建成才能最有效地发挥作用，也往往需要纳入到区域或国家发展计划中。近年来，随着大量基础设施倡议的不断涌现，无论是在发达国家还是发展中国家，基础设施都已经从各自独立的系统逐渐转变为相互连接的网络形态。任何基础设施单体的变化都将作用于整个基础设施网络，例如，基础设施的新增建设、老化与更新都有可能改变其网络结构，影响相应区域的服务供给与资源利用；而基础设施部门之间复杂的相互依赖关系会进一步加剧不确定性，在考虑特定基础设施部门的未来需求时，必须考虑其他相关部门的需求（Dixon，2018）。从长远来看，这种不确定性将继续随着基础设施系统的扩大、相互依赖性的增强而不断增加。

基础设施与所在国家或地区嵌入深度与广度的提升可能带来更多潜在风险。这种嵌入深度与广度通常体现在基础设施项目建设需要的土地面积及沿线影响的国土范围（例如长线路铁路建设往往需要穿越大面积国土），以及对当地地理环境的影响和改造程度（电力基础设施会带来比较大的景观改变），乃至使用当地劳动力的规模（庞大的就业规模会对当地产生巨大的社会影响）等方面。嵌入深度与广度的提升，意味着基础设施项目的制度文化敏感性将更高（刘卫东、姚秋蕙，2020）。例如，铁路项目的运营相比其投资建设过程更加深入地嵌入到当地的制度和文化环境之中。因此，除了对外投资项目通常可能面对的政治风险、经济风险、法律风险和商业环境风险等背景风险外，基础设施项目还面临着项目主体内部及其与社区居民、竞争企业之间各方利益分配不均带来的潜在冲突，以及由制度文化敏感性带来的潜在劳资矛盾，甚至演变为紧张的社会局势，进而影响可持续的基础设施建设及发展的风险。

2. 包容性全球化理念为可持续基础设施建设提供了全新视角

包容性全球化作为当前新兴的发展理念，为可持续的基础设施建设提供了全新的语境。包容性全球化源于对新自由主义全球化的反思与对新型全球化道路的探索，其所强调的基础设施包容性，突出表现在将可靠且可负担的基础设施延伸到欠发达地区，进而带来发展机会（刘卫东等，2017）。这与以往将基础设施视作寻求财务回报的投资机会的观念，并主要在发达国家与地区进行的实践具有明显的不同。由此观之，可持续的基础设施建设不应片面追求短期财务回报，而应同时考虑其在未来长期发展中的影响。与此同时，在可持续的基础设施建设研究中，经济、环境和社会三个维度的相互协调及其在长期发展中的作用也逐渐成为研究的热点（ADB，2009；NCE，2016；IDB，2018；Yanamandra，2020）。此外，包容性全球化对国家角色的重视和对资本市场"期限错配"问题的强调，无疑在为可持续的基础设施建设提出新目标的同时，为其发展路径的选择提供了更多可能。

可持续的基础设施是包容性全球化发展的重要空间载体。一方面，包容性全球化突出强调全球化发展应当在服务于资本空间扩张和积累的同时，照顾到人们的现实需求（刘卫东等，2017）；而可持续的基础设施在实现国家或地区的可持续发展中扮演着重要角色，是保障人们生活水平、社会经济与政治权益长期可持续发展的重要影响因素。另一方面，基础设施项目往往具有规模大、周期长、资本密集、参与者复杂的特点；其可持续建设及发展是多维、多空间尺度要素相互协调的结果，既受到地缘政治经济环境和国内政治经济环境等宏观要素的影响，也受到项目东道国和所在地制度文化与法律法规等中观要素的制约，并且还需要投资－建设－运营方和社区等微观主体的紧密协作（Beaudoin，2021）。这些将环境与主体串联在一起的基础设施建设充分反映了包容性全球化的核心内涵，同时为其治理主体的包容、设施的包容、道路的包容、参与的包容以及文化的包容五个维度的主要表现提供了具象化的场景。

3. 可持续基础设施建设的内涵

纵观国内外研究，可持续的基础设施建设并不单单只关注碳排放、高效运营以及财务可持续等层面，它是一个依托自然环境、人类社会和有限资本而产生的整体概念，涉及工程学、环境科学、建筑学、经济学、社会学、城市规划和地理学等多种学科（Thomé et al.，2016；周家义、王哲，2019；Beaudoin，2021）。其内涵主要包括以下两种逻辑：一类研究以1987年世界环境与发展委员会对可持续发展的定义为起点，即"在不损害子孙后代满足自身需求能力的前提下，满足当前需求的发展"（World Commission on Environment and Development，1987）；该思路认为基础设施是适应特定时期社会经济结构的产物，应当考虑其跨越几代人后也不损害后代持续经济发展的能力（IDB，2018）。而另一类研究则从不同利益相关者的角度出发，提出适用于基础设施项目的目标、原则和标准，以促进其可持续建设及发展（Yanamandra，2020）；该思路下的不同定义适用于不同规模、背景和目标的基础设施。以世界银行可持续基础设施行动计划为典型，它认为经济和金融可持续性、社会可持续性和环境可持续性是可持续的基础设施建设及发展的关键要素（Wu and Wu，2012）。

其中，经济和金融可持续性包括项目财务可持续性和更广泛意义上的经济可持续性。这不仅涉及在产生良好现金流的基础上充分回收成本，还应当考虑项目生命周期内的所有收益和成本，包括正外部性、负外部性以及溢出效应；例如通过创造就业机会、贡献GDP来发挥积极作用。如果基础设施产生正净经济回报，则它在经济上是可持续的。同时，基础设施服务产生的利益也应该公平透明地分享。就社会可持续性而言，可持续的基础设施建设应在项目生命周期内为改善生计和社会福利做出贡献,并按照良好的劳动、健康和安全标准进行建设以减轻项目可能造成的任何不利社会影响,尤其是在发生土地征用、搬迁或资源使用权变更等情况时。最后,环境可持续性要求基础设施在项目生命周期内限制所有类型的污染,并实现低碳和高资源利用效率的发展模式(Yanamandra,2020)。

基于以上理解,我们通过适宜性和包容性来刻画可持续基础设施建设及发展的原则与表现(表5-1),将其三个可持续维度联系起来,从而提出可持续的基础设施建设及发展的相关建议。具体而言,适宜性原则意味着可持续的基础设施建设必须根据所在国家或地区的条件因地制宜,而不仅仅是因为目标上有利或技术上符合就从"外部"强加(Vito et al.,2021)。适宜性是确保可持续的基础设施建设的先决条件。而包容性原则旨在将可持续的基础设施建设及发展的成果惠及全社会,实现多尺度、多主体的共赢。因此,有必要巩固多方参与过程,而不仅仅是在基础设施项目中复现当前的社会不平等。包容性是为避免机会主义做法带来负面后果的重要思考。而适宜性原则和包容性原则的综合效应则有助于促进基础设施朝着更广泛意义上的社会、环境和经济可持续的方向发展。

表 5-1 可持续基础设施建设的原则与表现

可持续基础设施建设及发展的维度	可持续基础设施建设及发展的原则与表现	
	适宜性	包容性
经济和金融可持续	经济发展需求和资金来源	利益的公平分配
社会可持续	多利益相关者的目标	共同参与
环境可持续	环境条件和技术水平	代际公平

二、可持续基础设施建设机制

1. 可持续基础设施的实现机理

可持续基础设施建设概念,是以基础设施的(经济)可持续性为前提,要求基础设施给所在国家带来的发展效益在适配国家发展条件及符合国家发展要求的同时，带来的运能收入能够满足融资结构形成的约束。事实上，二者密不可分，相互依赖。可以看出，其实现与否有两个重要因素：项目的投融资结构与发展效益的实现。其中，融资约束如何从宽松到严格，如何传递其影响；而发展效益强调实现过程中的权衡，并对融资约束进行响应。

不同的资本对于还款耐心与还款期限有差异化的要求，形成的融资结构带来差异化的约束。鉴于基础设施的准公共产品属性，其投融资涵盖从单一工具（如政府支出）到涉及纯援助、开发性金融、PPP、私营部门投资和国际借贷的组合模式。具体而言，政府支出、开发性金融和纯援助等作为基础设施项目融资中的主要类别，通常有利于长期发展效益的实现。传统上，自凯恩斯主义以来，政府支出的长期偏好就隐含在国家发展的繁荣预期之中；开发性金融体现了政府的意志，具有国家信用，传统上由政府拥有并授权经营，主要用于支持发展；纯援助通常在经济和政治外交领域发挥作用，着眼于长期前景。可以看出，这些类型的融资往往为发挥与基础设施相关的长期效益提供更大的可能性（尽管它们难以量化），从而使得经济和社会积累在长期内更为可行。相比之下，对于来自私营部门的投资，用户支付的现金收入往往是其首要的关注点。本质上，私营部门实体对资本的追求是一种相对确定和稳定的回报，而基础设施越来越被视为一种提供以收入为导向的投资回报的资产。就国际借贷而言，需要短期内的资金足以满足固定还款条件的需求，避免不良后果（例如，债务的还款一再推迟，所有的成本落在未来几代人，即不可持续），这也意味着国际借贷往往会被可靠的投资回报的财务业绩所吸引。因此，当来自私营部门的资本和国际借贷在融资模式中占主导地位时，现金收入特征应在足够长的时间内保持说服力，以便将投资视为具有合理回报的投资。介于前两类融资之间的 PPP 模式具有混合性质，根据特定基础设施的特点整合了广泛的资金来源。相应地，如果用户支付的现金收入具有说服力，则约束所施加的初始影响逐渐缓解，考虑到政府在基础设施中的持续主导作用，长期利益的优先性变得清晰。

发展效益的实现需要对融资约束进行响应，响应的重要体现就是在保障运能收入-长期发展中进行的权衡。在发展效益与融资约束之间进行匹配对于基础设施的可持续建设至关重要,然而,事实上,其中涉及的权衡过程十分复杂。如上节所述,融资模式的特点是涉及多种来源,会对收益预期施加不同程度的约束,而获得的收益在演变,约束的影响进而发生波动,从而需要通过适当程度地对发展效益之间进行权衡来应对这样的约束,实现可持续的基础设施建设。另外,基础设施无论是在获得运能收入,还是较为长期的发展效益过程中,都涉及多尺度的多主体以及广泛的空间范围,这由基础设施的特性决定,也增加了这一权衡过程的复杂性(图5-1)。总而言之,采取适宜的发展策略使得发展效益实现,并在其间实现权衡,进而响应差异化的融资约束,是实现可持续的基础设施建设的重要环节。

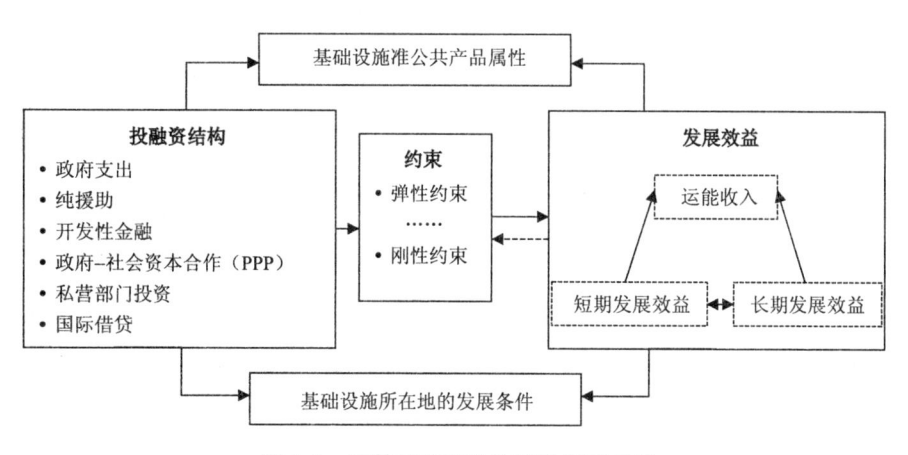

图 5-1 可持续基础设施建设实现机理

2. 可持续基础设施建设的约束机制

作为准公共产品的基础设施项目普遍具有投资规模大的特点,其所涉及的资金来源及类型也较为多元化,进而形成了多样的、沉淀性强的资本。因此,项目的发展受到不同资本的积累逻辑等方面的影响较大。这些资本大体遵循两种特定的逻辑:或着眼于积累长期发展效益,或追求稳定的项目现金流——由此不仅带来差异化的资金回收耐心和约束强度,还可能导向截然不同的项目发展策略,进而产生不同形式的收益,来满足不同的资金需求(图5-2)。换言之,多样的资本既由此影响着项目融资结构的确定,也影响着其项目全生命周期中的制度与决策，而最终所呈现出的融资约束与项目收益的匹配与否决定了项目的可持续性。

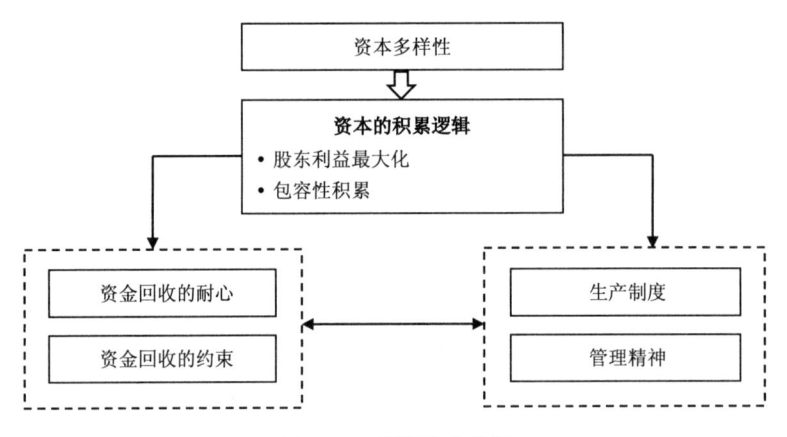

```
                    ┌──────────────┐
                    │  资本多样性   │
                    └──────┬───────┘
                           ↓
                ┌─────────────────────┐
                │   资本的积累逻辑     │
                │ • 股东利益最大化     │
                │ • 包容性积累         │
                └──┬───────────────┬──┘
                   │               │
         ┌─────────┴──┐      ┌─────┴──────┐
         │ 资金回收的耐心│      │  生产制度  │
         ├────────────┤      ├────────────┤
         │ 资金回收的约束│      │  管理精神  │
         └────────────┘      └────────────┘
```

图 5-2　融资约束分析

与此同时，较长的规划-投资-建设-运营周期带来了更为复杂的风险，增加了项目实际收益的不确定性，进而影响了资本需求的满足。以风险的可控性及其属于特定风险/背景风险为依据，将基础设施项目可能面临的风险划分成以下四类（图 5-3）：高可控性的背景风险（政治风险、监管风险、法律风险），高可控性的项目特定风险（建设与运营风险、舆论风险），低可控性的背景风险（需求风险、利息风险、外汇风险）以及不可抗力。其中，政治风险主要与政府的不稳定和政权的暴力变动相关，监管风险与法律风险源于法律/法规的变化（Ferrari et al., 2016）；建设与运营风险、舆论风险来自于对整个基础设施投资-建设-运营过程中利益相关者诉求的权衡；需求风险是市场风险的重要体现，源自产品或服务变动对于现金流所有权和波动性的影响（Turley and Semple, 2006）；基础设施的高资本密集度和新兴市场的金融市场特征使得基础设施项目面临着来自于汇率和利率变动的风险。此外，基础设施项目还面临着不可抗力的风险（Ehlers, 2015）。

在实践中，由于基础设施项目资金需求量巨大，项目资金往往是不同来源和类型的组合，并且不同的融资结构所能抵抗的风险也存在差异，因而需要差异化金融工具的组合以形成特定的融资结构，在满足巨大资金量需求的同时尽

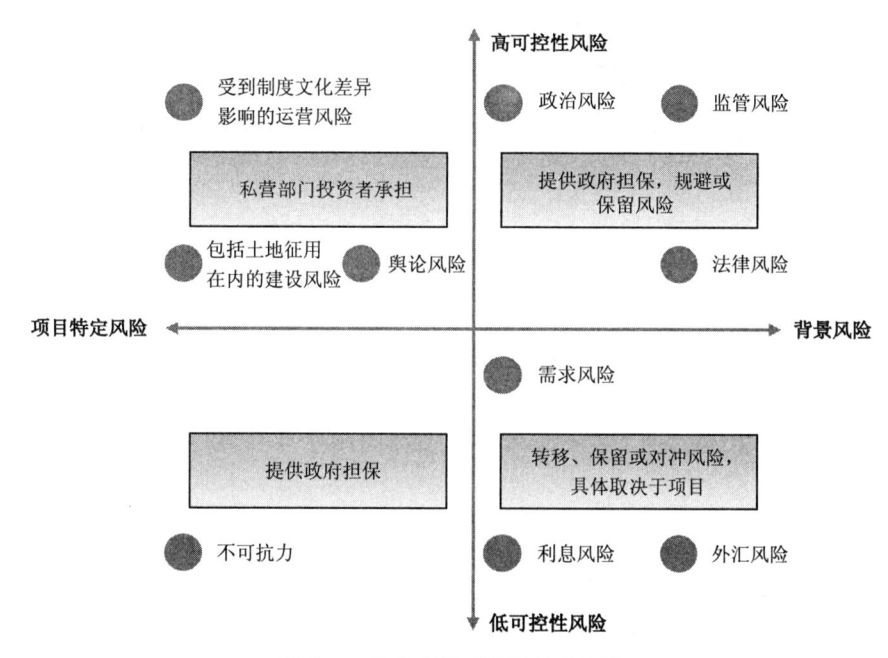

图 5-3 基础设施项目面临的风险

可能抵抗风险。难以抵抗的风险则会对项目收益带来影响，也对差异化资本需求的满足产生影响。一旦融资约束与项目收益难以维持匹配，项目就面临可持续发展的问题。因此，可持续的基础设施建设本质上在于实现融资约束与项目收益的动态匹配，以及融资结构确定后，各类风险对基础设施项目收益的影响和对这一动态匹配的干扰。为此，需要对项目面临的风险及其与融资结构的关系进行一个简要的分析。

在此基础上，结合共建"一带一路"倡议发展现实，我们首先依据主要参与的资本类型对基础设施项目类型进行划分，并围绕多样资本的差异化影响和不同可控性与来源的风险理解并分析不同类别可能出现的可持续性问题。

（1）以私人部门资本为主导的基础设施项目

私人部门的投资动机体现在对确定且稳定回报的追求中。20 世纪 90 年代末，在国家主导基础设施投资建设的背景下，世界银行对其中商业运营原则应用的提倡以及股市动荡对其全球投资市场发展的推动，使得直接或间接利用私营部门（如购买债券）参与基础设施项目的做法也逐渐盛行（World Bank，

1994；Torrance，2009；Clark，2017）；由此，基础设施越来越被视为一种提供以收入为主要投资回报的资产，而私人投资者的目标往往非常明确，即最大化的稳定现金回报。受此影响，以私人部门资本为主导的基础设施项目决策行为往往与自身项目的直接收益相关，而较少考虑项目与当地社会经济系统作为整体的发展效益提升；但直接收益（例如以用户支付形式呈现的现金收入）通常难以满足私人部门资本对大额资金和较短回收周期的约束条件，换言之，融资约束与项目收益的动态匹配将会受到影响。就风险而言，即使以私人部门资本为主导的融资结构使得基础设施项目在对抗建设或运营风险中较为灵活，但是对于需要政府担保的背景风险（例如政治风险和需求风险）的抵抗能力较低，因此其融资约束与项目收益的动态匹配对于风险的扰动也更为敏感。

（2）以贷款为主导的基础设施项目

尽管2008年全球金融危机后，巴塞尔协议Ⅲ对银行体系提出了更严格的要求，银行贷款仍然是基础设施的主要资金来源，承担了基础设施融资增长的最大份额，尤其是在新项目的早期阶段。近年来，由于国内银行借款难度较大以及缺乏对基础设施感兴趣的债券市场和机构投资者，发展中国家逐渐将国际借贷作为基础设施项目不可或缺的资金来源，例如优惠贷款或商业贷款。但无论是何种国际借贷，都可能给项目施加较大约束。以开发性金融为例，它体现了政府的意志，具有国家信用，传统上由政府拥有并授权经营，因此具有较低的约束，并更可能关注与基础设施相关的更广泛利益。尽管这种收益难以量化，但它使得基础设施项目在长期内与当地社会经济系统作为整体发展并取得效益提升的可能性更高。然而，国际借贷依然具有明确、严格的还款要求，在基础设施项目收益未达到预期的情况下，不仅后续的项目建设、更新、升级陷入困境，投资者的信心和信任也可能崩溃，从而产生更不利的后果：不良贷款的积累增加国家的债务风险，而如果债务还款一再推迟，将会成为未来几代人的负担，这是其不可持续的重要表现。此外，在实现长期发展效益的过程中，一旦风险发生，投资者不仅需要承担较大损失，同时仍然需要保有自身还款能力，而这一能力在风险干扰下具有较高的不确定性。因此其融资约束与项目收益的动态匹配面临着极大压力。

(3) 以 PPP 模式为主导的基础设施项目

PPP 模式具有混合性质，是一种日益发展的可持续融资的战略方法，根据具体基础设施项目的特点整合了广泛的资金来源。如果用户支付的现金收入符合预期，则约束所施加的初始影响逐渐得到缓解；而政府在基础设施中的主导作用则使项目长期效益的优先级提高，其融资约束与项目收益动态匹配的实现既相比以私人部门资本为主导的基础设施项目具有更广泛的效益关注，又相比以贷款为主导的基础设施项目具有更高韧性。但是，PPP 模式也并非不会面临可持续问题。实际上，PPP 在实践案例中是复杂的。即使私人部门的参与可以在项目建设运营中充分发挥执行能力、公共部门的关键作用则为获得这些利益提供适当的环境条件，PPP 模式由于法人参与方的多样性和国内外资金的多样性，在合同设计中对收益和风险的分配更为复杂，如果分配不够合理，则同样可能面临建设风险、监管风险、需求风险等，影响其融资约束与项目收益的动态匹配。

3. 可持续基础设施建设发展效益的实现

基础设施项目往往具有规模大、周期长、资本密集、参与者复杂的特点。基于上述特点，不仅其融资结构的确定受到所处空间地理要素的影响，发展效益的实现也是多维、多空间尺度要素相互协调的结果，既受到政治经济环境等宏观要素的影响，也受到项目东道国和所在地制度文化与法律法规等中观要素的制约，同时还需要投资-建设-运营方和本地部落以及当地企业等微观主体的紧密协作。因此，发展效益的定义、实现过程中面临的挑战以及可能采取的权衡策略等均受到多元化主体和要素的影响。围绕其进行的讨论有利于全面理解基础设施发展效益的实现过程，进而综合考虑其给融资结构带来的约束的响应。

发展效益的产生伴随着基础设施项目带来的社会影响和经济影响的产生（表 5-2）。首先，对于发展效益的定义及其阶段性特点受到不同主体和要素的影响。尽管两类发展效益都带来了直接运能收入，也都带来了长期发展，但二者出发点不同：短期发展效益以增加运能收入为出发点，而长期发展则注重长期发展效益的实现。短期发展效益和长期发展效益实现中涉及的主体的目标因所在行业和社会经济环境而异，创造的混合价值取决于它们运作的特定社会、经济和制度背景。值得注意的是，在这两类效益的实现过程中都涉及各主体与要素间的权衡。因此，接下来将对发展效益构建的重要主体及要素进行提炼并进行分析（图5-4）。

表5-2 发展效益（短期/长期）的实现

	短期发展效益	长期发展效益
定义及内涵	后续对于低于市场预期的资金的吸引力和对后续投资的洞察力	基础设施项目带来的社会影响和广泛经济影响
内在逻辑	利润最大化以及履行义务（Battilana and Dorado, 2010）	社会价值创造（Battilana and Dorado, 2010）
实现过程及表现	已有主体探索并发现具有发展潜力的投资项目——以已有项目为基础实现对于其他主体的资本吸引——相关主体在资本合作的基础上参与具有战略性目标的项目的规划合作	交通效率及连通性的提升等直接社会经济影响——贸易及相关产业的发展（产业园区）与基础设施项目的互动模式初见雏形——实现与当地社会经济发展的共同演化
风险	国际收支水平较低，投资环境差；运输安全，投资稳定性低	客货源不足，本地支撑能力差；制度文化环境复杂，形成相应制度文化环境难度高
实现路径	中国资本的吸引；东道国资本的吸引；纳入东道国重要参与者——埃航运	充分发挥相关产业园政策优势；实现与当地社会经济发展的共同演化

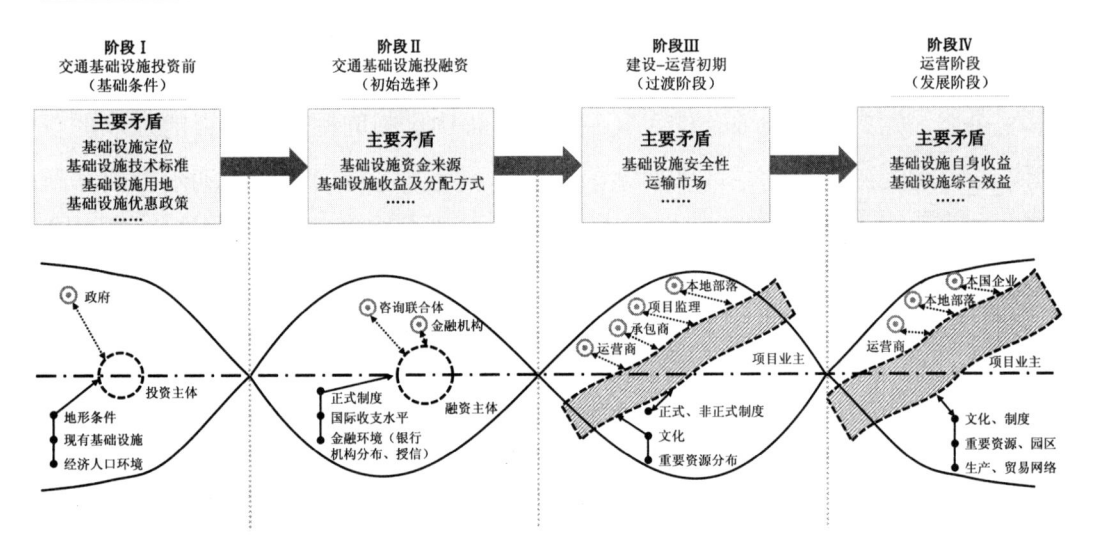

图5-4 发展效益（短期/长期）的实现过程主体与要素识别

作为大型投资，基础设施项目自然需要积极的投资回报；同时，所探讨的基础设施项目也肩负着对区域和国家发展产生重大影响的投资期望，其准公共产品的属性不可忽视，因此，实现广泛的社会经济效益更是它的重要目标。运能收入增加和广泛的社会经济效益实现也都存在着不同发展阶段，即预期目标的短期和长期进程。在二者各自的阶段进程发展中，将会占用共同的土地、劳动力、资本、技术等生产要素，这种生产竞争将使得二者在各自阶段进程中争夺有限资源。但实际上，基础设施的运能收入增加和广泛的社会经济效益、短期和长期阶段进程都是其项目发展效益的一体两面，而非相互独立甚至对立的两条路径。这是因为实现发展效益的各阶段进程实际相互关联、相互作用。在长期发展效益的初期阶段，交通效率和连通性的提升等直接社会经济影响有利于鼓励已有投资主体探索并发现具有发展潜力的投资项目，也即推动短期发展效益的初期发展；随后，当短期发展效益通过以已有项目为基础实现吸引其他主体的资本进入时，这种短期发展效益的中间阶段也将促使贸易及相关产业的发展（例如产业园区）与基础设施项目进行互动，反映了长期发展效益进入中间阶段；而到后期阶段，二者将得益于这种相互作用，在短期发展效益的实现上共同推动相关主体继续参与具有战略性目标的项目的规划与合作，在长期发展效益的实现上与当地社会经济发展共同演化。加之二者占有共同的生产要素，短期发展效益和长期发展效益在各自阶段进程中的紧密相连也就显而易见了。

但是，也恰恰是因为这种相互关联，在实际发展过程中，如何在有限资源中权衡不同目标、不同阶段的优先级对于切实保障发展目标的实现十分关键。恰当的短-长期目标权衡可以通过合理配置生产要素使得基础设施的发展效益更好地匹配并响应融资约束。反之，当过于追求投资回报，而超过实现广泛社会经济影响所需的资源和时空弹性区间时，这种激进追求反而可能会牺牲发展潜力，并在事实上制约了长期社会经济发展效益的实现；但若只强调长期社会经济发展效益而忽视投资回报，将会导致当前融资结构显著区别于传统政府投资的基础设施项目而面临无力偿还贷款等不良后果。

考虑到短期发展效益和长期发展效益在各自阶段过程中的相互作用，短-

长期目标的权衡具体表现在以下三个方面：其一，在基础设施项目建成整体设施网络前，投资回报和长期经济发展效益目标预期之间的权衡。由于基础设施的强配套性构成了其规模门槛，只有整体设施网络建成才能最有效地发挥其作用，换言之，基础设施的短期发展效益到长期发展效益的发展与其建成运营时间并不构成典型的线性关系，因此需要权衡其目标预期。其二，基础设施项目建设发展时资本配置的权衡。基础设施的巨大投资金额和严格专用性构成了其资本门槛，这些资金在短时间内难以用于其他投资目的，而短-长期目标的阶段进程占有共同的生产要素，因此需要权衡资本这一核心生产要素在短期发展效益和长期发展效益中的配置。其三，当基础设施运营步入正轨后，仍然需要权衡生产要素的配置以匹配其规模经济效应的发展。由于基础设施初始成本高而运营成本相对较低，其收益往往产生在整体设施网络建成后，经由各种生产要素有机结合并通过规模经济效应来体现，因此，在短期发展效益和长期发展效益的实现进程中，二者对于共同生产要素的竞争仍然需要结合实际发展情况进行合理配置，从而保障二者对阶段目标发展的相互推动。

除了不同发展目标及其阶段之间的权衡外，基础设施项目中多主体之间的诉求同样需要权衡。不同的主体本身具有不同的投资立场和投资预期，因此具有不同的投资诉求。基础设施项目中每个投资主体都最大程度地为其自身诉求而努力，尽可能使项目发展接近其目标结果。具体而言，自二战以来，以各级政府为代表的主体成为了基础设施的主要投资者，往往以国家社会经济发展为目标导向；与此同时，随着近年来政府担保贷款的融资形式出现，政府也同时开始关注与偿还资金期限相匹配的投资回报收入，因此政府主体的投资诉求将因其区域和国家所处发展阶段、发展条件以及发展战略规划而极具差异。显然，无论是基础设施项目的主要投资商/运营商，还是项目所在地的原有企业，这些实际与潜在的投资主体将更多地对稳定收入回报抱有更高期待。因此，主体间的权衡自然而然地存在于多主体参与的情况中。

在短期发展效益和长期发展效益的实现过程中，主体间的权衡不仅体现在协调利益诉求之间的差异上，更体现在由于固有能力不同而带来的博弈方式之间的碰撞与统一。在面对运输市场的竞争或技术标准的确定等问题时，具有利害关系的主体之间对于各自意图、诉求以及结果的偏好和范围存在差异；并且，任何主体都不会孤立地看待各个问题，而是倾向于对一系列问题进行综合管理分析。因此，在主体之间针对这些问题进行诉求的博弈时，权衡既存在于他们就某一问题解决的协商过程中，也存在于其就项目全面发展的共同管理中。不同主体对一系列问题权衡后的结果偏好共同构成了主体的战略意图，而战略意图也组成了主体之间通过谈判和协调进行权衡的内容。进一步来说，主体间的诉求和结果偏好权衡将会影响基础设施项目建设运营最终形成的主体结构和关系。例如，在长期发展过程中，共建"一带一路"各国内部形成了相对稳定的利益格局，任何未来利益主体的进入都会面临与东道国既有利益集团的摩擦，引起矛盾甚至冲突。而大型基础设施项目对本地社会经济具有重构作用，当它介入到本地发展环境中时，很可能引起东道国各利益方和项目利益方的关注。主体之间进行权衡的主要方式之一表现在积极团结各方建立利益共同体：根据既有利益集团格局开展合作，避免单打独斗、各行其是，实现多个项目的共同推进、互为支撑。

基础设施发展效益的实现存在目标和主体的两类权衡，而这两类权衡对于发展效益的实现存在着驱动和制约。一方面，发展效益的实现本质上依靠主体权衡驱动；另一方面，短-长期目标之间的权衡则会制约发展效益的进程推动。从动力机制上来讲，短期发展效益初始阶段和第二阶段的项目投资需要主体高度参与，其实现并不具有内生动力；而长期发展效益初始阶段的交通效率和连通性实现更具有内生性，但其后两个阶段的推动也需要依靠主体参与，不具有内生动力。由此我们可以发现主体权衡的驱动作用存在两种表现形式：其一，在不具备内生动力的阶段，主体之间的权衡及其带来的行动将直接促使相应阶段进程的实现；其二，在内生动力作用阶段，主体之间的权衡要么带来直接结果，要么可能转变发展方向并影响原本的内生结果，最终实际结果的表现与主体权衡推动的强度和方式息息相关。但值得注意的是，这并不意味着主体权衡对于短期发展效益与长期发展效益的实现一定产生现实促进效果，也存在进程上推动、结果上无效的可能。例如，如果各方主体过于陷入谈判的过程，而忽略了过度协商很可能无法达成一致结果，即无法综合实现各主体诉求的统一战略意图，那么主体间的权衡将难以成为短期发展效益和长期发展效益的实际推动力。

而就短-长期目标之间的权衡而言，我们首先认为短期目标和长期目标的阶段进程和实现存在相互联系和相互作用，短期发展效益实现进程中，虽然吸引了来自东道国和母国的、一定数量投资培育的、部分有活力的项目，但是这些项目是否能持续性地吸引全球资金的持续投入仍是未知数，因为这还与东道国的国际收支水平、资本市场发育程度等投资环境有关。而长期发展效益的实现进程中，基础设施项目的进入对当地社会经济发展环境初始平衡状态造成了扰动，在它们共同演化过程中，东道国制度水平、经济水平、文化水平对这种失衡态势的适应程度以及能否挽回并进入下一平衡发展状态也是未知数（王成金等，2020）。因此，短-长期目标的权衡很可能制约短期发展效益和长期发展效益的实现。

三、基础设施建设可持续性分析：亚吉铁路

1. 亚吉铁路的融资约束分析

（1）亚吉铁路的资金来源及其资本逻辑

从亚吉铁路的融资结构可以看出，亚吉铁路的资金来源以银行贷款为主，具体包括商业贷款以及优惠贷款，可以被划分为贷款主导型的基础设施项目。

本质上，不同所有权或资金形式的资本具有差异化的追求利益的逻辑。换言之，通过问题"资本服务于什么以及为谁服务？"可以区分两种广泛的资本，即服务于股东利益的资本以及服务于广泛利益的资本。广泛利益概念不仅包括财务回报，还包括政治影响以及从源头获得商品的机会等，后两者通常不能被还原为利润的货币形式。因此，服务于广泛利益的资本往往不像服务于股东利益的资本那样具有流动性，这也意味着，服务于广泛利益的资本在项目全生命周期中具有更为持续性的影响。二者产生差异化逻辑的根本原因在于其驱动力之间的差异：服务于股东利益的资本的运作是由股东价值最大化驱动的，而服务于广泛利益的资本的运作是由"包容性积累"的逻辑驱动的，形成鲜明对比

(Lee，2014)。但需要强调的是，服务于广泛利益的资本也必须有财务回报，换言之，尽管不需要最大化利润，但还是需要赚取一定的利润。

就亚吉铁路而言，中国进出口银行最终以优惠贷款和商业贷款混合的形式向其建设提供了初始资本。与债券或其他结构性融资方案相比，银行贷款具有相对灵活的特点，具体体现在：能够根据项目的特点逐步支付资金；在项目遇到不可预见的事件，需要债务重组时，银行之间可以快速协商重组。与此同时，尽管银行在贷款方面承担着相当大的风险——尤其是在初始阶段，但风险会随着项目的生命周期而消退。与短期贷款相比，长期基础设施贷款不一定会面临更大的风险（Sorge，2004）。因此，在项目整个生命周期中的利润优化和利润最大化之间，银行贷款为实现其他类型的回报提供了较为充足的空间。然而，正如前文所述，这并不意味着亚吉铁路可以放弃现金流的追求，相应地，运营公司依旧必须在保证一定程度现金流的同时，通过将利润再投资于生产来生存和扩张，进而获得更为长期的发展效益。

(2) 亚吉铁路中资本对于还款的约束和耐心

融资结构中多样化的资本基于差异化的逻辑，对于铁路发展的影响重点体现在对资金回收的需求（还款约束的软/硬性以及是否具有还款耐心）。一般而言，两个因素会影响还款约束的软/硬性：资本来自何处，即国内资本或海外资本；资本的形式，如股权或债务。在目前的亚吉铁路实践中，中国进出口银行以债权人的身份以各种贷款（优惠贷款和商业贷款）的形式向其投资和建设注入了大量资金，而埃塞俄比亚政府和/或私营部门扮演了债务人的角色。考虑到履行的需求，相比于来自本国内的贷款可以通过各种金融工具（如政府债务货币化结合财政政策和货币政策）实现响应，以减轻约束的影响，偿还国外贷款的手段十分有限。因此，亚吉铁路事实上面临着较为严格的还款约束。

除了还款约束的软/硬性，资本本身对于还款周期的耐心同样重要。围绕不同的特点对资本进行分类的方法多种多样，但对于基础设施中涉及的资本，区分其耐心/非耐心至关重要。借鉴林毅夫等的研究，广义地将"耐心资本"定义为贷款人愿意看到借款人在未来成长，从而能够提供可观回报的投资关系中的资本（林毅夫、王燕，2017）。与之相对，"非耐心资本"是指更为关注短期的可靠投资回报的财务表现。在亚吉铁路的实践中，中国进出口银行从最初融资安排中，由商业贷款＋利率相对较高＋期限为 5 年的宽限期＋10 年的还款期转变为更接近于优惠贷款的利率＋期限为 10 年的宽限期＋20 年的还款期，就是考虑到亚吉铁路项目运营后产生的现金流很难满足商业贷款的还本付息要求，可以说是其资本逻辑中谋求长期发展效益的重要体现。

（3）亚吉铁路中资本对于发展过程的影响

资本影响着项目全生命周期中的制度与决策。具体而言，集中在以下两个方面：生产制度与管理精神。生产制度指向投资者对建设、运营和工作实践等采取的不同方式及策略，不仅体现在投资、建设和日常商业决策的方式上，还体现在与围绕低工资或裁员的罢工等斗争的形式上（Lee，2014）。以积累为逻辑的资本利益追求是相对稳定的、长期的经济利益，在亚吉铁路中嵌入的银行贷款对于铁路等基础设施的关注也区别于普通的财务投资只关注财务回报，因此更重视劳动力的稳定性。这使得在整个项目周期内，资本倾向于稳定的就业选择。显著不同于想通过基础设施实现利益最大化的其他资本，亚吉铁路采用相对较高工资的制度。亚吉铁路的员工薪资平均一个月达到 3 500 多比尔（约合 1 000 元人民币），在当地属中等偏上的收入水平。

为理解不同类型的资本对于基础设施项目发展过程的影响，还需要围绕资本对铁路建设运营过程中管理精神的影响进行进一步阐释。在亚吉铁路实践中，由于中国资本的介入以及中方提供的大量运营经验，中国的管理精神深刻地影响了铁路的发展。具体而言，中国的民族精神是集体主义而非个人主义。因此，不同于更具个人主义和创业精神的全球资本，铁路的运营主体非常重视与当地制度和文化环境的融合。这也使得在整个项目运营过程中，更加注重本土化的发展。亚吉铁路项目在建设之初就明确本土化经营管理原则。在埃塞俄比亚雇用当地员工逾 2 万人，在吉布提雇用当地员工约 5 000 人。在亚吉铁路修建过程中，"中国标准"在实施过程中还结合当地实际情况，进行本土化创新。亚吉铁路仅在埃塞俄比亚，就有 2 000 多名当地员工接受了铁路运营培训，包括乘务员、火车司机、技术人员等，系统学习并实际掌握各种知识，帮助两国建立自己的铁路制度和产业体系，并为非洲培养铁路建设和运营人才。

随着基础设施项目供给资金来源的逐步多元化，多样化的资金对于资金的回收需求高度差异化，对于整个项目周期内的影响也愈加复杂，这就要求基础设施项目的发展不能只关注长期发展效益，而让基础设施项目在短期内"入不敷出"，乃至使东道国处于高负债水平。亚吉铁路等基础设施投资不同于一般的投资项目——尽管其自身在成本、时间和效益方面的实际成果在短期内并不一定是积极的，但事实上，并不是所有的收益都可以通过项目收入进行衡量。因此，不能只关注项目本身的运能收入，还应注意到其能够发挥一定的发展效益。与此同时，发展效益的实现并不是必然发生的，其实现有两个维度的难点：一方面，各方主体的需求存在动态性；另一方面，项目在整个发展过程中会遇到各类风险，尽管其中一部分风险会由于融资结构中的担保"抵消"掉，但仍有一部分风险需要采取相应的策略进行应对，而应对策略的选择中必须要考虑两个重要的因素，即多方主体参与以及资本在其中的影响。

2. 亚吉铁路发展效益的实现

短期发展效益和长期发展效益的实现是反映了多元主体差异化诉求的综合结果。另外，考虑到基础设施项目的发展普遍存在着较强的发展路径依赖性，在基础设施项目短-长期发展效益实现的过程中，存在关键性的矛盾：推动短期发展效益和长期发展效益实现阶段的跨越，以及促进完成多元主体围绕资金回收预期及其他诉求涉及的博弈。换言之，在可持续的基础设施建设过程中，短期发展效益和长期发展效益的实现缺一不可，且其中存在两类权衡：第一类是围绕多元主体在短-长期这一二元划分视角下的差异化诉求所展开的利益之间的权衡，进而实现发展策略的协同匹配；第二类是基于基础设施项目本身在发展阶段推进转换中存在的依赖和困难，所带来的短-长期发展效益目标的权衡。

（1）亚吉铁路短期发展效益的实现

亚吉铁路自2018年1月正式进入商业运营阶段以来，沿线运输与物流产业的投资成为其实现发展效益，并将其转化为可测度的收入的重要方式之一。亚吉铁路运维联营体为实现铁路运能的提升，持续寻找相关产业的投资开发，主要围绕完善配套和能力提升两个方面。其中，完善配套这一领域主要解决货源、运输外围限制因素等问题，重在发挥企业的引领作用；而在能力提升这一领域，主要针对性地解决铁路系统内部硬件问题，全面提升线路装、卸、排的能力等相关问题，重点关注政府的支持作用。从具体操作层面，结合其发展历程来看，亚吉铁路的运输与物流产业投资大致可以被划分为以下两个主要内容：港口码头与油专线项目建设，建立货源基础以及无轨站及短倒物流建设，提升铁路运输效率。

亚吉铁路通过运输与物流产业的投资，验证了可持续的基础设施建设中发展效益的实现机制。首先，在亚吉铁路商业化运营的初始阶段，亚吉铁路运维联营体利用对于铁路发展相关信息的了解，探索并发现具有发展潜力的投资项目，初步建立起对于外部资金吸引的基础。在2012年埃塞俄比亚与吉布提、南苏丹签署的三国跨境输油管道协议的大背景下，亚吉铁路也抓住政府对于石油运输的诉求这一契机，促进了这一阶段投资项目类型的确立。与此同时，企业通过项目的发展积极拓展对于外部资金的吸引渠道，为第二阶段的实现奠定了基础。

第二阶段在进入2020年后，为了进一步满足运能，提升运能收入，亚吉铁路运维联营体基于已有项目规划，从来自本地的主体到异地的主体吸收更为多元化的资金，实现相关运输和物流相关产业链的延伸。这一阶段的主体以当地主要利益相关者埃航运的吸引和来自母国的企业主体为重点，例如与埃航运合作的DD旱港等项目以及陕西延长石油公司和招商局集团等，都是重要体现。而且随着新冠疫情的暴发，埃航运等当地主体更加意识到，亚吉铁路的发展并非对于其业务的冲击，二者合作的形成将是必然选择。因此，与埃航运的合作更为针对性地结合主体诉求进行布局。

短期发展效益的实现发展到第三阶段，相关主体在资本合作的基础上参与具有战略性目标的项目的规划与合作，以完善以铁路为基础的本地网络，提高东道国的经济发展能力。在吸引了来自东道国和母国的部分投资后，同时培育了部分有活力的项目，这些项目将持续性地吸引资金的持续投入，提高对铁路及其辐射范围的资源的集聚和利用水平。值得注意的是，这一阶段不应局限于来自东道国和母国的资本，更需要关注来自全球的投资者（图5-5）。

投资影响实现过程及表现

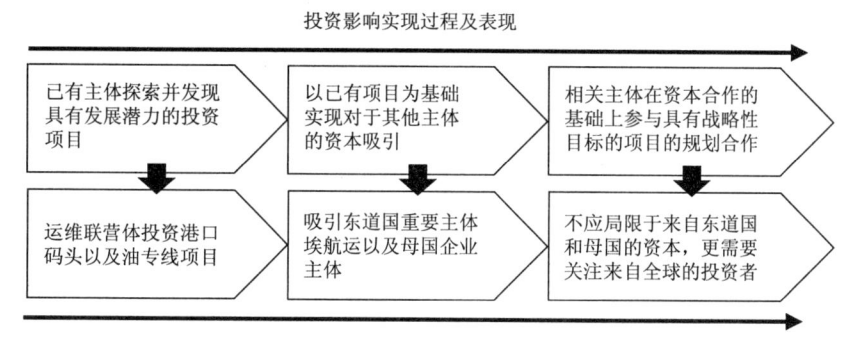

```
已有主体探索并发现   →   以已有项目为基础   →   相关主体在资本合作的
具有发展潜力的投资       实现对于其他主体       基础上参与具有战略性
项目                     的资本吸引             目标的项目的规划合作

    ↓                        ↓                        ↓

运维联营体投资港口       吸引东道国重要主体     不应局限于来自东道国
码头以及油专线项目       埃航运以及母国企业     和母国的资本，更需要
                         主体                   关注来自全球的投资者
```

亚吉铁路运输与物流产业投资表现

图 5-5　基于短期发展效益实现的运能收入增加

（2）亚吉铁路长期发展效益的实现

"铁路＋园区"的模式是亚吉铁路实现长期发展效益的重要途径之一。亚吉铁路的建设与运营加速促进了亚的斯亚贝巴-吉布提发展轴线的开发与培育，促使埃塞俄比亚政府制定 2025 年发展规划。埃塞俄比亚力图以亚吉铁路为依托，建立"一体两翼"的经济走廊架构，"一体"为亚吉铁路经济走廊，"北翼"为斯亚贝巴到马克雷（Mekelle）的铁路经济走廊，"南翼"为亚的斯亚贝巴到阿瓦萨（Hawassa）的铁路经济走廊。发展规划将产业园区作为工业化战略的重要依托，在全国规划的 14 个产业园区中，有 8 个园区直接分布在亚吉铁路沿线。

亚吉铁路通过"铁路＋园区"模式的发展，验证了可持续的基础设施建设中发展效益的实现机制。首先，在亚吉铁路商业化运营的初始发展阶段，实现交通效率的提升以及国家整体连通性的提升作用最为显著。吉布提港至亚的斯亚贝巴的客货单程运输时长大幅缩减，从 1 周多的时间缩短至 10 个小时，实现了"朝发夕至"，货物综合运输成本降低了 30%。与此同时，生产和运输成本的降低、提高投入要素的生产率等对于产业集聚的形成奠定了基础。

在第二阶段，在埃塞俄比亚 2010 年发起两期"增长与转型计划"（每期五年）的背景下，为了亚吉铁路溢出效应的进一步实现，联邦政府及外商企业建立大量产业园区，均分布在亚吉铁路沿线及两侧地区，并涵盖轻工、纺织、服装、现代物流等外向型产业，沿着亚吉铁路逐步形成规模。在无轨站的规划布局和建设下，高效集疏运体系更加完善，贸易及相关产业的发展（园区）与基础设施项目的互动模式初见雏形，扩大了铁路辐射范围。

长期发展效益的实现发展到第三阶段，亚吉铁路的产业集聚效应已初步显现，依托运输优势，有力促进了沿线产业园区的迅速增加，以及产业园区和重大项目沿线布局，为埃塞俄比亚和吉布提两国的经济社会发展注入强大动力。但搞活亚吉铁路沿线经济、形成规模较大和发展成熟的经济带仍是一个漫长的过程。因此，在这一阶段，应更为关注基础设施、制度和文化、产业与贸易基础之间多层次嵌套耦合、适应并共同演化的过程，既实现与内在制度文化特质和经济发展阶段的匹配，也进一步发挥基础设施"辐射带动"的作用（图 5-6）。

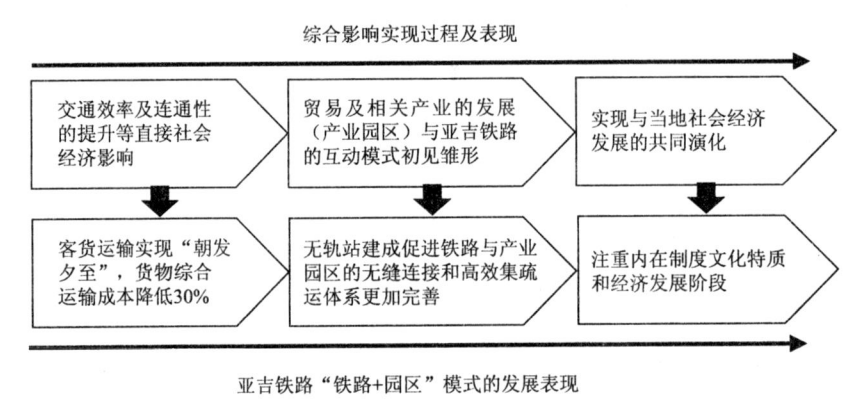

图 5-6　基于长期发展效益实现的广泛发展效益

3. 亚吉铁路发展效益实现过程中的权衡

权衡的发生需要一定的前提条件。从基础设施项目的现实发展来看，短-长期目标的权衡和主体之间的权衡能否发生与其项目所在地的发展阶段和条件息息相关。首先，在短-长期目标的权衡中，我们提到了短期目标和长期目标的阶段进程和实现存在相互联系和相互作用。短期发展效益实现进程中，虽然吸引了来自东道国和母国的、一定数量投资培育的、部分有活力的项目，但是这些项目是否能持续性地吸引全球资金的持续投入仍是未知数，因为这还与东道国的国际收支水平、资本市场发育程度等投资环境有关。而长期发展效益的实现进程中,基础设施项目的进入对当地社会经济发展环境初始平衡状态造成了扰动,在它们共同演化过程中,东道国制度水平、经济水平、文化水平对这种失衡态势的适应程度以及能否挽回并进入下一平衡发展状态也是未知数(王成金等,2020)。其次,在主体权衡中,如果将任意主体的诉求作为圆心,结合其议价能力将其议价空间视作固定半径的圆,此时圆心的位置和半径的大小都与所在地的发展阶段和条件紧密相关。以政府主体为例,发展经济学和政治经济学研究普遍强调政府能力的重要性。而基础设施投资作为一个公共决策,政府能力在其作为主体参与其中的重要性也就不言而喻。从政治经济学视角来看,许多研究发现国家政府对基础设施投资的决策所受到的内在或外在因素制约中,政治制度和环境相关的因素尤为典型,而包含制度水平、政治稳定性等政府能力往往与国家发展阶段和社会经济环境与条件有关。企业主体由于对项目投资回报的需求往往不尽相同,企业自身的能力和条件也不能一概而论,因而企业主体的议价空间也并不一致。在此基础之上,各主体之间围绕利益诉求的权衡可能存在如下关系:①结果偏好存在交集,表明此时不同主体既有诉求交集,也有能力相互作用的空间,因此主体权衡存在发生的条件;②结果偏好不存在交集,即主体权衡无条件发生。

四、小结

可持续的基础设施建设要求基础设施带来的发展效益与融资结构带来的差异化约束相匹配。总体而言,过往研究集中于基础设施在社会经济发展中的效益,包括直接的社会经济效应、经济增长和外部效应。前者源于基础设施作为特定形式生产部门的基本特征,除了自身生产效益外,基础设施还可以促进上游生产部门的发展,以及那些将其基础设施自身生产效益作为中间产品部门的发展。经济增长的实现由基础设施创造就业机会、减少贫困和改善社会经济条件而产生的社会经济效益带来。外部效应则是通过宏观效应、微观效应、溢出效应等对社会经济发展带来影响。大部分研究认为基础设施的投资建设必然会促进社会经济发展。然而,本章通过梳理大量基础设施建设实践,提出了可持续的基础设施建设概念及理论框架,认为基础设施项目的合理投融资结构和发展效益的实现才是实现可持续的基础设施建设、促进社会经济发展的主要因素。具体而言,随着全球化程度的不断深化,在基础设施的准公共产品属性交织下,铁路等基础设施的资金来源和融资结构愈加复杂,并将对收益预期施加不同程度的约束;而为了实现可持续的基础设施建设,还需要发展效益的实现,相应地匹配融资结构约束。

融资结构带来的约束源于多样化的资本基于其差异化的逻辑对资金回收产生了不同需求,这些差异和约束重点体现在还款的软/硬约束以及还款耐心两方面。作为准公共产品的基础设施项目普遍投资规模巨大,其所涉及的资金来源及类型也较为多元化,进而形成了多样的、沉淀性强的资本。因此,项目的发展也将受到不同资本的积累逻辑等方面的影响。这些资本大体遵循两种逻辑:或着眼于积累长期发展效益,或追求稳定的项目现金流——由此不仅形成了差异化的资金回收耐心和约束强度,还可能导向截然不同的项目发展策略,进而产生不同形式的收益来满足不同的资金需求。换言之,多样的资本既由此影响着项目融资结构的确定,也影响着其项目全生命周期中的制度与决策。

短期发展效益和长期发展效益的实现中涉及两类权衡:短-长期目标之间的权衡,以及多元主体之间利益的权衡,本质上由主体利益的权衡驱动,同时受到短-长期目标之间的权衡制约。铁路等基础设施的投资嵌入在东道国的社会经济发展环境中,往往具有规模大、周期长、资本密集、参与者复杂的特点。基于上述特点,不仅其融资结构的确定受到所处空间地理要素的影响,短期发展效益和长期发展效益的实现也是多维、多空间尺度要素相互协调的结果,既受到政治经济环境等宏观要素的影响,也受到项目东道国和所在地制度文化与法律法规等中观要素的制约,同时还需要投资-建设-运营方和本地部落以及当地企业等微观主体的紧密协作。短期发展效益和长期发展效益反映了多元主体差异化诉求的综合结果。另外,基础设施项目的发展普遍存在着较强的发展路径依赖性。因此,在基础设施项目短-长期发展效益实现的过程中,存在关键性的矛盾:推动短期发展效益和长期发展效益中不同目标阶段的跨越,以及促进多元主体围绕资金回收预期及其他诉求涉及的博弈完成。换言之,在可持续的基础设施建设中，存在两类权衡：第一类是围绕多元主体在短-长期这一二元划分视角下的差异化诉求所展开的利益之间的权衡，进而实现发展策略的协同匹配；第二类是基于基础设施项目本身在发展阶段推进转换中存在的依赖和困难所带来的短-长期发展效益目标的权衡。

因此，了解利益相关者的诉求，充分发挥政府"调节者"作用，是可持续的基础设施建设及发展的重要保障。随着全球化的不断深入，人们对基础设施及其相关决策的思考方式也发生了变化。在"走出去"的过程中，国家之间的政治体制、法律法规、文化习俗、宗教语言等存在着较大的差异；基础设施作为海外投资，不可避免地会"水土不服"，甚至遇到社会排斥，无法实现可持续的管理运营和发展。这使得人们意识到，基础设施的适宜性成为了一个值得关注和深入研究的问题，且多元的利益相关者在其中发挥着重要的作用。因此，在基础设施项目的全周期中充分了解各层级利益相关者的诉求成为了必然选择，以当地经济发展和自然环境条件等为依据，通过项目的发展能力实现其目标也成为了不可避免的现实需要。而在众多利益相关者中，政府本身就是基础设施的主要投资者，其投资决策和能力直接影响所提供的基础设施如何实现自身的可持续发展并支持包容性发展（Qureshi，2016）。在基础设施之间相互依赖程度逐渐提升的背景下，政策可以为所有参与者提供行为监管和制度框架，政府的"调节者"角色也就显得更为重要。

参 考 文 献

ADB. Investing in sustainable infrastructure-improving lives in Asia and the Pacific. Asian Development Bank，2009.

Ansar，A.，Flyvbjerg，B.，Budzier，A. *et al*. Does infrastructure investment lead to economic growth or economic fragility? Evidence from China. *Oxford Review of Economic Policy*，2016，32（3）：360-390.

Battilana，J.，Dorado，S. Building sustainable hybrid organizations：the case of commercial microfinance organizations. *Academy of Management Journal*，2010，53（6）：1419-1440.

Beaudoin，Y. Sustainable infrastructure：who do we build infrastructure for? In Hay，A. *Planning Resilient Infrastructure Systems*，2021.

Clark, G. L. Financial intermediation, infrastructure investment and regional growth. *Area Development and Policy*, 2017, 2 (3): 217-236.

De, P., Samudram, M., Moholkar, S. Trends in national and regional investors financing crossborder infrastructure projects in Asia. *SSRN Electronic Journal*, 2010, 1368 (245): 11-18.

Dixon, T., Connaughton, J., Green, S. *Sustainable Futures in the Built Environment to 2050: A Foresight Approach to Construction and Development*. 2018.

Ehlers, T. Understanding the challenges for infrastructure finance — prospects for new sources of private sector finance. *Financial Market Research*, 2015.

Ferrari, M., Giovannini, A., Pompei, M. The challenge of infrastructure financing. *Oxford Review of Economic Policy*, 2016 (3): 446-474.

IDB. (Inter-American Development Bank) & IDB Invest. What is sustainable infrastructure? A framework to guide sustainability across the project cycle. 2018.

Lakshmanan, T. R. The broader economic consequences of transport infrastructure investments. *Journal of Transport Geography*, 2011, 19 (1): 1-12.

Lee, C. W. The spectre of global China. *New Left review*, 2014, 89 (89): 29-65.

Liu, W., Xiong, W. Rethinking the transport infrastructure-led development model. *Sustainability*, 2022 (14): 407.

NCE. The sustainable infrastructure imperative. Report of the New Climate Economy, 2016.

Pieterse, E., Hyman, K. Disjunctures between urban infrastructure, finance and affordability. In Parnell, S. *The Routledge Handbook on Cities of the Global South*. Routledge, 2014.

Qureshi, Z. *Meeting the Challenge of Sustainable Infrastructure: The Role of Public Policy*. Brookings Institution, 2016.

Schindler, S., Kanai, J. M. Getting the territory right: infrastructure-led development and the reemergence of spatial planning strategies. *Regional Studies*, 2019 (1): 1-12.

Sorge, M. The nature of credit risk in project finance. *Bis Quarterly Review*, 2004 (5): 121-139.

Straub, S., Vellutini, C., Warlters, M. Infrastructure and economic growth in East Asia. *Policy Research Working Paper*, 2010 (4589).

Thomé, A. M. T., Ceryno, P. S., Scavarda, A. et al. Sustainable infrastructure: a review and a research agenda. *Journal of Environmental Management*, 2016, 184: 143-156.

Torrance, M. The rise of a global infrastructure market through relational investing: unraveling the web of financial flows into urban geographies. *Economic Geography*, 2009, 85 (1): 75-97.

Turley, L., Semple, A. Financing sustainable Public-Private Partnerships. International Institute for Sustainable Development, 2006.

Vito, L. D., Staddon, C., Zuniga-Teran, A. *et al*. Aligning green infrastructure to sustainable development: a geographical contribution to an ongoing debate. *Area*, 2021.

World Bank. *World Development Report 1994: Infrastructure for Development*. Oxford University Press, 1994.

World Commission on Environment and Development. *Our Common Future*. Oxford University Press, 1987.

Wu, J., Wu, T. Sustainability indicators and indices: an overview. In Cristian, N. *Handbook of Sustainable Management*. Imperial College Press, 2012.

Yanamandra, S. Sustainable infrastructure: an overview placing infrastructure in the context of sustainable development. University of Cambridge Institute for Sustainability Leadership, 2020.

林毅夫、王燕:"新结构经济学:将'耐心资本'作为一种比较优势",《开发行金融研究》,2017年第1期。

刘卫东、M. Dunford、高菠阳:"'一带一路'倡议的理论建构——从新自由主义全球化到包容性全球化",《地理科学进展》,2017年第11期。

刘卫东、姚秋蕙:"'一带一路'建设模式研究——基于制度与文化视角",《地理学报》,2020年第6期。

王成金、谢永顺、陈沛然等:"铁路技术跨越式转移的制度-经济-文化适应性——基于亚吉铁路的实证分析",《地理学报》,2020年第6期。

周家义、王哲:"'一带一路'下中资企业海外基础设施建设可持续发展策略",《宏观经济管理》,2019年第11期。

第六章 本地功能一体化投资模式[①]

一、引言

自2013年共建"一带一路"倡议提出以来,中国对共建"一带一路"国家的投资呈现稳中有升态势。2022年,中国企业在共建"一带一路"国家非金融类直接投资为209.7亿美元,占同期对外直接投资总额的17.9%。中国企业在共建"一带一路"国家开展了大量的基础设施建设、能源资源开发、工业园区建设、社会公共服务以及贸易合作项目,投资重点集中在能源业、交通运输业与物流业。其中,能源与交通运输业的投资占比之和每年都超过50%。

值得关注的是,中国企业在共建国家的投资以单一专业化项目为主,这也是过去中国企业"走出去"长期坚持的模式。随着经济全球化的发展,专业化分工不断深入,这成为全球企业提升竞争力的重要途径,分工理论也成为指导企业经济活动的重要参考(Pahl,1984)。专业化分工背景下,企业间分工明确,在进行境外投资时多专注于主营业务,并向市场购买其经营所需的产品和服务。在"一带一路"对外投资中,央企和国企是中国企业当前阶段建设"一带一路"的重要主体与主干力量(刘卫东等,2021;王珂礼,2021),然而央企的境外投资存在聚焦主业的投资范围限制。受中国国资委的政策影响,央企参与"一带一路"建设时往往专注于将其主营业务拓宽至境外,表现为投资单

[①] 本章作者:张雅婧、刘卫东、王成金。本章基于以下文献改写而成:
张雅婧:"中国企业对外投资的本地功能一体化模式研究——以希腊比雷埃夫斯港为例"(博士论文),中国科学院大学,2023年。

一专业化项目。中国企业初期参与"一带一路"建设与共建国家的跨国投资时，以占据国际市场主导地位的专业化分工形式为主，多为单体项目的"点式"投资和分散式的投资。例如，中国在东盟国家的基础设施投资以单体项目为主，较少涉及全链条的项目（Pharishsarn、王洁，2014）。

由于共建国家大多处于工业化初期，产业体系薄弱、配套能力差，这种"点式"对外投资存在很大风险。第一，单一专业化项目并不能孤立存在，而是需要嵌入于本地产业链网络中，与产业链上下游相互关联。投资项目与产业链上下游的相互依存使得"点式"单一专业化项目的成功与否不仅仅取决于企业自身的管理和运作，还会受到外部投资环境的影响。第二，共建国家的投资环境大多不够完善，单一专业化项目更易面临产业链断裂风险，即导致产业链中断。例如，政策法规相对复杂且不稳定、政策延续性和执行度较差、政策频繁变化，这些都会导致企业原本的投资计划被迫面临调整，甚至终止。部分共建国家可能存在政治动荡和社会不稳定的情况，例如战争、本地居民的冲突、工会罢工等。这些因素可能导致生产设施遭到破坏和生产效率的降低。第三，市场供需的不确定性也会带来产业链的断裂风险。在市场供需波动大时，企业可能面临销售下降、利润减少等问题，从而影响到企业的生产经营和本地产业链的稳定。第四，供应链和物流问题导致的产业链断裂风险。在部分共建国家，基础设施建设存在发展滞后和不稳定性，物流运输能力也较弱。原材料的采购和供应可能受到限制，产品运输可能存在延误和困难，这将直接影响到投资项目与产业链的正常运转、企业的供应链与物流管理，导致原材料供应中断、生产停滞、产品运输延误等问题。

总体来看，共建"一带一路"国家的投资环境不完善是广泛存在的现象，在投资环境不完善时，单一专业化项目投资面临较大的产业链断裂风险。为积极应对共建"一带一路"国家投资环境的风险与挑战，实现可持续的投资发展，中国企业应改变过去将投资关注点局限于单一环节的"惯性思维"，同时聚焦于产业链现实情况开展投资，以此为基础化解产业链断裂风险，选择因地制宜的对外投资模式。

二、从专业化到本地功能一体化

目前，中国企业在共建"一带一路"国家的投资正由单一专业化项目向一揽子项目合作延伸（朱琳，2020），而这种模式在提高企业经营效益和促进我国政府及企业与东道国国家关系方面发挥了重要的促进作用。我们将这种投资模式总结为"本地功能一体化投资"。本章将从理论上探究从单一专业化项目投资模式转向一揽子项目合作的内在原因，系统阐释本地功能一体化投资模式的内涵与特征。

1. 本地功能一体化投资的假设条件与基本内涵

（1）专业化分工背景下的对外投资模式对指导"一带一路"建设仍存在局限性

过去 40 年，以标准化、垂直一体化、批量生产为基本特征的福特制生产模式日渐式微，而弹性专业化与精益生产的后福特主义生产模式在全球各地不断涌现。20 世纪 80—90 年代以来，随着经济全球化的发展与国际分工的演进，生产系统的垂直分离趋势加强，越来越多的企业只专注于某一个中间产品，许多传统的全能型大企业从追求更高利润的角度出发，专注于技术研发、品牌营销等核心利润环节，将原先属于企业内部的生产环节和其他职能外包出去，使得垂直分解逐渐成为主流趋势，通过生产网络与其他企业相互协调完成整个生产过程。垂直分离后的专业化企业对地理集聚具有强烈要求，产生了以中小企业为主导、专业化分工为基础的新产业区，这些企业地理邻近，功能互补，具有合作连接关系。有企业与企业之间形成了产业链上下游的关联，也有政府和其他机构提供基础设施配套等产业配套服务，共同构建了地方生产经营系统。在产业集群、全球生产网络的研究中，研究者们均关注专业化分工背景下的区域内企业间（inter-firm）生产组织方式。

尽管在专业化分工背景下产生的对外投资模式具有重要的理论价值和实践意义，但上述理论主要是在研究发达国家主导下的海外市场投资的基础上提出的，对于指导中国企业参与"一带一路"建设仍存在局限性。首先，它们主要研究市场较为完善的国家和地区，例如美国、德国、韩国、日本等，而较少将研究的注意力放在市场不完善、不成熟程度高的国家，例如大部分的共建"一带一路"国家。其次，专业化分工理论更多地将产业配套视为分工的自然产物或是顺理成章的事情，然而事实并非如此，并不是每个国家或地区都能够提供成熟或完备的产业配套（郑海平，2004）。最后，分工理论隐含的假设是企业在确定的环境下做出利润最大化的选择，因此交易成本的下降促使企业采用专业化分工的形式将利润最大化；但实际的投资环境往往存在着不确定性，商业环境复杂或市场不完善的国家更为常见，此时企业不仅会追求利润最大化，而且也会将风险规避放在企业决策的重要地位（Bianco et al.，2013）。因此，传统的专业化分工理论更加适用于解释企业在完善市场中的投资模式，但在产业配套不成熟、市场不完善的情况下，企业面临更高的风险，分工理论以及交易成本理论解释力度不足，不能很好地解释中国企业的"一带一路"投资由单体投资项目转向一揽子项目的趋势。

（2）企业的经营活动依赖于完整的产业链

实际上，企业的经济活动不能单独存在，需要产业链上的各类功能相对完整才能实现长期可持续运行。产业链建立在产业内部的分工与协作之上，在一定的市场半径中，产业链的功能完整性和协同性十分重要，是影响企业选择是否在此投资以及投资能否获得长期可持续效益的关键要素。并且，上下游关联、产品互补、功能互补、资源互补的产业链能够增强当地经济的抗风险能力，起到稳定经济的作用（吴金明、邵昶，2006）。反之，产业链上下游不协调、产业链功能不完整都会影响整个产业链的经济循环，导致产业链阻滞。产业链上游环节的供应缺失、交通物流受阻、面向产业链下游的销量下降等因素都可能导致产业链断裂。产业链一旦断裂，无论是来自上游原材料供应商或下游客户的任何冲击，抑或是连接产业链上下游的产业配套的缺失或阻滞，都会对企业的生产经营造成打击，产业链断裂的影响还会随着时间持续向产业链其他环节传导。

在一定地域范围内的产业链功能不完整，短期会影响某一环节企业的生产经营，长期会形成不良的产业生态，甚至倒逼企业退出市场。例如，在新冠疫情影响下，货运司机滞留、集装箱运输受阻、货物积压、港口拥堵等现象频发，物流不畅使得产业链断裂风险大幅提升并在世界范围内频繁出现，这对企业生产经营带来了负面影响，也对全球经济的稳定运行造成了冲击。

(3) 本地市场不完善、产业配套不充分需要本地功能一体化投资

本地市场不完善、产业配套不充分都会导致本地产业链功能不完整，使得企业面临本地产业链功能不完整的投资环境。此时，企业可以通过投资一揽子项目去主动构建功能完整、运行通畅的产业链，实现产业链的本地功能一体化，以提升抗风险能力，同时提高综合效益。市场越不完善，产业配套能力越弱，企业越倾向于投资本地功能一体化的项目，反之则倾向于投资单一专业化的项目。下文将具体分析企业选择本地功能一体化投资模式的影响因素。

因素一，本地市场完善程度。我们认为市场完善程度最高的是完全市场，也称为完美市场（perfect market）。完全市场是经济分析中的一种理想假设，完全市场通常具备以下特点：不限数量的买家和卖家，产品或服务可替代，没有进入或退出的障碍，买家拥有产品和价格的完全信息，公司是价格接受者（Makowski and Ostroy, 2001）。在完全市场中，产业链上下游环节的任何一家企业都无法影响其他企业的生产和经营，企业经营只需以利润最大化为目标来确定生产或经营的规模（Gretsky et al., 1999）。实际上，完全市场是一种理想假设，现实情况中的所有市场均是不完全的，只是不同市场之间存在着不完善程度的高低之分。本章将本地市场不完善程度高定义为：在一定地域范围内，市场中的上下游企业数量少甚至缺失，产品或服务不可替代性高，贸易和投资政策复杂多变等各类因素导致企业进出市场障碍大，产品或服务的信息高度不透明等。

在具有纵向关系的产业链中，市场不完善程度高会制约企业与产业链上下游的经济活动，产业链一个环节阻滞，上下游企业都无法运转。① 企业在完全市场中不面临产业链上下游的制约，是因为完全市场中上下游企业足够多，任何企业的经营阻滞，都会有另外的企业去替代。同时，产业链每一个环节所涉

---

① 习近平：" 在统筹推进新冠肺炎疫情防控和经济社会发展工作部署会议上的讲话"，《人民日报》，2020 年 2 月 24 日。

及的中间产品也具有很高的可替代性，因此，即使某一类中间产品缺失，也会有其他可替代的产品保证产业链整体的功能完整与顺畅运行。与之相反，市场不完善程度高时，产业链中的上下游企业数量少，导致企业具有垄断优势和议价能力，企业会受到来自上下游企业较大的纵向约束（谭国富，2004）。企业在进入不完善程度高的市场时，会面临较大的纵向约束，导致市场进入壁垒高；在本地市场不完善程度极高的情况下，譬如当地产业链上下游环节缺失时，甚至会导致项目烂尾。

企业可以通过外部环节内部化来消除纵向约束，并化解产业链断裂风险。当本地市场不完善程度高时，企业可将实现产业链完整功能作为目标，投资上下游相关项目，或是并购上下游企业，或是形成某种利益联盟以实现与上下游企业利益一致，从而打造功能完整、稳定性强、抗风险能力高的本地产业链，降低产业链断裂风险，实现投资项目的整体经济效益和长期可持续发展。

因素二，本地产业配套能力。产业配套的定义有狭义和广义之分：狭义的产业配套是指以某一生产环节为核心，连接其他生产环节并相互配合的生产联系（胡凯等，2017）；广义的产业配套还包含基础设施、政策制度、资源环境、中介服务等支撑和服务于产业发展的要素（郑海平，2004）。本章所提到的产业配套更偏向于广义的概念，包含服务于产业链运转的配套服务业（例如与制造业相关的生产性服务业）、基础设施、中介服务、资源环境等要素，但并不包含政策制度。以基础设施为例，在涉及实体物品的产业链中，任何一个环节的经济活动都需要落到具体的地理位置，产业链各环节之间的经济往来需要物流运输的衔接，交通基础设施不可或缺。

本地产业配套能力弱同样也会导致产业链断裂或阻滞。本章所指的本地产业配套能力是在一定地域范围内，衔接产业链各个环节的能力、产业链之间相互协调与配合的能力以及本地的产业配套满足产业链发展的能力。产业链上下游环节相互依存、经济活动环环相扣，本地产业配套能力弱会使企业在投资于单一项目、成为产业链中的独立节点时，难以与上下游经济活动相衔接，面临产业链断裂风险。需要注意的是，导致这种产业链断裂风险的原因并不是市场不完全情况下的上下游环节稀少或缺失，而是产业链各环节衔接存在困难。例如，矿产企业在内陆欠发达地区开发资源时，如果当地的交通基础设施配套不充分，没有运输能力稳定的公路或铁路，这会阻碍企业将矿产资源运输至产业链下游，导致产业链出现"堵点""断点"。

为化解本地产业配套能力弱所带来的产业链断裂风险，企业可投资于产业配套，实现完整的产业配套功能，使产业链上下游各环节顺畅衔接。在对发展中国家投资的案例中，当地交通基础设施供给不充分、配套服务业缺失等本地产业配套能力弱的情况较为常见。当企业生产经营面临较高风险，企业会更重视风险防控，利润最大化不再是企业单一的目标（Bianco et al., 2013）。例如，企业在东南亚地区投资开发产业园区时，常面临当地基础设施落后、不足以满足产业园区的运货需求等现实情况，迫使园区开发企业自行修建桥梁和公路，实现货物运输功能，保障围绕产业园区开展的生产经营畅通运转。

2. 本地功能一体化投资的主要特征

在本地市场不完善程度高、本地产业配套能力弱时，企业投资"点式"项目会面临较高的产业链断裂风险，企业或企业联合体可投资包括产业链上下游或产业配套的一揽子项目，以实现产业链运转所需的完整功能，降低产业链断裂风险，提升投资的综合效益，我们将这种投资模式称为"本地功能一体化"（Local Functional Integration）投资。与单一专业化项目相比，本地功能一体化投资模式是组合式的投资，强调企业在当地实现产业链运转所需的多种功能，包括产业链上下游功能，或是服务于产业链的产业配套功能，或是两者兼具。本地功能一体化的投资既包括纵向产业链各个环节的一体化，也包含横向各产业链相关环节种类的丰富，还有产业配套功能的齐全（图6-1）。

具体而言，一方面，本地功能一体化投资可由核心环节向上下游进行延伸，实现产业链上下游环节的功能，降低本地市场不完善带来的产业链断裂风险；另一方面，本地功能一体化投资也可通过投资于产业链中的某一环节及其必要的产业配套，保障产业链各环节与上下游之间的衔接通畅，降低由于产业配套能力弱导致的产业链断裂风险。由此可见，本地功能一体化的目的在于保障产业链各个环节以及配套功能的完整性，让产业链循环起来，降低由于市场和配套不完善带来的产业链阻滞或断裂风险，增强产业链的柔韧性与抗风险能

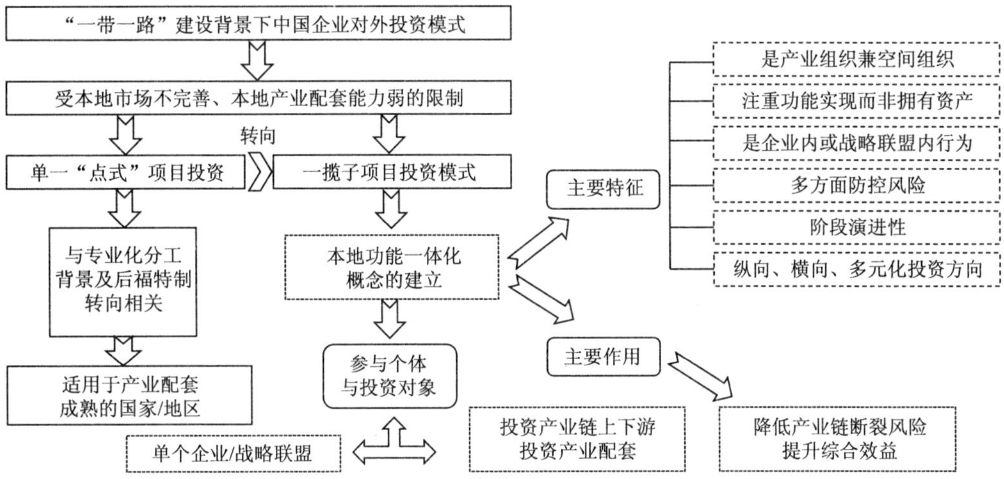

图 6-1 本地功能一体化投资模式分析框架

力，使得投资的经济活动能够实现长期可持续发展。

（1）既是产业组织也是空间组织

本地功能一体化投资兼具产业组织以及空间组织的双重特征。根据产业经济学理论，产业组织是指某一产业中企业内或企业间的组织结构。企业开展经济活动时，会形成企业内与企业间的相互联系，并具有一定的组织形式。广义的产业组织也可以指生产要素在企业内或是企业间的组合方式。产业组织可以表现为产业内企业之间的交易关系、资产占用关系、利益及其分配关系等。本地功能一体化投资是在本地市场不完善和产业配套不充分时，投资于本地具有经济关联的多个项目，构建整体上长期可持续并具有一定盈利性的产业组织。某种程度上，本地功能一体化投资可以被理解为企业在当地产业组织较为低效时，企业以投资的形式，在企业内部或是形成战略联盟去构建更为有效的产业组织。

空间组织是在一定的情况之下，统筹安排和组合布局区域内各种物质要素，这种空间构建行动是一个空间优化配置的过程；空间组织的结果是空间结构，衡量空间结构好坏程度的指标是空间效率（金凤君，2007；刘鹤、刘毅，2011）。从空间组织的视角看待本地功能一体化投资，该投资模式将研究尺度放在区域范围内,对各种与本地产业链相关的经济要素等进行统筹安排、优化配置,产生了要素间的空间关联关系;并且,本地功能一体化投资能够产生地理邻近、制度邻近、文化邻近、社会邻近等各种效应,有助于形成高效、循环、畅通的环环相扣的区域产业链。简而言之,本地功能一体化投资是在一定背景条件下,投资区域范围内具有产业关联、地理邻近的多个项目,构建了抗风险能力强并具有一定盈利性的产业空间组织。

(2) 重视功能的实现而不是拥有资产

本地功能一体化投资重视功能的实现,而不是资产所有权。这种投资是通过投资于各种资产来实现产业链运转所需的功能。资产是实现产业链及其配套所需功能的物质基础和载体,可以是机器、设备、运输设施等有形资产,也可以是知识产权等无形资产。资产所有权是指对资产的剩余索取权以及剩余控制权,是经济利益主体受法律确认和保护的对财产的排他性归属关系,资产所有者具有对财产享有占有、使用、收益、处分的权利。资产所有权与资产使用权两者之间是包含关系,前者包含后者,两者并不能画上等号。本地功能一体化投资中,并不要求企业拥有资产的所有权,只要求企业能够使用或控制资产以实现相应功能。企业可以通过投资获得特许经营权,实现基础设施等资产的功能;也可通过租赁的形式,获得对某些资产在一定时间内的使用权,以实现该资产所承载的相应功能。

(3) 实施主体为单个企业或战略联盟

本地功能一体化投资的实施主体为单个企业或是多个企业所形成的战略联盟。本地功能一体化投资可以是单一企业将产业链所需的多种功能整合于企业内部,也可以是多个企业之间形成战略联盟,由领先企业(leading firm)带领其他企业共同完成,通常情况下领先企业具有控制能力或占据主导地位。本地功能一体化投资之所以需要由单个企业或战略联盟来实施,主要是因为该模式需要投资主体之间的风险与利益等经济诉求一致,都能通过完善产业链运转所需的功能以实现长期可持续效益。企业之间利益绑定时,所有企业才能够通过一揽子投资来获取整体的收益,取得一揽子投资最优的整体效益。这就像是在博弈论中,如果双方采取非合作博弈,参与者为了实现各自的利益最大化,独立决策、相互竞争时，不一定能够达到全局最优的结果；但如果参与者彼此合作，那么就有可能达到资源配置最优的状态。因此，"单独利益体"与"利益捆绑"是本地功能一体化投资主体的关键特征。

(4) 通过稳定产业链和分散化投资防控风险

本地功能一体化投资能够从多方面防控风险。一方面，本地功能一体化投资的项目能够通过投资于产业链上下游环节以及产业配套，使得产业链运转所需的各种功能更加完善，增强产业链的稳定性，降低产业链断裂的风险。另一方面，本地功能一体化并没有像单一专业化项目那样"把鸡蛋放在一个篮子里"，而是投资了多个项目，其中包含产业链上下游的项目，也包含一些产业配套项目，这种分散式投资可以降低投资的风险。

(5) 阶段演进性

本地功能一体化投资具有阶段演进性。本地功能一体化投资模式是在特定情况下的理想化目标，在企业开展实际投资时，通常先是投资某一环节，实现产业链所需的某一功能，然后由某一功能逐渐向其他功能延伸，循序渐进，逐步形成本地功能一体化的投资格局。本地功能一体化是将产业链所需的各种功能从不完善到完善，从低效到高效演化的重要途径。在特定的区域环境中，本地功能一体化投资以产业链某一节点为主体，以该节点所实现的功能为主导，根据区域内产业链运转所需的各种功能的内生逻辑，逐步实现多元化的、完善的功能。其实质是企业拓宽现有的功能，为了打造长期可持续的区域产业链，实现多项区域内产业链功能来改善市场条件与产业配套能力，逐步、分阶段构建能够具有多项功能的组合式投资。

(6) 一体化方向多元

本地功能一体化投资具有纵向、横向、多元化的一体化方向。类似企业的扩张，本地功能一体化投资的一体化方向也具有纵向、横向以及多元化的方向。纵向的本地功能一体化是指企业沿着产业链上下游环节进行功能的延伸，投资的各个项目能够形成环环相扣的链式结构；企业从产业链某一环节出发，通过投资并控制区域内产业链部分环节，实现对产业链上下游功能的整合，补充区域产业链中存在不足或缺失的环节，连接区域产业链上的各个环节，使得产业链从不通畅或间断变为连续的。横向的本地功能一体化是指企业在现有的功能环节上拓宽规模，这样的横向一体化方式更侧重于完善或是增强目前企业在产业链某一环节的功能。多元化的本地功能一体化是指企业投资于产业链外部的其他项目或行业，例如投资于服务于产业链的产业配套，例如，一个园区企业投资修建公路或铁路等基础设施，这就是一种跨行业的投资，属于多元化的本地功能一体化的范畴。

三、中远海运在希腊比雷埃夫斯港的投资

境外港口在中国对共建"一带一路"国家的投资中占有重要地位，中国远洋海运集团有限公司（以下简称"中远海运"）在希腊比雷埃夫斯港开展投资时，曾面临因金融危机、工会罢工、港口基础设施落后等本地市场不完善和产业配套不充分所带来的产业链断裂风险。然而，中远海运围绕比雷埃夫斯港逐步开展了涉及码头、港口、铁路的一揽子投资，打造了功能完整和稳定的本地产业链，形成了多元化和综合性的本地经营业务，这种一揽子项目整体抗风险能力强，在冲击下展现强大韧性，是中国企业在"一带一路"投资中的典范。

1. 中远海运与比雷埃夫斯港概况

（1）中远海运集团

中远海运由中国远洋运输总公司与中国海运总公司重组而成，是特大型中央企业。截至2022年，中远海运经营船队综合运力11 382万载重吨/1 394艘，居世界第一。中远海运全球投资经营码头56个，集装箱码头49个，集装箱码头年吞吐能力1.32亿标准箱，居世界第一，经营263条集装箱国际航线，覆盖160个国家1 500多个港口。中远海运具有较为完整的产业结构体系，包括航运、码头、物流、航运金融、修造船等上下游产业链。

（2）比雷埃夫斯港

①比雷埃夫斯港的区位。比雷埃夫斯，在希腊语的含义是"扼守通道之地"，被称为"欧洲的南大门"。比雷埃夫斯港（the Port of Piraeus，以下简称"比港"）是希腊占地面积最大的港口，总面积约为500万平方米。它距离雅

典约9千米,是希腊的主要海上门户,占据中南欧门户区位。[①] 特殊的地理位置使比港成为希腊群岛和内陆之间重要的交通枢纽以及国际海洋旅游和商业货物运输中心(黄日涵,2015)。

②比港运营概况。比港的自然水文条件较好,为天然良港。比港全年基本没有灾害性天气,不受潮汐和潮流影响,码头航道和泊位均为自然水深,没有淤塞现象,常年无须疏浚。与其他地中海港口相比,比港的经济活动更为综合与复杂。比港结合了各种类型的货物装卸服务,货物来源地与目的地复杂,提供与游轮相关的客运服务,以及船舶维修和渡轮运营服务。

③比雷埃夫斯港务局(PPA)。股份有限公司,受托管理和运营希腊比港。2002年,PPA被希腊政府授予比港港口土地、建筑和基础设施的独家使用权,并可以向第三方授予部分特许经营权。

表6-1为PPA和比港相关的重要事件梳理与汇总。

表6-1 比港大事记

年份	里程碑事件
1930	PPA成立
1999	PPA转换为股份有限公司
2002	PPA与希腊共和国于2002年2月13日签署特许权协议
2003	PPA在雅典证券交易所上市,其74.1%的股份仍保留为希腊国家所有
2008	与比雷埃夫斯集装箱码头公司(PCT)签署二号和三号码头的特许权协议
2012	HRADF从希腊共和国获得所有PPA股份
2013	与商业港口的铁路网重新连接,PCT集装箱码头列车服务启用
2014	HRADF开展国际招标,开始出售拥有的PPA 67%的股份
2016	中远香港集团有限公司收购PPA 51%的股权
2021	第二期PPA 16%的股权交割完成

[①] 刘卫东等:《"一带一路"建设案例研究:包容性全球化的视角》第四章"比雷埃夫斯港",商务印书馆,2021年。

2. 中远海运投资比港时面临的问题与风险

（1）金融危机重创希腊经济与比港

全球金融危机重创希腊经济。2008年全球金融危机爆发，2009年，希腊政府财政赤字和公共债务占国内生产总值的比例分别达到12.7%和113%，远超欧盟《稳定与增长公约》规定的3%和60%的上限。随后，全球三大信用评级机构相继调低希腊主权信用评级。在金融危机后的8年内，希腊的GDP缩水26%。

金融危机给予本就经营不善的比港致命一击，同时也加速了希腊港口私有化进程。金融危机导致年久失修、配套设施落后的比港所获得的财政拨款大幅下降。希腊债务危机高峰期，比港每年的货物吞吐量下降至仅88万标准箱，相当于欧洲最大港口吞吐量的零头。危中有机，希腊政府为化解债务危机加速私有化改革，加快了比港公开招标进程，为中远海运收购比港带来契机。

（2）数次工会罢工运动使得港口经营陷入停摆

工会曾多次举行罢工运动以阻止港口私有化进程，导致港口的装卸效率和装卸量大幅降低。工人认为港口被私营公司接管后，工人会失去政府津贴等权益，同时也对港口被接管后的发展前景存在较大顾虑，因此反对港口私有化改革。自2006年始，港口工会曾多次在比港举行罢工与抗议。消极怠工期间，工人工作效率仅为原先的1/5，共有约12万只集装箱未能及时装卸，其中2万辆新购汽车未能及时运达。许多贸易商、船运公司为了按期履约和尽快交货，选择把集装箱运往希腊邻国安排转运。

港口工会的罢工运动令投资者望而生畏。罢工运动前，地中海海运公司、中远集团、香港和记黄埔港口等公司均对希腊港口展现出较大投资意愿。然而，大部分有意投资的公司都在罢工运动后转入观望状态。对此反应最强烈的是地中海海运公司（比港主要顾客之一，彼时每年运输量约占比港总运量的1/3），在工会大规模罢工后，地中海海运公司告知PPA——"受罢工影响，本公司选定意大利港口作为替代港口，同时将大幅减少到希腊的航线"。

（3）比港基础设施老旧降低港口装卸效率与货运量

过去，比港的基础设施较为老旧，使得港口装卸效率低、货运量小。21

世纪初,由于比港港口基础设施老化,缺乏维修保养和追加投资,港口经营走向衰退。靠港船舶因装卸不力严重滞留,绝大部分船东弃港而去,偌大港口仅剩下中远和以色列航运两家公司的货船。提货送货的卡车经常排到 5 千米以外,提货车通常要排队等 4—6 个小时,造成了严重的交通堵塞。

3. 中远海运在比港的本地功能一体化投资

比港虽然存在基础设施老旧等一系列问题与潜在风险,但因其得天独厚的地理位置和水文条件等,仍然是具有投资价值的港口。中远海运围绕比港开展了一系列投资,先是收购了比港部分集装箱码头的特许经营权,通过运营集装箱码头实现"航运-码头"功能整合;再是收购了 PPA 67%的股份,统筹整个港口的运营与业务布局,实现"航运-港口"功能整合;随后,参与港口后方铁路集疏运,实现"航运-港口-铁路"的本地功能一体化投资格局。

(1) 特许经营阶段:"航运-码头"功能整合

①中远海运中标比港二号、三号集装箱码头特许经营权。2006 年,中远海运开始与 PPA 洽谈。当年全球经济处于上升发展态势,中远海运的经营效益也达到了历史高点,处于向海外扩张的阶段。2007 年,PPA 将比港二号和三号集装箱码头的特许权对外招标,仍保留了对一号码头的控制和营运权。2008 年 5 月 12 日,PPA 共收到两份投标,分别来自中远太平洋有限公司(为中远海运的全资子公司)、和记黄埔与希腊 Alapis 成立的一家合资公司。招标过程于 2008 年 6 月 12 日顺利完成,中远太平洋有限公司中标。2008 年 11 月 25 日,PPA 与比雷埃夫斯集装箱码头公司(中远太平洋有限公司的子公司,Piraeus Container Terminal S. A.,PCT)签订了特许权协议,PCT 被授予比港二号集装箱码头 30 年的特许经营权,以及兴建和运营在招标时并不存在的三号集装箱码头。PPA 作为港口的所有者与监管者,提供与港口相关的服务;而 PCT 则是特许经营权公司,负责建造、维修和运营二号与三号集装箱码头。

②PCT 在比港的投资与建设。根据特许经营权,PCT 在二号码头和三号码头应承担的主要投资包括二号集装箱码头基础设施的重建、更新并改善二号集装箱码头的设备、投资兴建三号集装箱码头、代 PPA 在三号码头南侧建造一个新的石油码头等。有了这些投资与建设,比港的二号码头和三号码头的吞

吐量从370万标准箱增加到了620万标准箱。

中远海运牵头PCT和与大型企业合作,以增加比港货物转运量。2013年,中远海运与惠普合作,将比港作为惠普在欧洲、中东和非洲区域新的物流分拨中心。惠普在上述地区的物流分拨中心转移至比港后,惠普可直接通过海运将货物送至比港,随后通过铁路运输转运至捷克,新的运输路径将交货期缩短了7—10天,降低了惠普的承运成本,也增加了比港的货物转运量和收入来源。PCT的首席执行官傅承求表示:"事实证明我们不仅能在当地码头经营好,而且还能围绕码头逐步把更多业务吸引过来发展,给希腊经济和就业带来更多机会。"

PPA副总裁翁林在接受采访时指出,如今的比港已经不同往日,在建设集装箱枢纽港过程中攀上了新的高峰。比港如今已是欧亚大陆贸易流通的重要枢纽,对世界经济的流动交汇起到了重要的支撑作用。

(2) 港口收购阶段:"航运-港口"功能整合

①中远海运中标PPA 67%股份。中远海运在众多竞争者中最终成为了收购PPA股份的企业。2014年4月28日,希腊共和国资产发展基金(HRADF)宣布,APM码头公司、笛卡尔资本集团、中远(香港)集团等6家公司表示了对PPA 67%的股份的收购意愿。报价程序于2015年12月完成,只有中远提交了具有约束力的报价。具体而言,PPA 2016年1月20日的收盘价为12.95欧元,独立评估师的价格区间为每股18.4欧元至21.2欧元,中远则同意以每股22欧元的价格支付。2016年1月12日,HRADF董事会公布了与中远的财务要约,协议总价值为15亿欧元,其中包括股权收购、未来十年的强制性投资以及希腊特许协议的预期收入。

②PPA在比港的投资。中远在接手PPA时,比港服务功能较为局限,彼时比港船舶修理业务处于部分暂停运营状态。中远接手后,在大力提升比港吞吐能力的同时,重振船舶修理业务,扩建游轮码头,将比港打造为业务多元的综合服务港。PPA的强制性投资主要包括客运大楼扩建、新石油码头建设、设备供应、修船区基础设施改善、港口基础设施升级等,其中,船舶修理业务和邮轮码头扩建使得比港的港口功能更加综合与完善。

大力发展船舶修理业务。中远接管PPA后,致力于将比港打造成地中海修船中心。为此,PPA按计划投资于修船基础设施,以提升派拉马修船区(Perama Ship Repair Zone)的竞争力。中远接管时,比港已有的两个浮船坞已经部分暂停运营,PPA投资400万欧元以恢复浮船坞的运营能力。此外,PPA投资建设了一座8万吨级的"比雷埃夫斯三号"(Piraeus Ⅲ)浮船坞,这标志比港已具备修理当地大型沿海渡轮和巴拿马型船等大型远洋船舶的能力,过去这些船必须前往土耳其或其他国家的造船厂。

扩建邮轮码头。邮轮码头扩建项目是PPA的强制性投资之一,落成仪式于2020年2月25日举行。扩建项目位于现有邮轮设施旁边,建立了大规模的综合基础设施,使比港成为能够承载最多邮轮乘客的希腊港口,也意味着给希腊带来更多的经济收入。

PCT首席执行官傅承求认为:"收购PPA有极其重要的战略意义和深远影响,我们过去到海外投资,往往投资一个单项,比如投资一个码头、一个泊位,有时还只是参股,只能获得财务收益,而我们现在是从投资一个码头扩展到投资整个港口。比港是希腊最大港口,也是希腊首都的重要港口,占整个国家进出口贸易的比例相当高。通过对一个港口的并购,体现了我们中国的国家实力,也实现了中远海运的战略布局,通过收购海外港口,更是向西方国家学习、提升我们自己管理能力的好机会。"

(3) 中欧陆海快线:"航运-港口-铁路"本地功能一体化

中远海运参与比港后方铁路运输,形成"航运-港口-铁路"的本地功能一体化投资格局。2017年,中远海运成立陆海快线有限公司(Ocean Rail Logistics S. A.),有意布局铁海联运业务,延伸围绕比港的物流服务链。2019年,中远航运欧洲公司与希腊的珍珠公司(PEARL S. A.,一家铁路运输公司)签署了针对后者60%股权的收购协议,正式布局港口后方"中欧陆海快线"的铁路运营,至此,形成围绕比港运输链的"航运-港口-铁路"本地功能一体化投资(图6-2)。

陆海快线公司集中精力拓宽业务辐射范围。2021年5月5日,装载着29个中远海运集装箱的首趟比港-索非亚陆海快线班列从PCT码头驶出,班列经

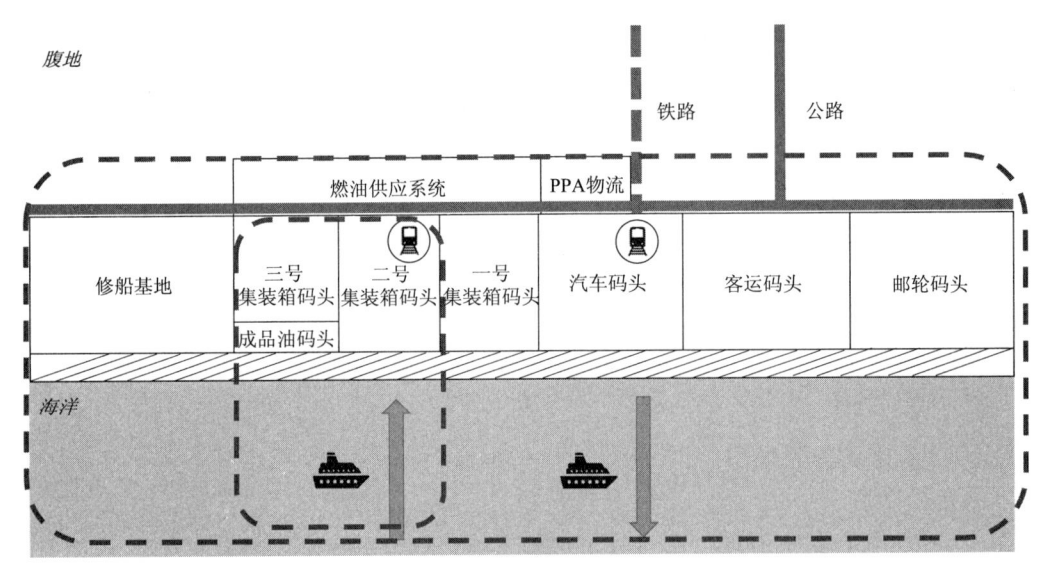

图 6-2 "航运-港口-铁路"本地功能一体化投资

注：🚉 表示火车站。

过 40 多小时的行驶顺利抵达保加利亚索非亚市郊德拉戈曼场站。传统运输路径下，比港至索非亚的货物需运输至希腊北部的塞萨洛尼基港，而后由卡车通过公路运输至保加利亚北部地区。比港-索非亚陆海快线班列开通后，该路径的货物交货期相较传统路径缩短了约 6 天，大幅提升了物流时效性。

将码头后方铁路集疏运环节整合入企业，不仅实现从船舶海运、码头装卸再到内陆铁路集疏运的畅通运营，提升运输效率、缩短运输时间，而且有助于最大化比港这一重要港口基础设施的能力，提升项目效益。

4. 中远海运本地功能一体化投资提升了项目整体的抗风险能力

（1）PPA 成为综合型枢纽港，多元化综合业务增强港口抗风险能力

中远海运成功将比港从单一职能港转型为综合服务港。如今的比港已经成为地中海第一大港，形成了集装箱码头业务、物流仓储业务、修造船业务、邮轮码头业务、汽车码头业务、渡轮码头业务等六大业务板块。

在比港的所有业务中，集装箱业务增长十分突出。在中远海运接手比港以前，比港的港口服务和辐射区域都较为局限，停靠在此的船只多以希腊作为目

的地。中远海运接手后，大幅提升比港的吞吐能力和货运量，使得比港重回世界级枢纽港之列。表 6-2 表明了中远海运接手后对比港的积极影响。

表 6-2 比港集装箱码头货运量

年份	一号码头（千 TEU）	同比增长	二号和三号码头（千 TEU）	同比增长	总量（千 TEU）	同比增长
2021	616	14%	5 032	3%	5 648	4%
2020	541	10%	4 897	−5%	5 437	−4%
2019	490	−2%	5 158	17%	5 648	15%
2018	499	10%	4 409	19%	4 908	18%
2017	453	71%	3 692	6%	4 145	11%
2016	266	−9%	3 471	14%	3 737	12%
2015	293	−51%	3 034	2%	3 327	−7%
2014	598	−7%	2 987	19%	3 585	13%
2013	644	3%	2 520	25%	3 164	20%
2012	626	25%	2 018	70%	2 644	57%
2011*	500	158%	1 188	73%	1 688	92%
2010	194	−61%	685	313%	879	32%
2009	499		166		665	

*：2011 年是一号码头全面运营的第一年。
资料来源：PPA SA 2009—2021 年年度报告。

比港多元化业务增强港口抗风险能力，减小了新冠疫情的负面影响。2020 年初，欧洲暴发新冠疫情，导致部分船只滞留比港，使得比港转运业务减少，但同时为比港带来了更多维修轮船的机会。2020 年上半年，PPA 的干船坞使用天数增加了 3%，与 2019 年同期相比，干坞船只增加了 6%。2020 年，比港靠泊船舶增加到 130 艘，比 2016 年增加近一倍；靠泊修理船舶从 233 艘增加到 292 艘，比 2016 年增长 25%。在新冠疫情冲击下，货物转运业务减少，而修船服务天数和维修船舶数量增加，是比港综合性业务布局增强港口抗风险能力的体现。

（2）"航运-港口-铁路"投资形成功能完整的稳定产业链，增强整体抗风险力

中远海运在疫情期间主动作为，发挥中欧陆海快线的铁路优势，为客户提供不间断、有保障的运输服务，实现货运量与班列数逆势上扬。中远海运通过成立PCT运营集装箱码头、收购PPA接管整个比港、收购珍珠公司以参与港口后方铁路运输，实现"21世纪海上丝绸之路"和"丝绸之路经济带"在欧洲地区的完美衔接。2020年3月以来，因欧洲新冠疫情暴发，欧洲多国为疫情防控采取严控流动、关闭边境等措施，奥地利、捷克、斯洛伐克、匈牙利政府几乎同时宣布国家处于紧急状态，欧洲整个区域瞬间"停摆"。各国间的公路通道几乎全部封闭，物流运输受到严重影响。面对新冠疫情，中远海运所属陆海快线公司，在做好疫情防控的基础上确保陆海快线运输服务不间断，充分发挥火车运输的优势。此外，陆海快线公司积极采取服务创新举措，加强与当地火车运营商合作，一是推动了里耶卡辅助通道建设，二是搭建了匈牙利与捷克之间的铁路支线网络，三是会同中远海运比港、中远海运意大利、中远海运中欧等兄弟单位，加强集运、港口、物流等业务板块协同效应，确保双向货物运输高效通畅。在陆海快线业务所有相关团队的共同努力和支持下，中远海运陆海快线业务2020年1—4月实现了货运量同比增长52%、班列数同比增长53%，货运量与班列数逆势上扬。2020年，中欧陆海快线累计发出列车1937列，累计出货客户679家，累计完成货量12.2万标准箱，同比上升47%。2021年，中欧陆海快线业务虽然受到疫情封城、极端天气、码头拥堵、运河事故等诸多因素的不利影响，但业务仍保持高速增长。

2020年8月27日，中远海运凭借稳定可靠的"航运-港口-铁路"全产业链完整功能经营优势，再次成功中标惠普的中欧陆海快线业务。此次中标实现了合作航线数量和总箱量的突破，也充分体现了惠普对中远海运全产业链服务的信赖。前期双方多年良好合作基础和中欧陆海快线在疫情中的优异表现，使得中远海运成功与惠普再次"箱约"。不仅惠普成功中标，三星、索尼等国际知名企业也纷纷在比港设立了物流分拨中心。

PPA管理层对围绕比港开展的"航运-港口-铁路"功能一体化投资给出了

高度赞许。PPA 副总裁翁林认为，现在比港已经将供应链的所有活动和手段结合起来，提供优质的物流服务。目前，虽然大多数欧洲港口都面临延误问题，但比港在整个疫情期间的运营堪称典范。而且，近年来，比港与铁路网的连接是成功的，所有这些优势都使比港最大限度地被市场接受，比港不仅是希腊的门户，更是通往欧洲的门户。PPA 董事长俞曾港说道："我们已经使比港走上了一条长期盈利的增长道路。比港从过去的当地港口，如今已成为公认的全球航运枢纽，在欧洲层面排名第一，获得了仅次于传统领头羊的地位，成为地中海地区领先的欧洲港口。"

四、小结与讨论

改革开放后，中国对外投资高速增长。2013 年，中国提出共建"一带一路"倡议，引领中国企业"走出去"，进一步加快中国企业对外投资的步伐。中国企业在共建"一带一路"国家的投资模式目前以单一专业化项目为主，这与经济全球化不断发展、专业化分工不断深入的背景息息相关，也与中国中央企业在境外投资需坚持聚焦主业的原则限制有关。过去，中国企业对外投资以专业化分工为指导，在境外的投资大多是单个项目的"点式"投资。但是，这样的以专业化分工为指导的投资模式并不能很好地适用于共建"一带一路"国家，因为部分共建国家投资地没有完善的市场和充分的产业配套，在这样的条件下，单一专业化的项目投资面临较高的产业链断裂风险，难以实现可持续经营。

本章提出了"本地功能一体化"投资模式这一学术概念，阐述了这一概念的内涵与特征。由于企业的经济活动不能单独存在，而是需要产业链上各类功能的相对完整。因此企业在境外开展投资时，若面临本地市场不完善、本地产业配套能力不充分的情况，企业可以采取本地功能一体化的投资模式，投资于产业链上下游或相关产业配套以实现产业链的完整功能，从而打造抗风险能力强、稳定的产业链，这样的投资模式也有助于通过协同作用实现整体效益的提升。本地功能一体化投资兼具产业组织和空间组织的双重特征，重视功能的实现而不是资产所有权，实施主体为单个企业或多个企业组成的战略联盟，能从多方面防控风险并具有阶段演进性和多元的一体化方向。

中远海运围绕比港开展的本地功能一体化投资起到了很好的抗风险作用。在比港开展的投资一开始也面临因金融危机、工会罢工、港口基础设施落后等因素导致的港口运行不畅问题，而后，中远海运先是收购了部分码头的特许经营权，通过改善基础设施、引入战略性客户等一系列措施增加了码头的集装箱转运量；接着，中远海运收购PPA的股份，将比港打造为业务多元的综合枢纽港，大力发展修船业务、邮轮业务等，使得比港在新冠疫情期间受益于船舶停滞带来的修船业务上涨，多元化业务有助于抵消部分因疫情带来的收入下降的风险；随后，中远海运参与比港后方中欧陆海快线的铁路运输，实现"航运-港口-铁路"功能的一体化，形成了稳定的产业链，经受住了疫情冲击的考验，使比港走上了一条抗风险能力强、长期盈利的发展道路。

通过本地功能一体化投资模式降低产业链断裂风险、实现整体综合效益的例子在中国企业的对外投资实践中并不罕见，还有许多其他的典型案例，例如中国土木集团在埃塞俄比亚开展的一揽子投资所采用的"铁路＋产业园区"综合开发模式，同样也是本地功能一体化投资模式的具体体现。单独修建运行铁路虽然实现了基本的运输功能，但由于埃塞俄比亚当地市场条件并不完善，会产生运量不充足带来的风险。中国土木提出了"铁路＋产业园区"一揽子解决方案。铁路与沿线的产业园区之间具有一定的共生关系，一方面，铁路建设能够为产业园区提供更低价、更高效的物流服务，降低企业成本；另一方面，产业园区的生产活动给铁路带来更多运量，保障铁路的货源供给（王传军，2022）。

本章所提出的本地功能一体化投资模式，试图回答"企业在'一带一路'对外投资中面临本地市场不完善、产业配套能力弱的现实条件时应该采取什么样的投资模式"这一问题。以期为中国企业对外投资给出可供参考的解决方案，帮助企业在境外投资时降低产业链断裂风险，实现长期可持续发展。

参 考 文 献

Bianco, M., Bontempi, M. E., Golinelli, R. *et al.* Family firms' investments, uncertainty and opacity. *Small Business Economics*, 2013, 40 (4): 1035-1058.

Gretsky, N. E., Ostroy, J. M., Zame, W. R. Perfect competition in the continuous assignment model. *Journal of Economic Theory*, 1999, 88 (1): 60-118.

Makowski, L., Ostroy, J. M. Perfect competition and the creativity of the market. *Journal of Economic Literature*, 2001, 39 (2): 479-535.

Pahl, R. E. *Divisions of Labour*. Blackwell, 1984.

A. Phanishsarn、王浩:"东盟经济共同体与中国-东盟地区的互联互通——中国在该地区铁路计划的案例研究",《东南亚纵横》,2014年第10期。

胡凯、吴清、朱敏慎:"地区产业配套能力测度及其影响因素",《产业经济研究》,2017年第2卷。

黄日涵:"比雷埃夫斯港:中国海外利益的新支点",2015年4月4日,https://www.chinatimes.net.cn/article/47778.html。

金凤君:"空间组织与效率研究的经济地理学意义",《世界地理研究》,2007年第4期。

刘鹤、刘毅:"石化产业空间组织研究进展与展望",《地理科学进展》,2011年第2期。

刘卫东:"'一带一路'战略的科学内涵与科学问题",《地理科学进展》,2015年第5期。

刘卫东:"'一带一路'引领包容性全球化",《中国科学院院刊》,2017年第4期。

刘卫东:《"一带一路"——引领包容性全球化》,商务印书馆,2017年。

刘卫东、姚秋蕙:"'一带一路'建设模式研究——基于制度与文化视角",《地理学报》,2020年第6期。

刘卫东等:《"一带一路"建设案例研究:包容性全球化的视角》,商务印书馆,2021年。

谭国富:"纵向约束的经济理论",《产业经济评论》,2004年第2期。

王珂礼:《2020年中国"一带一路"投资报告》,中央财经大学绿色金融国际研究院绿色"一带一路"中心,2021年。

吴金明、邵昶:"产业链形成机制研究——'4+4+4'模型",《中国工业经济》,2006年第4期。

郑海平:"区域产业配套研究",《生产力研究》,2004年第10期。

朱琳:"'一带一路'成国际经贸重要推动力",《经济日报》,2020年6月1日。

第七章 企业走出去的"尺度"问题①

20世纪80年代以来,随着中国改革开放的不断深化以及综合国力的不断提升,中国开始逐渐加快企业走出去的步伐。特别是2013年共建"一带一路"倡议提出后,中国企业开始不断走出去大展拳脚,探索境外经贸合作园区、跨境经济合作区、对外承包工程、能矿开发等多种走出去模式。本章以中白工业园、中老磨憨-磨丁跨境经济合作区、缅甸莱比塘铜矿等"一带一路"建设项目为案例,探索中国企业走出去过程中遇到的困难与问题。案例研究发现:中白工业园的建设与运营遇到了需要两国政府、园区开发公司和园区企业等不同主体不停协调各自利益的困难;中老磨憨-磨丁跨境经济合作区遇到中老双边园区的地方权限、制度条件不对等,园区的责任与权限脱节等问题;缅甸莱比塘铜矿遇到了从国际地缘政治格局、东道国政治局势变化、双边制度文化差异、当地社区发展和本地居民意愿等多方面的压力。

基于此,本章从经济地理学的"尺度"视角出发,通过观察全球、国家、地方、社区、企业等不同尺度主体间的相互作用与相互联系,试图构建"立体"思维框架去透视这些项目。研究认为,境外经贸合作区涉及多尺度(全球、国家、园区、企业)和多主体(政府、企业),关键是如何协调不同尺度

---

① 本章作者:宋周莺、刘志高、高菠阳、郑智。本章基于以下文献改写而成:

刘志高、王涛:"中国境外政府间合作园区多尺度耦合建设机制研究——以中白工业园为例",《地理学报》,2020年第6期;

宋周莺、姚秋蕙、胡志丁等:"跨境经济合作区建设的'尺度困境'——以中老磨憨-磨丁经济合作区为例",《地理研究》,2020年第12期;

高菠阳、刘卫东、宋涛等:"社会变革和制度文化制约下的'多尺度嵌入'——以缅甸莱比塘铜矿项目为例",《地理研究》,2020年第12期。

和不同主体的战略利益，即"多尺度耦合"；跨国经济合作区遇到的问题可以归结为"尺度困境"，推进跨境经济合作既需要从中央到地方多尺度治理之间的协调、也需要双边治理结构的匹配；能矿开发企业需要与全球、国家、地方等要素"多尺度嵌入"，适应东道国的政治经济转型，才能促成投资项目顺利运行。可见，境外经贸合作区、跨境经济合作区甚至能矿开发项目等都是多尺度汇聚地，不同尺度的协调治理对企业走出去具有重要影响。鉴于中国与投资目的国之间的制度和文化差异，走出去企业（项目运营方）要不断加强与当地政府和社区的沟通与协商，注重遵守当地法律法规和文化习惯，同时更重视项目的环境保护和可持续发展。也就是说，中国企业要学会与国际（NGO）、国家、地方和社区等不同尺度利益攸关方打交道，要考虑东道国从国家到地方再到基层社区的需求，平衡各种关系，从而实现"多尺度耦合"和"多尺度嵌入"。

一、引言

20世纪70年代以来，随着交通运输和信息通信等技术的不断进步，商品、资本、劳动力、信息等要素的跨国界流动极大增加，推动经济全球化快速发展（宋周莺等，2020）。在这个过程中，随着中国改革开放的不断深化及综合国力的不断提升，中国开始逐渐加快企业走出去的步伐，对外直接投资规模快速增长。如图7-1所示，1982—2021年，中国对外直接投资额从0.44亿美元增至1 788亿美元，年均增速达24.44%（宋周莺、刘卫东，2023）。其中，2001年加入WTO、2013年提出共建"一带一路"倡议是中国企业走出去步伐不断加快的重要节点，2014年中国年对外投资额首次超过实际利用外资额，达1 231.2亿美元。

具体来看，改革开放初期，中国企业开始探索性走出去，但规模小、步伐慢。1982—1989年，中国对外直接投资额从0.44亿美元增至7.8亿美元（图7-1）。在此阶段，只有经过政府业务主管部门批准获得对外承包工程经营权，企业才能开展对外承包工程业务，业务范围主要涉及土木建筑工程、石油矿产等领域（中华人民共和国商务部，2021）。

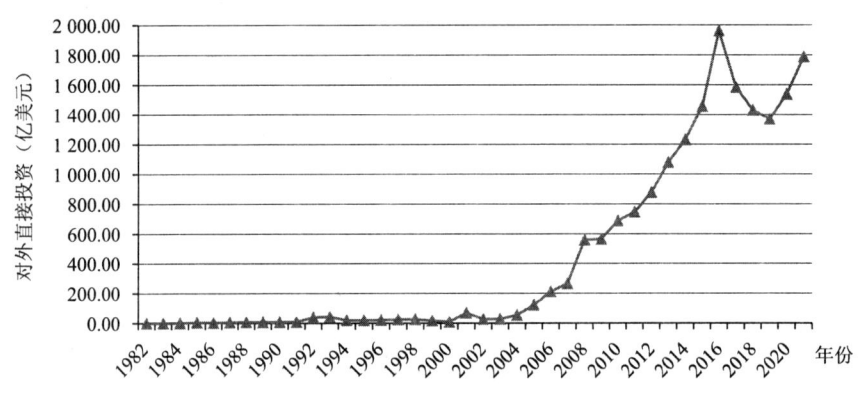

图 7-1　中国对外直接投资额变化趋势（1982—2021）

资料来源：中国经济与社会发展统计数据库。

20 世纪 90 年代，随着中国政府出台了一批有利于企业走出去的政策，更多企业开始探索拓展海外市场之路。1990—1999 年，中国对外直接投资额从 8.3 亿美元增至 17.74 亿美元。中国企业在该阶段赴海外投资的过程中，开始探索建设商业组团、境外园区等不同道路与模式。例如，在美国建设的中国式公园"锦绣中华"、在巴黎建设的"中国城"以及在迪拜建设的中国"龙城"等商业组团，在越南建设铃中加工出口区、在埃及建设苏伊士湾西北经济区等境外园区。其中，1995 年，中国电气进出口有限责任公司在越南建设的铃中加工出口区，是我国境外园区建设的较早尝试（章平、毛桂蓉，2023）。虽然这些商业组团和境外园区对我国对外直接投资规模提升和辐射带动国内经济发展的作用相对有限，但促进了我国企业在海外投资中的不断探索，通过园区建设来解决土地和基础设施等问题。

2000 年以来，随着中国加入 WTO 及经济快速发展，中国企业走出去步伐不断加快，且投资模式逐渐多样化，中国对外直接投资呈爆发性增长。2000—2012 年，中国对外直接投资额从 9.16 亿美元增至 878 亿美元，年均增速达 46.27%。一方面，中国企业对外承包工程的范围和规模不断扩大，承建了港口、桥梁、发电厂等一系列基础设施及工程项目；另一方面，境外经贸合作园区逐渐成为中国企业走出去的重要模式之一，柬埔寨西哈努克港经济特区、中埃泰达苏伊士经贸合作区等逐渐崛起。这些园区为中国企业提供了便利和优惠政策，吸引了大量中国企业的海外投资。同时，中国政府开始正式出台相应政策鼓励中国企业进行境外经贸合作园区建设，包括2006年中国商务部发布《境外中国经济贸易合作区的基本要求和申办程序》、2008年中国国务院发布《关于同意推进境外经济贸易合作区建设意见》、2010年中国商务部发布《关于加强境外经济贸易合作区风险防范工作有关问题的通知》，推动中国企业兴起建设境外园区的热潮。

2013年，随着共建"一带一路"倡议的提出，中国企业开始不断走出去大展拳脚，同时十分重视企业社会责任、积极带动东道国经济发展，为推动包容性全球化进程做出了重要贡献。在这个过程中，中国企业探索了多种走出去模式，包括境外经贸合作园区、跨境经济合作区、对外承包工程、能矿开发等。①境外经贸合作区逐渐发展成为中国企业对外投资的一种新模式，是推进中国与共建"一带一路"国家深化经贸合作、分享发展经验、实现互利共赢的重要平台（王淑芳等，2023）。泰中罗勇工业园、越南龙江工业园、中白工业园等境外经贸园区开始逐渐具备品牌化运营和辐射带动能力，成为当地经济发展的重要支柱，同时也成为推动共建"一带一路"倡议落地以及践行合作共赢理念的重要载体。②随着中国与毗邻国家及地区的跨境经济合作持续推进，跨境经济合作区应运而生，同时成为中国政府探索与周边国家合作的新模式以及共建"一带一路"倡议下多双边合作的重要平台（刘卫东，2017）。中哈霍尔果斯国际边境合作中心、中老磨憨-磨丁跨境经济合作区、中蒙二连浩特-扎门乌德跨境经济合作区等不仅提升了中国边境地区的经济活力，还加强了与周边国家的合作交流（田家庆，2022）。③对外承包工程蓬勃发展，2013—2022年，中国对外承包工程完成营业额从1 371.4亿美元增至1 549.9亿美元，包括中巴经济走廊系列项目、亚吉铁路、缅甸莱比塘铜矿项目等。

尽管中国企业走出去开始不断加快，但中国大量企业从事海外经营的时间短、经验少，特别是对于共建"一带一路"国家与中国在地理环境、制度环境和文化环境上的巨大差异认识不足，导致一些项目受到比较多的负面评价和报道。特别是一些基础设施类项目和能矿类投资项目，往往面对政局变动、移民搬迁、环境保护等多尺度的压力，这些因素给项目的顺利开展带来了一定的困难（高菠阳等，2020）。从地理学视角，中国企业在走出去过程中遇到这些困难和问题，很多都可以从"尺度"视角出发去透视和理解。因为中国企业走出去建设的境外经贸合作区、跨境经济合作区，甚至能源资源开发项目等都是多尺度汇聚地，不同尺度的协调治理对相关项目的建设与运营具有重要影响。面对这些挑战，中国企业需要不断加强与东道国从国家到地方再到社区的沟通与协商，注重遵守当地法律法规和文化习惯，同时更重视项目的环境保护和可持续发展；中国政府及相关部门也应积极提供支持和帮助，为企业的对外投资和合作创造更加稳定和有利的环境，为中国对外投资和企业走出去保驾护航（高菠阳等，2020；刘志高、王涛，2020；宋周莺等，2020）。

二、中国企业走出去遇到的问题

中国企业在走出去的过程中探索了境外经贸合作区、跨境经济合作区、对外承包工程、能矿开发等各种模式。其中，境外（跨境）合作区日益成为中国与共建国家开展经贸合作的重要载体，也不断成为中国企业走出去聚集发展的平台。一方面，这些园区可以获得东道国提供的土地、税收、基础设施配套等方面的优惠政策和便利条件；另一方面，在地缘风险突出的国家，中资企业"抱团"经营能更好地对抗风险和不确定性。同时，规避贸易壁垒也成为一些园区得天独厚的优势。

1. 境外经贸合作区遇到的问题

20世纪90年代以来，中国企业和政府开始探索建设境外经贸合作园区。2013年共建"一带一路"倡议提出以来，中国政府鼓励企业与共建国家合作建设境外经贸合作园区，促进产业集群发展。中白工业园、泰中罗勇工业园、老挝万象赛色塔综合开发区、俄罗斯乌苏里斯克经贸合作区等大量实践经验表明，境外经贸合作园区已成为中国企业走出去的重要平台和促进中国与共建国家经贸合作的重要载体。

中白工业园是第一批通过商务部考核的境外经贸合作区，是中国和白俄罗斯两国元首共同发起并亲自推动的合作项目。2010年3月,中白两国领导人达成合作共建工业园的共识;同年10月,中工国际(国机集团的子公司)与白俄罗斯经济部正式签署了《建立中白工业园区的合作协议》。2011年9月,中白两国签署《关于中白工业园的协定》;2012年6月,卢卡申科总统颁布《关于中白工业园项目总统令》。为加快园区发展,经过中国政府有关部门协调,国机集团和招商局集团先后于2014年12月和2015年5月入股园区开发公司。招商局集团的加入加快了中白工业园的发展,优化了其运营模式(刘志高、王涛,2020)。截至2022年底,中白工业园入园企业突破100家,并逐渐成为白俄罗斯首都明斯克新的经济增长极。

中白工业园的建设与运营经验表明,境外经贸合作区项目的发起与建设既要与全球、国家、园区、企业等不同尺度的利益攸关者打交道,也需要与政府、企业等不同性质的主体打交道。

一是境外经贸合作区建设需要协调两国战略利益。一般境外经贸合作区具有推动与东道国的经济合作、提供发展援助及实现经济合作等目标。例如,中白工业园的建设不仅有利于中国企业"抱团"走出去,更能为"一带一路"建设起到示范作用;而白俄罗斯缺乏园区建设经验,可以通过学习中国产业园区经验促进本国工业化和现代化。因此,东道国和母国的战略利益协调和两国间政府的高位推动是中白工业园顺利推进的主要保障。例如,中国政府希望通过中白工业园建设促进中白两国战略协作,提升双边关系,并向世界展示共建"一带一路"效应;而白俄罗斯政府希望中白工业园能够形成集聚效应,推动白俄罗斯高新技术产业发展,带动白俄罗斯自由经济区建设乃至整个国家的市场化改革。为协调两国发展战略利益、推动经贸合作,中白工业园建立了高规格的政府间合作框架和机制。

二是境外经贸合作区建设需要协调政府、园区开发公司和入园企业的利益。两国高层推动建立的合作框架和协调机制为协调两国战略利益、推进中白工业园建设提供了制度性保障;只有园区开发公司和入园企业能够获取经济收益才能确保园区的可持续发展,才能保障两国国家战略利益的共同实现。而各方利益实现的关键是园区开发公司具有强大的全球资源整合能力以及两国政府间的通力协作。在这一利益协调和资源耦合过程中，园区开发公司需要具备针对不同利益主义的耦合策略。

在具体工作中，境外经贸合作区涉及的两国政府、园区开发公司和园区企业不停协调各自利益、平衡各种关系，才能够实现可持续发展。例如，为了协调从国家到地方政府、从园区开发公司到入园企业等不同主体的利益，中白工业园实行三级管理体制。第一级是中白副总理级政府间协调委员会，主要负责协调两国发展战略利益，妥善解决园区发展中的重大问题；第二级是园区管理委员会，提供一站式服务，负责土地利用规划和管理、园内生态环境保护等；第三级是园区开发公司，主要负责园区的土地开发和招商引资工作。

2. 跨境经济合作区遇到的问题

跨境经济合作区是毗邻国家或地区在形成合作共识的前提下，按照一定合作方案共同划出相应面积的沿边境接壤土地，整合成一个相对封闭的、特殊监管的次区域经济合作区（吕珂、胡列曲，2011）。相较于其他产业园区，跨境经济合作区的特殊性主要涉及边境问题。边界作为国家主权的正式政治标记，跨境合作涉及主权让渡的敏感性问题；同时，边界双边行政体制、治理结构、基础设施、语言文化等因素的差异，使边界对跨境经济合作的屏蔽作用始终存在（宋周莺等，2020）。

以中国-老挝磨憨-磨丁跨境经济合作区（以下简称"磨憨-磨丁经济合作区"）为例，磨憨-磨丁经济合作区于2016年3月正式设立，中老两国政府于2016年12月签署《中国老挝磨憨-磨丁经济合作区共同发展总体规划（纲要）》，设立了中央政府、地方政府及合作区管委会三级联动工作机制。2016年以来，中老双边政府在宏观层面不断推动，磨憨经济合作区、磨丁经济特区等地方层面不断落实和具体推进规划编制、土地开发、组织管理等工作，但合作区实际建设进展缓慢，面临诸多问题。

首先，磨憨-磨丁经济合作区面临两国区域一体化程度较低、中老之间跨境要素流动存在较大边界屏蔽效应的问题。一是中老跨境合作的关税壁垒仍较明显。相较东盟其他国家，老挝货物贸易减税降税的"例外产品清单"数量最多，特别是中老贸易主要商品（木材、玉米、烟叶、木薯、大米、咖啡等动植物产品）的税率一直较高。二是中老跨境合作的非关税壁垒仍较普遍，包括中老双边服务业开放和标准认证不一致，涉及跨境合作的卫生与植物卫生措施、原产地规则、检验检疫标准不一致，通关便利化仍有待进一步提升等。另外，中老双边行政体制、语言文化、风俗习惯的差异以及中老签署的多份双边协议同现有中国-东盟协定部分概念界定不统一或存在冲突，导致中老跨境合作涉及的海关、法律、检验检疫等在使用哪种规范上存在疑惑（宋周莺等，2020）。

其次，磨憨-磨丁经济合作区实行两个园区各管一边、定期协商的管理模式，迟迟不能围网封关运作。依据2016年的三级联动工作机制，中老双边成立了磨憨-磨丁经济合作区协调委员会，委员会运营由中国商务部外国投资管理司、老挝计划投资部经济特区管理办公室负责，日常管理由磨憨、磨丁双边的经济合作区管理委员会负责。在中国，磨憨经济合作区是县级行政主体，由于地方条块分割、国家没有特别下放部分权力给地方政府，导致磨憨经济合作区的权限受到极大限制、制度条件相对较差。在老挝，磨丁经济特区是中央直管的厅级行政主体，且中央政府下放了大部分权力，使磨丁经济特区更具备推动跨境合作的制度条件。为了加速推动合作区建设，云南省于2019年成立中老磨憨-磨丁经济合作区建设领导小组，明确合作区为省委、省政府派出机构（地级行政主体），取代原县区合一的治理模式。治理结构调整后，磨憨经济合作区的行政等级由县级上升为地级，建设进展有望加快；尤其是根据2020年初编制完成的《磨憨片区控制性详细规划》，磨憨经济合作区将进一步推动加工制造业以及国际产能合作的发展。

另外，磨憨-磨丁经济合作区面临中老双边在园区层面的地方权限、制度条件不对等的问题，导致磨憨-磨丁经济合作区双边建设进展不一致。磨丁经济特区是中央直管的厅级行政主体，治理结构比较简单、制度条件比较灵活、地方权限较大，其建设进展也相对较快。而磨憨经济合作区，尽管于2019年由原县区合一的治理模式转为省委、省政府派出机构，但合作区发展仍缺乏推动跨境合作所需的海关、财税、劳工、资源开发利用等方面的自主权限（宋周莺等，2020）。

3. 能矿开发企业遇到的问题

中国企业积极走出去开展能源矿产项目投资，是企业发展的自身需求，也是我国顺应能源安全需求的合理选择。根据标普全球市场情报（S&P Global Market Intelligence）数据，2011—2021 年，中国企业累计投资 161 亿美元收购外国矿业资产，目前已在海外拥有 425 个矿业项目，主要分布在澳大利亚、非洲、拉丁美洲和东南亚等国家和地区。值得注意的是，尽管中国能矿企业走出去取得了一定的成绩，但也面临很多瓶颈和问题。例如，在全球尺度上，投资易受到国际地缘政治格局及部分西方国家对战略性矿产资源的控制等影响；在国家尺度上，中国与投资目的国之间的关系变化、投资目的国政治局势变化、自然灾害等都会对投资产生深远影响；在地方尺度上，目的国的制度文化、思维方式、法律法规、意识形态的区别，容易催生中资企业的投资与经营风险。

例如，缅甸莱比塘铜矿项目作为中国在缅甸投资最大的矿产项目，经历了很多能矿开发企业所共同面对的问题。该项目的主体公司万宝矿产于 2010 年与缅甸政府达成合作开发协议草案，初步获得莱比塘矿床的开采权，并由缅方的缅甸经济控股有限公司与其子公司万宝矿产（缅甸）铜业有限公司共同开发。2012 年项目启动初期，由于征地补偿、移民搬迁安置、环保问题、佛塔搬迁、社区居民未来生计方式等问题，项目频繁遭遇当地的村民、学生、僧侣以及维权人士的多轮抗议，被迫停工三次，造成了恶劣的国际影响。2013 年 7 月，中缅双方重新签订合作协议，缅甸资源环保部下属的缅甸第一矿业公司代表联邦政府参与项目产品分成，由原来的两方合作模式改为三方合作。在新的合作框架下，经过各方面的艰苦努力，莱比塘铜矿项目在 2015 年 1 月实现复工，2016 年 3 月建成投产，2018 年阴极铜产量达到 10 万吨，实现达产。

在项目推进过程中，大国国际关系及西方国家非政府组织的影响、缅甸军政府与民选政府之间的政治博弈、项目本地民众的意愿等多方面的因素，对项目能否顺利开展产生了深远的影响。具体来看，缅甸执政党的变化直接引发了当地社会制度环境的变化，从独裁的军政府统治时期转变为民选政府的民主环境，直接导致中国企业与军政府之间达成的原协议不再适用。受此影响，万宝矿产与新的中央政府及本地企业积极合作,形成了新的投资协议框架,但这却并未完全解决来自其他方面的压力。例如,美日等大国及西方非政府组织对当地的投资环境发挥重要影响;东道国经济收益和就业情况、来自本地居民的民族及宗教问题、民生问题、环境保护问题等都对投资过程产生了深远的影响。中方投资企业万宝矿产为了保障项目的顺利开展,通过保障东道国经济收入及就业水平、保护当地环境、提供企业社会支持服务以保障居民利益等多种方式,最终推动了项目顺利实施并取得了良好的社会和经济效益。

三、理论思考

中白工业园、磨憨-磨丁经济合作区、缅甸莱比塘铜矿等不同的"一带一路"建设项目都遇到了要与不同利益攸关者打交道、需平衡各种关系等问题。从经济地理学视角出发,这些项目遇到的问题都可以从"尺度"概念出发去透视和理解。尺度(scale)是地理学理解世界或者进行研究的一种方式,是地理学家把握研究单元精细程度的手段。尺度从根本上是观察"视界"的大小(刘卫东,2013)。

将上述"一带一路"建设项目放到全球、国家、地方、社区、企业等特定尺度空间中来观察,通过观察不同尺度主体间的相互作用与相互联系,可以分析这些力量所形成的影响,进而判断项目的未来发展趋势并提出相关政策建议。可见,从尺度出发研究上述项目,更能构建全方位透视相关项目的"立体"思维框架。

1. 尺度因素

尺度是地理学的核心话题之一(刘卫东,2013;贺灿飞、毛熙彦,2015),包含全球、大区域(跨国,如东盟、北美)、国家、区域、本地、场所等。一个经济现象可以在不同尺度上进行分析和解读,不同尺度上开展的经济活动可以相互影响(刘卫东,2013)。当然,经济地理学对于不同尺度的研究也在不断演变。

二战以后,受凯恩斯学派的影响,国家(尺度)被认为是影响区域经济发展的核心力量。20世纪80年代，在"新区域主义"的影响下，区位条件、创新网络等区域尺度的内生性要素，成为探讨产业集群形成和区域复兴的核心因素。此外，由于知识和技术的溢出具有地理衰减性，基于地方尺度的制度厚度、嵌入性以及地方政治、文化、社会环境的综合作用受到广泛关注（Amin and Thrift，1992；Wei，2001；Chen，2014）。随后，尺度理论的概念认为只关注单一空间尺度的研究具有较强的片面性（Jessop，1994；Swynegedouw，2004），全球-地方协同的视角应当被引入区域分析框架。一个地方产业既根植于本地网络，又嵌入全球网络中，其影响要素来自多个空间尺度，不同空间尺度要素既相互独立又相互依赖。

20世纪90年代以来，随着全球化的深入发展，多国共建园区以及跨境经济合作区等经济组织形式开始逐渐发展。而这些组织形式其本身所带有的多尺度属性将尺度的作用与影响放大，使我们不得不重新审视多尺度间的相互关系以及作用结果。随着资本的跨境流动，多个层次的主体也已经国际化，在经济、政治和社会领域形成了跨国合作。在这个过程中，企业走出去面临国家、地方、社区等不同尺度的协调，也面临外交、海关、立法、规划、产业和就业等各个领域的协调。

特别是随着经济地理学的"制度和文化转向"，越来越多的学者从制度、边界、尺度等角度出发研究多国共建园区以及跨境经济合作区。其中，尺度政治理论认为，各类产业园区、跨境经济合作区等地方主体通常有动力争取更多的权力。各类园区作为地方尺度的相关主体，可以动员自己的权力或引入第三方扩大权力，通过尺度实践和话语（例如"尺度跳跃"）来实施尺度的战略调度，以追求更多权力并重组权力关系利益（Peck，2002；Brown and Purcell，2005；Johnson，2008；MacKinnon，2011）。尺度政治是不同利益主体借助自身力量或引入第三方扩大自身力量，并通过控制、操纵尺度进行必要的尺度转换，以便选择对自身有利的尺度，其主要目的是权力关系重构（童昕、王缉慈，1999；Thun and Segal，2001；Bathelt et al.，2004）。

而尺度重构理论认为，在全球化和跨境合作推动下，部分欧美国家组织和治理形式发生了转变，包括升尺度和降尺度。例如，国家功能向上移交给超国家机构（如欧盟），向下移交给区域和地方政府；非政府主体承担更多的治理功能，出现公私合作和网络化等新的治理结构；政策体制的全球化，国家政策根据全球竞争的限制进行调整，将提升全球竞争力作为主要的政策目标等（Swynegedouw, 2004; Coe et al., 2004）。为了维持国家功能，国家通过尺度间战略、综合治理战略、区域政策等途径，协调不同尺度的政治经济组织间的关系。

在这个过程中，国家和地方尺度的协调是决定跨境经济合作、多双边经济合作效果的关键。国家战略的上层决策、地方政府的具体实施，需要相互配合、不脱节，才能共同推进各类海外产业园区、跨境经济合作区的建设。国家治理结构，包括国家治理体系、国家制度安排、中央-地方关系等都是推动跨境及多双边经济合作的重要制度条件。在中央集权程度较高的情况下，当地方尺度跨境合作的行为不符合国家在外交、经济和安全等方面的政策，或国家和地方之间的联系及协调不畅时，国家在政策、资金、地方自主权等方面的实际支持将十分有限。在分权化程度较高的情况下，地方政府拥有相应的发展自主权，也能推动各类海外产业园区、跨境经济合作区的发展；中央政府更需要关注的是双方治理层级不对称、治理文化和结构不匹配等问题。

中白工业园、磨憨-磨丁经济合作区、缅甸莱比塘铜矿等跨境经济合作的案例，都涉及从全球、国家、地方和社区等不同尺度的利益主体及其相互作用，也都是在多尺度治理相互协调的作用下推动相关项目的不断发展与前进。

2. 从尺度视角理解中国企业走出去遇到的问题

（1）多尺度耦合

地理学家借用物理的"耦合"概念，研究陆地表层系统演变过程中多要素之间的相互作用、多过程联系以及内在机制联动（宋长青等，2020）。经济地理学家认为，地方产业发展是地方经济主体（企业或政府）有目的地组织、协调本地资产（如技术、生产资源、劳动力资源、制度环境）与全球生产网络主导者（一般为跨国公司）战略耦合的结果（刘逸，2018；Yeung，2016）。但与国家内部地方产业发展不同的是，境外经贸合作区往往不仅涉及中国资本与项目所在地的战略利益耦合，还涉及两国政府协作与多层级主体的共同治理（图7-2）。

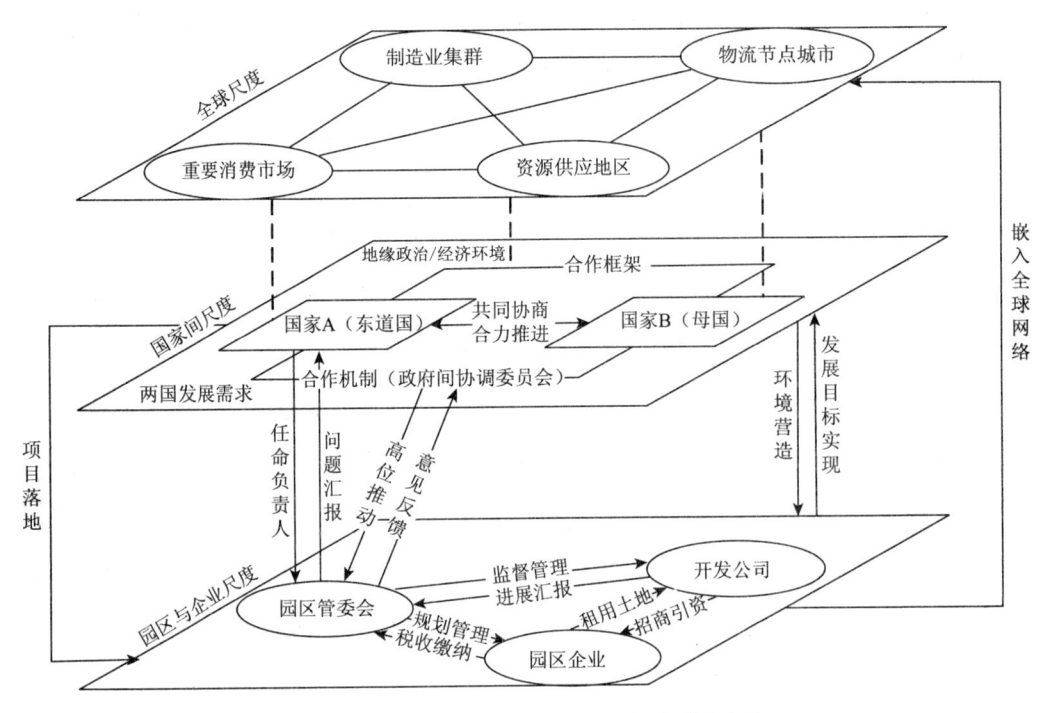

图 7-2　境外经贸合作区的多尺度耦合分析框架

境外经贸合作区项目的发起与建设涉及全球、国家、园区、企业等不同尺度的利益攸关者，也需要与政府、企业等不同性质的主体打交道。从宏观尺度看，境外经贸合作区的建设涉及全球资本的转移、地缘政治经济格局的变化；从中观看，境外经贸合作区建设涉及中国与相关国家的相关法律法规及合作区设立的战略意图；从微观看，境外经贸合作区建设还涉及园区开发公司和入园企业。

境外经贸合作区建设与运营的关键是如何协调不同尺度和不同主体的战略利益。在这个多尺度多主体利益协调的过程中，境外经贸合作区的开发公司需重视使用多尺度耦合策略。在经济全球化时代，任何境外经贸合作区都不能成为全球经济中的"孤岛"，而需要加强基础设施互联互通建设，与园区外的原材料供应地、销售市场和物流中心建立起高效、便捷的物流网络。例如，中白工业园在2015年4月招商局集团参与运营后，采取了建设商贸物流园、引入德国杜伊斯堡港务集团等一系列"尺度跳跃"的策略，积极提高园区与中国和欧洲的联系。2015年12月，招商局集团旗下的物流集团与中白工业园开发公司共同投资建立了中白商贸物流园，推动中白工业园区建设模式由传统的生产型工业园区向主动嵌入全球生产和物流网络的综合性产业园区转型。杜伊斯堡港务集团的加入不仅提高了中白工业园的国际知名度，吸引了更多欧洲企业入园，同时还加强了中白工业园与中国和欧洲市场的联系。另外，招商局集团还不断推动加强白俄罗斯政府与立陶宛、拉脱维亚跨境货物运输和港口开发合作，以打通白俄罗斯到波罗的海的出海通道。

除推进设施互联互通外，境外经贸合作区还应重视使用"尺度跳跃"策略推进园区招商工作。例如，中白工业园充分利用中国体制优势和招商局集团的声誉，通过争取中国国资委和地方政府的支持，吸引中国国有企业和深圳企业的入驻。在招商局集团的不断争取下，中国有关政府部门通过政治动员和政策激励，引导鼓励国有企业参与中白工业园重大项目建设。此外，招商局集团还积极利用其声誉吸引中国民营企业入驻，包括云智科技、思凯科技、国泰安（明斯克）数据、中新智擎科技、追一科技等深圳民营企业，因认同招商局建设的蛇口开发区模式而纷纷加入中白工业园。

（2）尺度困境

各国之间的区域经济一体化程度及其各自的国家治理结构是决定跨境经济合作区发展的核心要素。一方面，各国之间的区域经济一体化程度和市场自由化程度越高，边界的屏蔽效应越弱、中介效应越强，越有利于跨境经济合作区的建设运行；另一方面，国家治理结构中，地方作为跨境经济合作的执行者，国家制度安排越切合地方需求或地方管治自主权越高、多尺度之间协作良好，越有利于推动跨国经济合作。简单来说，在区域一体化程度较低、国家尺度制度安排欠缺、地方尺度缺乏足够权限的情况下，跨国经济合作难以顺利进行。

磨憨-磨丁经济合作区的案例表明，跨国经济合作中遇到的主要问题之一是不同尺度之间的脱节、尺度与责任不对等，也就是"尺度困境"（图7-3）。跨境经济合作区作为特定空间范围内的经济合作区域，其建设运行、组织管理、通关运作等都涉及地方尺度，如市、县、乡镇甚至村等；但跨越边界意味着政治、安全、领土、经济、种族、文化等一系列领域的变革，这种变革涉及国家甚至跨国尺度。可见，跨国经济合作的复杂性和不确定性，需要从国家到地方多尺度间的紧密合作。而现实往往是尺度间的脱节，地方尺度希望不断推进"去边界化"以促进人、资本、货物跨境流通的便利化，但地方希望做的事情往往缺少国家的许可；而国家（尤其是中国这样的大国）又难以区别对待以满足地方的个性化需要，且国家尺度往往希望"再边界化"以确保国家安全和对边界的有效管控。

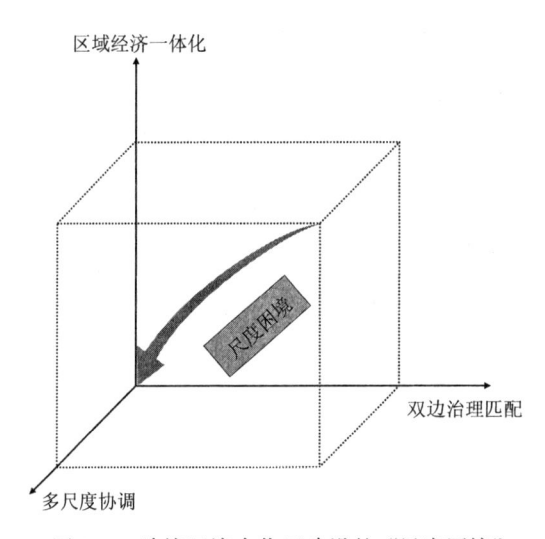

图 7-3 跨境经济合作区建设的"尺度困境"

在此过程中，跨国、国家、省、市、县、乡镇等多尺度的管治相互脱节，就是跨境经济合作区建设中的"尺度困境"。也就是说，在非完全自由市场中，地方尺度承担了应该由国家尺度承担的创造制度条件以促进跨境要素流动的责任，却缺少与责任相对应的权限（宋周莺等，2020）。

在区域经济一体化和市场自由化程度较高的地区，国家尺度将部分国家功能向上移交给跨国组织，成员国之间的跨境要素流动基本不存在边界屏蔽效应。在政府作用仍然较强的地区，跨境经济合作区的直接动力来自于各国从中央到地方的各级政府，尤其是中央政府。因为边界作为国家主权的正式政治标记，促进跨境要素流动更应该是国家尺度解决的问题，包括国家间海关、文化、劳工、法律等方面的对接。但现实中，往往是跨境经济合作区所在的地方承担具体解决边界屏蔽效应的责任（Parsley and Wei，2001；Evans，2003）。而国家尺度（尤其是中国这样的大国）难以因地制宜地做出完善的制度安排，导致地方缺乏相关的权限。也就是说，地方克服边界屏蔽效应的责任与其权限不对等。在中央集权程度较高的情况下，当地方跨境合作的行为不符合国家战略或国家和地方之间协调不畅时，国家在政策、资金、地方自主权等方面的支持十分有限；而融入国家总体战略框架，利用国家-地方多尺度治理机制的支持，更容易使跨境合作的制度安排合法化，争取有利的制度优势（刘建文、雷小华，2010；Sohn and Reitel，2013；Arieli，2015）。在分权化程度较高的情况下，地方政府拥有相应的发展自主权，更能推动跨国经济合作的发展，但需关注双方制度屏蔽（Norman and Bakker，2009）。可见，推进跨国经济合作既需要从中央到地方多尺度治理之间的协调，也需要双边治理结构的匹配。

（3）多尺度嵌入

格兰诺维特（Granovetter，1985）提出嵌入性，认为企业的经济活动受到社会因素的影响。许多本地企业、机构之所以能够在特定地理空间内集聚并稳定发展，相同的或近似的区域社会文化因子起到了重要作用。因为社会文化因子能够增强彼此信任，促进紧密合作，创造共同的行为规范和行为模式，从而极大地减小由机会主义带来的风险。格拉柏赫（Grabher，1993）认为，企业与周围区域内的相关企业、供应商、客商、地方政府、中介机构、研究机构等行为主体结成网络，这种网络深深根植于特殊的区域社会人文环境之中。

除解释本地企业发展机理外，嵌入性还被应用在对全球化的理解中，尤其是跨国公司进入东道国进行投资时。研究表明，当外资为了单纯的经济原因，如廉价劳动力、资源、市场进行对外投资时，由于这些资源可能遍布或相对容易获得，外资进行投资目的地选择时具有较强的博弈能力，其进入东道国时往往是"主动嵌入"（active embeddedness）。主动嵌入一般是由东道国良好的制度环境、基础设施，有竞争力的产业基础、市场条件，以及采用新的生产方式而引发的。但当外资为了获取一些稀缺的资源，或进入某些拥有强势政府或制度约束较强的国家时，为了适应当地的政治经济环境，外资倾向于通过与东道国有影响力的企业合作成立合资公司建立本地产业联系，即"被动嵌入"（obligated embeddedness）。一般而言，东道国的国家力量及制度约束越强或者外资的本地市场寻求动机越强，被动嵌入就越可能发生。外资"容忍"制度约束的程度取决于东道国的吸引力，如潜在市场容量、区位优势、廉价生产要素等；而外资自身"讨价还价"的砝码在于其资本、技术和管理优势以及其市场渠道。可见，被动嵌入是外资与当地制度约束之间协调的结果。

当前，嵌入理论大多数研究案例都是"静态"的，即东道国的政治经济环境相对稳定，跨国公司的生产组织模式及其与本地的产业联系在进入东道国市场时基本可以确定。无论是主动嵌入还是被动嵌入，主要探讨的是外资企业与本地企业、外资企业与国家政府之间的博弈关系。但许多欠发达的政权结构、社会经济形态仍处于"变化"之中。一方面，国家本身处于政治经济转型的过程中，国际社会、国家政府、本地政府、当地民众等都在深刻参与制度环境的重塑，对这类国家进行投资时，所面临的问题不仅来自东道国内部，还受到国际环境、西方非政府组织等多重外部因素影响；另一方面，对于某些政权并不稳定的国家而言，国家政府、本地企业都没有足够的能力去解决本地问题，这时，凭借主动嵌入或被动嵌入的模式，都不能使投资项目顺利开展，投资企业需要与全球、国家、地方等要素"多尺度嵌入"（图7-4），适应东道国的政治经济转型，才能促成投资项目顺利运行，降低风险并提高效率。

多尺度嵌入包括全球、国家和地方三个重要的尺度。全球尺度上，地缘政治环境、大国经济外交政策、国家间经贸外交关系等将对东道国投资环境影响深刻，国际组织、具有国际影响力的大国国家政府、非政府组织等机构都从不同的角度综合影响并重塑东道国政治经济格局，迫使外资企业不仅需要考虑如何与东道国健康合作，还必须妥善处理其他国家或组织所施加的影响。国家尺度上，社会政治经济结构和人文社会环境是影响外商投资的重要因素。一方面，许多欠发达东道国的政治经济环境较不稳定，国家法律法规体系尚不健全、社会经济政策不断变化、不同政党和核心权力部门之间长期进行博弈、与外资企业合作的本地领军型企业的经营环境也不断变化，所以外资企业需要适应并积极应对东道国不断发生的社会政治经济环境变化；另一方面，部分国家

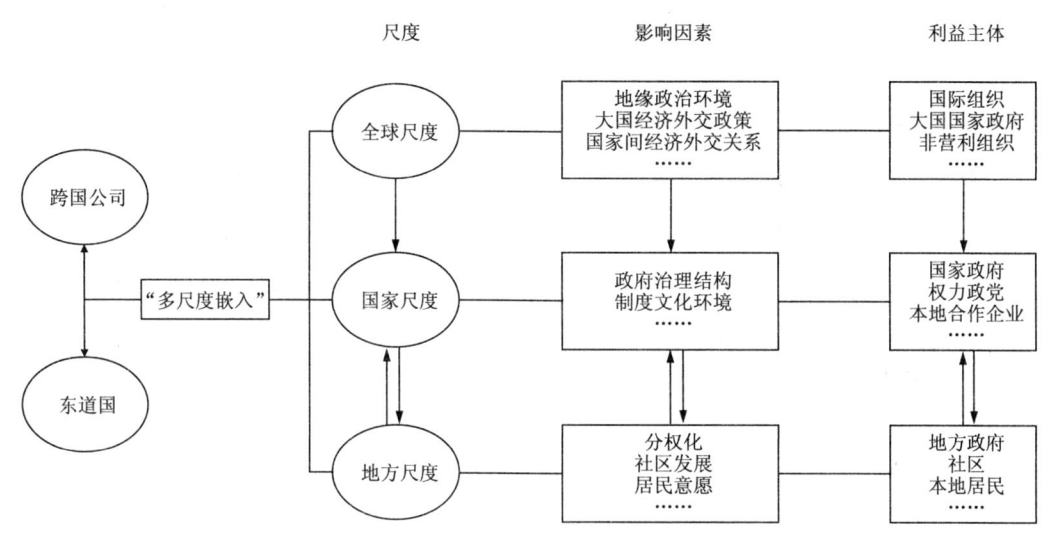

图 7-4 "多尺度嵌入"理论框架

具有独特的文化、宗教传统，需要予以尊重。地方尺度上，分权化、社区发展和本地居民意愿是重要的影响因素。分权化使得地方政府具有更大的自治权力，在很多中央政府为"弱势政府"的国家，地方政府对地区和企业的发展具有绝对的控制能力。此外，充分保障当地居民的利益、保护环境、尊重文化及习俗、妥善解决生计问题等，也是外资企业需要在投资过程中予以高度重视的问题。

四、结论与讨论

1. 尺度因素的作用

中白工业园案例表明，境外经贸合作区的发展是多尺度要素耦合的结果。两国政府出于各自的战略目标考虑发起合作园区项目，政府间合作框架和机制为园区发展提供了制度保障，合理的园区开发公司股权结构及其强大的全球网络运用能力是园区长久发展的关键。但园区开发公司能否成功地动用各种力量吸引企业入园、能否整合全球资源为园区企业提供优质的投资环境和发展平台，是决定合作园区成败的关键。2015 年 4 月，具有全球运营能力的招商局集团参与中白工业园运营后,加快了商贸物流园的建设、引入德国杜伊斯堡港务集团、积极嵌入以中欧班列为代表的物流网络,提高了中白工业园与中国及欧洲的联系,工业园区发展逐渐向好。

磨憨-磨丁经济合作区案例表明,跨境经济合作面临典型的"尺度困境",其困境大小主要取决于区域经济一体化程度、国内多尺度治理协调程度及边境双边治理结构匹配程度三个维度。跨境经济合作区作为多尺度汇聚的边境地区,区域经济一体化是降低跨境合作边界屏蔽效应的关键,而其治理需要从国家到地方多尺度的紧密合作以及边境双边的制度对接。打破跨境经济合作区的"尺度困境"需要边境双边协同治理,国家尺度较完善的制度安排,或给予地方较大的自主权限,同时要加强跨境基础设施建设。

缅甸莱比塘铜矿的案例表明,在政治经济转型的社会中,国家政权、国际社会影响、本地政府的权力范围和当地民众的意愿都在不断发生变化,并综合重塑着国家和地区的社会经济环境。在中央政府不具有强权的国家,外资企业进入东道国时,通过与新的中央政府或与本地企业合作并不能够完全解决来自多方的冲突和压力,需要通过多样化制度创新,从全球、国家、地方等"多尺度"视角综合地嵌入东道国的政治经济社会环境,才能实现政府、企业、当地社区"多赢"局面的合作模式。

2. 相关政策建议

从尺度视角切入,分析中白工业园、磨憨-磨丁经济合作区、缅甸莱比塘铜矿等项目建设与运营中遇到的问题,可以发现中国企业在走出去过程中要学会与国际(NGO)、国家、地方和社区等不同尺度利益攸关方打交道,要平衡各种关系。基于上述项目的剖析,本章也总结了一些经验,以期为相似类型的项目建设提供参考。

企业在境外经贸合作区建设过程中,园区开发公司向上需要通过"尺度跳跃"策略,加强与园区外企业合作,完善园区内基础设施、加强与外界互联互通,通过园区管委会向两国政府争取更优惠的政策和更大的支持,为入驻企业提供更好的软硬件投资环境。同时,园区开发公司向下需要通过"尺度下降"策略,为园区企业发展搭建金融、技术创新平台和培育园区文化。中国政府可以发挥中国的体制优势，引导中国和相关国家企业不断入驻，进而对园区招商引资工作起到引领示范作用。

在跨境经济合作区建设过程中，需要不断加强国家尺度对接和协调，促进国家给予跨境经济合作较完善的制度支持。可以构建国家间稳定有效的磋商和协调机制，统一管理跨国经济合作的部分沟通、协调、对接事务，尽量提升双边治理结构的对等性及经济一体化程度。同时，加强国家-地方互动，国家给予跨境经济合作区所在的地方政府足够的权限，包括海关、财税、劳工、招商引资、资源开发利用等方面；加强各管理部门联合办公，以避免条块分割和交叉管理。

在企业对外投资过程中，中资企业应加强与东道国不同政党之间的合作。同时，应重视项目进入后带来的社会影响、宗教问题、民生问题、环境保护问题等。企业应充分意识到投资项目不仅需要获得中央政府的行政和法律许可，项目当地居民的支持与否也直接决定成败，尤其是涉及居民的征地、拆迁、就业等问题时，持续获得当地居民的支持和价值认同对项目开展至关重要。为此，投资企业应准确识别利益相关方，加强社会投资的战略规划，重视社情民意，涉及居民的利益分配问题做到程序公平、结果公平；加强与当地居民的联系与沟通，培育和积累当地社区的社会资本，以互利互信促进投资项目的顺利开展以及可持续发展。

可见，无论企业走出去模式如何，中资公司在进入东道国进行投资时，应注重东道国与中国的制度和文化差异，考虑东道国从国家到地方的需求；加强企业社会责任建设，通过项目分成、联合运营等方式积极帮助东道国改善落后的经济水平和基础设施水平，从而更好地在国际社会树立负责任大国的正面形象。同时，中国企业在海外投资过程中，应该更注重东道国从基层社区到地方的需求，以更加贴近当地民众的姿态开展项目；在涉及居民利益问题时，积极通过与社区、非政府组织和媒体之间进行真诚对话并提供相应的补偿等方式，获得当地民众的理解与支持。

参 考 文 献

Amin，A.，Thrift，N. Neo-Marshallian nodes in global networks. *International Journal of*

Urban and Regional Research, 1992, 16 (4): 571-587.

Arieli, T. Municipal cooperation across securitized borders in the post-conflict environment: the gulf of Aqaba. *Territory, Politics, Governance*, 2015, 4 (3): 319-336.

Bathelt, H., Malmberg, A., Maskell P. Clusters and knowledge: local buzz, global pipelines and the process of knowledge creation. *Progress in Human Geography*, 2004, 28 (1): 31-56.

Brown, J. C., Purcell, M. There's nothing inherent about scale: political ecology, the local trap, and the politics of development in the Brazilian Amazon. *Geoforum*, 2005, 36 (5): 607-624.

Chen, L. Varieties of global capital and the paradox of local upgrading in China. *Politics and Society*, 2014, 42 (2): 223-252.

Coe, N., Hess, M., Yeung, H. *et al*. Globalizing regional development: a global production networks perspective. *Transactions of the Institute of British Geographers*, 2004, 29 (4): 468-484.

Evans, C. L. The economic significance of national border effects. *American Economic Review*, 2003, 93 (4): 1291-1312.

Grabhe, G. *The Embedded Firm: the Socioeconomics of Industrial Networks*. Routledge, 1993.

Granovetter, M. Economic action and social structure: the problem of embeddedness. *American Journal of Sociology*, 1985 (91): 481-510.

Jessop, B. Post-Fordism and the state. In Amin, A. *Post-Fordisn: A Reader*. Basil Blackwell, 1994: 251-279.

Johnson, C. Euro-politics of scale: competing visions of the region in Eastern Germany. *GeoJournal*, 2008, 72: 75-89.

MacKinnon, D. Reconstructing scale: towards a new scalar politics. *Progress in Human Geography*, 2011, 35 (1): 21-36.

Norman, E. S., Bakker, K. Transgressing scales: water governance across the Canada-U.S. borderland. *Annals of the Association of American Geographers*, 2009, 99 (1): 99-117.

Parsley, D. C., Wei, S. J. Explaining the border effect: the role of exchange rate variability, shipping costs, and geography. *Journal of International Economics*, 2001, 55 (1): 87-105.

Peck, J. Political economics of scale: fast policy, interscalar relations, and neoliberal workfare. *Economic Geography*, 2002, 78 (3): 331-360.

Pike, A. D., Marlow, A., McCarthy, P. *et al*. Local institutions and local economic development: the local enterprise partnerships in England, 2010. *Cambridge Journal of Re-*

gions, *Economy and Society*, 2015, 8 (2): 185-204.

Sheppard, E. The spaces and times of globalization: place, scale, networks, and positionality. *Economic Geography*, 2002, 78 (3): 307-330.

Sohn, C. Reitel, B. The role of national states in the construction of cross-border metropolitan regions in Europe: a scalar approach. *European Urban and Regional Studies*, 2013, 23 (3): 306-321.

Swynegedouw, E. *Social Power and the Urbanization of Water: Flows of Power*. Oxford University Press, 2004.

Thun, E. *Changing Lanes in China: Foreign Direct Investment, Local Governments, and Auto Sector Development*. Cambridge University Press, 2006.

Thun, E., Segal, A. Thinking globally, acting locally: local governments, industrial sectors, and development in China. *Politics and Society*, 2001, 29 (4): 557-588.

Turrini, A., Ypersele, T. Traders, courts, and the border effect puzzle. *Regional Science and Urban Economics*, 2010, 40 (2-3): 81-91.

Wei, Y. H. D. Decentralization, marketization, and globalization: the triple process underlying regional development in China. *Asian Geographer*, 2001, 20 (1-2): 7-23.

Yeung, H. W. *Strategic Coupling: East Asian Industrial Transformation in the New Global Economy*. Cornell University Press, 2016.

Zhang, Y. China's emerging global businesses: political economy and institutional investigations. *China Review International*, 2003 (1): 288-289.

高菠阳、刘卫东、宋涛等:"社会变革和制度文化制约下的'多尺度嵌入'——以缅甸莱比塘铜矿项目为例",《地理研究》,2020年第12期。

贺灿飞、毛熙彦:"尺度重构视角下的经济全球化研究",《地理科学进展》,2015年第9期。

李铁立:"边界效应与跨边界次区域经济合作研究"(博士论文),东北师范大学,2004年。

刘建文、雷小华:"广西中越跨境经济合作区的前景、问题和对策",《东南亚纵横》,2010年第6期。

刘卫东:《经济地理学思维》,科学出版社,2013年。

刘卫东:《"一带一路"——引领包容性全球化》,商务印书馆,2017年。

刘逸:"战略耦合的研究脉络与问题",《地理研究》,2018年第7期。

刘志高、王涛:"中国境外政府间合作园区多尺度耦合建设机制研究——以中白工业园为例",《地理学报》,2020年第6期。

吕珂、胡列曲:"跨境经济合作区的功能",《学习与探索》,2011年第2期。

宋长青、程昌秀、杨晓帆等:"理解地理'耦合'实现地理'集成'",《地理学报》,2020年第1期。

宋周莺、刘卫东:"新时期高水平对外开放与'一带一路'建设",《经济地理》,2023年第 3 期。

宋周莺、姚秋蕙、胡志丁等:"跨境经济合作区建设的'尺度困境'——以中老磨憨-磨丁经济合作区为例",《地理研究》,2020 年第 12 期。

田家庆:"中国跨境经济合作区对边界效应的影响研究"(博士论文),天津师范大学,2022 年。

童昕、王缉慈:"硅谷-新竹-东莞:透视信息技术产业的全球生产网络",《科研管理》,1999 年第 9 期。

王亮、刘卫东:"西方经济地理学对国家边界及其效应的研究进展",《地理科学进展》,2010 年第 5 期。

王淑芳、焦翠翠、胡伟等:"中国境外经贸合作区本地嵌入程度及影响因素——以东南亚地区为例",《经济地理》,2023 年第 4 期。

章平、毛桂蓉:"经济特区赋能共建'一带一路'高质量发展的理论、实践与思路——以境外经济贸易合作区为例",《中共杭州市委党校学报》,2023 年第 4 期。

中华人民共和国商务部:"2020 年度中国对外承包工程统计公报",2021 年 9 月 29 日,http://images.mofcom.gov.cn/hzs/202110/20211013103551781.pdf。

第八章　海外经贸合作园区建设机制[①]

自共建"一带一路"倡议提出以来，中国企业走出去步伐不断加快，共建"一带一路"地区成为中国企业对外投资的重要集聚地。然而，由于在政治制度、发展阶段、文化习俗、法律法规等方面存在差异，中国企业在赴海外投资过程中也普遍面临制度和文化冲突、海外投资经验不足、沟通协调机制不畅、投融资成本负担重等问题，这在一定程度上影响到中国企业的海外投资成效。在此背景下，海外经贸合作园区凭借其独特的功能作用和运行机制，成为中国企业"抱团"走出去、探索对外投资新模式的重要平台。

当前海外园区已成为中国与共建"一带一路"国家开展经贸合作的重要平台，在"一带一路"建设中发挥着越来越重要的作用。目前国内外关于中国海外园区的研究多聚焦于园区的经济功能，而其制度和文化平台功能有待深入探讨。基于制度和文化的视角，本章提出了"投资花园"的理论概念，试图从理论层面上总结海外园区的运行机制和建设模式，揭示海外园区在中国企业对外投资中的促进作用；之后，以柬埔寨西哈努克港经济特区（以下简称"西港特区"）和中国·越南（深圳-海防）经贸合作区（以下简称"深越合作区"）为例，阐述"投资花园"的概念。

基于案例研究，我们认为，海外园区对于中小企业的对外投资起到了重要的促进作用，为它们海外投资克服制度和文化差异提供了缓冲空间与发育土

[①] 本章作者：陈伟、刘卫东、赵晞泉。本章基于以下文献改写而成：
陈伟、叶尔肯·吾扎提、熊韦等："论海外园区在中国企业对外投资中的作用——以柬埔寨西哈努克港经济特区为例"，《地理学报》，2020年第6期。

壤,起到了"投资花园"的作用。未来,我们应持续深化海外园区的基础理论研究,强化海外园区的实证案例研究,加强制度和文化因素的定量化表达、地域分异机制等方面的研究,探讨如何在不同制度和文化环境下,因地制宜地推进海外园区建设,创造出更多行之有效的"投资花园",这对促进中国海外园区向高质量发展以及推进"一带一路"经贸合作实现互利共赢具有重要的现实意义。

一、"一带一路"与海外合作园区建设

1. "一带一路"与企业对外投资

自改革开放以来,通过不断吸引外资和技术促进国内产业转型,中国经济实现了高速发展。进入21世纪后,为更好地统筹利用国内国际两个市场和两种资源,中国开始实施走出去战略,从限制对外投资逐渐向放松对外投资管制和鼓励对外投资转变(刘卫东等,2018)。随着中国经济进入新常态,寻求在全球尺度上谋划、配置资源成为中国经济转型发展的客观要求(刘卫东等,2017)。特别是共建"一带一路"倡议提出以来,中国企业走出去步伐不断加快,深刻地影响着全球经济增长和世界经济格局变化。根据中国商务部统计,2015年中国对外投资规模首次超过吸引外资规模;2013—2021年,中国企业对共建"一带一路"国家累计直接投资1 640亿美元;截至2021年底,中国对外直接投资存量达2.79万亿美元,对外直接投资企业4.6万家,分布在全球190个国家和地区。其中,中国在共建"一带一路"国家的直接投资存量为2 138.4亿美元,设立境外企业超过1.1万家,涉及国民经济18个行业大类;2021年,中国对共建"一带一路"国家直接投资规模达到241.5亿美元,比上年增长7.1%,是2012年的两倍。①

近年来中国企业对外投资意愿日益强烈,共建"一带一路"国家成为重要目的地。中国贸促会发布的《2022年中国企业对外投资现状及意向调查报告》

---

① 根据中国商务部发布的《2021年度中国对外直接投资统计公报》整理。

显示，中国企业对外投资稳中有进。其中，从受访企业的地域看，约71.8%的企业对外投资优先选择共建"一带一路"国家；从行业看，48.7%的企业对外投资优先选择制造业，25.2%的企业优先选择批发零售业；从目的看，近六成企业对外投资目的为开拓海外市场，35.9%的企业为降低生产经营成本，32.9%的企业为提升品牌国际知名度；从成效看，超半数企业对外投资收益率增加或保持稳定，近两成企业对外投资利润率增加。目前，共建"一带一路"国家已成为中国企业对外投资新的集聚地，中国同共建国家的投资合作正逐步由传统领域向高技术含量和高附加值的高端服务业、智能化行业、跨境电子商务等新经济领域方向发展。

然而，由于不同国家在政治体制、发展阶段、文化习俗、法律法规等方面存在巨大差异，中国企业对外投资也面临纷繁复杂的制度和文化冲突，加上中国企业普遍缺乏海外投资的时间积累和实践经验，中国企业走出去所面临的国际环境和投资风险也日益复杂（叶尔肯·吾扎提等，2017）。相关研究表明，域外势力、政权更迭、市场管治、汇率波动、法律法规等因素给中国企业对外投资带来了深刻影响（赵明亮，2017），尤其是对于单个企业的对外直接投资。总体上，目前中国企业海外投资面临的主要问题集中在制度和文化冲突、海外投资经验不足、沟通协调机制不畅以及投融资成本负担重等方面，这在较大程度上影响到中国企业的对外投资成效。

（1）制度和文化冲突

由于政治制度、发展阶段、社会习俗和法律法规等方面的差异，中国与共建国家间存在一定的制度和文化差异性，使得中国企业对外投资过程中面临一定程度的"外来者劣势"。一方面，跨国企业缺乏对东道国政治环境及经济规则等的认知，部分中国企业直接将在国内的经营方式和管理方式复制到东道国，并试图将先进的技术输出到共建国家（刘卫东、姚秋蕙，2020），但由于中国和共建国在发展阶段、政治制度、文化习俗等多方面的差异，将国内的经营模式简单复制到东道国常会面临"水土不服"的问题。另一方面，跨国企业也需要面对东道国可能存在的政府效率、监管质量、法制缺陷和贪污腐败等问题，尤其是在市场制度尚未完全建立的发展中国家，跨国企业容易受到东道国在价值观、思维模式、管理机制和行为方式等方面所存在差异带来的影响，给企业的统一管理、员工间的沟通交流、企业的经营目标和战略的实施等带来阻力，影响企业融入当地市场。

(2) 海外投资经验不足

相较于发达国家的大型跨国公司，中国对外投资企业往往规模偏小，跨国经营的时间积累和实践经验相对缺乏。尤其是对于直接走出去的单体企业，"单打独斗"使其较难在东道国建立广泛的行业信息和人才网络，并且由于制度和文化等方面的差异，很难在短时间内与当地社会和企业建立起信息流动和资源分享机制。海外投资经验不足加上信息和资源共享渠道的缺失，使得这类企业在进入共建"一带一路"国家时，需要投入更多时间和精力熟悉东道国的政治体制、文化习俗、商业规则、法律法规并融入当地市场环境。因此，单个企业开展对外直接投资普遍面临较大的投资风险，还可能在应对政治和经济风险时经验不足，影响企业投资效率。

(3) 沟通协调机制不畅

相较于高层级的政府推动项目，单个企业的对外直接投资往往面临着协调机制不畅的难题，特别是与东道国顶层交流机制缺失，与政府机构协调能力不够，与各组织、社区和民众的沟通不足等问题。一方面，单个企业直接投资"势单力薄"，话语权不足，表现为对东道国投资"议价"能力偏低，东道国政府大多不会为单个企业提供税收、土地和资金投入等方面的特殊优惠政策；另一方面，单个企业普遍无法在投资初期快速融入当地社会网络和信息网络，较难与东道国政府、非政府组织、社区、工会、民众等建立起有效的联系和沟通机制，也在一定程度上影响了税收、关税、土地、环保等相关政策的协调和沟通效率。

(4) 投融资成本负担重

共建"一带一路"国家大多为发展中国家，在港口、公路、铁路、电力、水利、通信等领域的基础设施建设水平较为落后，在一定程度影响到企业的前期投入和经营需求。由于基础设施和配套设施相对落后，企业向共建国家直接投资时，通常需要提前进行道路、水电、通信等基础设施以及厂房、员工宿舍、餐厅等配套设施的建设，因而导致企业承担较高的前期建设成本和时间周期。同时，部分共建国家也尚未形成针对外商投资的服务体系，企业投资过程中需自行寻求当地相关机构的服务，寻求相关服务的难度和时间成本相对较高，明显增加了企业投资成本。此外，单个企业对外投资过程中也面临融资难的问题，大多数共建国家金融市场相对不发达，金融机构难以有效支撑企业投资；东道国常面临较大的国内政治和经济风险，导致国际多边金融机构和商业银行出于规避风险的考虑而向企业提供贷款的意愿较低。

综上所述，在"一带一路"建设背景下，虽然中国企业对外投资取得了明显成效，但企业的海外投资也面临着制度和文化冲突、海外投资经验不足、沟通协调机制不畅、投融资成本负担重等挑战，这在一定程度上影响到企业的投资效率和成效。在此背景下，通过构建海外园区建设模式，以海外园区为空间载体，促进中国企业"抱团"走出去，成为中国企业走向全球、拓展海外市场的重要选择。

2. 海外园区建设进展

作为中国对外直接投资的新方式，海外园区成为中国企业加快走出去步伐、探索对外投资新模式的重要平台。特别是共建"一带一路"倡议提出以来，中国企业在共建国家和地区建设了一批境外经贸合作区，包括中白工业园、泰中罗勇工业园、马来西亚-中国关丹产业园、中国·印度尼西亚经贸合作区、乌苏里斯克境外经贸合作园区、孟加拉国吉大港中国经济产业园等，涉及中东欧、东南亚和南亚等地区。截至2021年底，中国企业在全球46个国家建设了113个境外经贸合作区，累计投资507亿美元，上缴东道国税费66亿美元，为当地创造39.2万个就业岗位。境外经贸合作区多分布在东南亚、南亚、非洲和东欧，有力促进了与东道国的互利共赢、共同发展。其中，中国企业向共建"一带一路"国家的境外经贸合作区累计投资431亿美元，上缴东道国税费超40亿美元，为当地创造就业岗位超过30万个，为共建国家经济社会发展做出了积极贡献。① 随着境外经贸合作区建设的不断推进，海外园区已经

---

① 根据中国商务部发布的《2022年度中国对外投资合作发展报告》整理。

成为中国企业对外投资的重要平台，对于中国企业克服走出去过程中面临的制度和文化差异具有中介作用，并有效促进了东道国社会经济发展，成为推进"一带一路"建设的重要空间载体。

相较于发达国家大型跨国公司，中国对外投资企业往往规模偏小，对东道国投资的"议价"能力偏低，应对风险的经验和能力不足，加上受到国内开发区发展模式的启发，往往采取海外园区的形式"抱团"走出去（余官胜、林俐，2015；蔡宁、杨旭，2002）。早在20世纪90年代末，中国企业就开始自发探索海外园区建设，例如福建华侨实业、海尔集团、天津市保税区投资公司等为满足自身海外业务发展需要，陆续在古巴、美国等地建立了海外园区。为鼓励更多中小企业走出去、开拓国际市场，2005年底中国商务部正式提出建立境外经贸合作区并出台多项优惠政策。自共建"一带一路"倡议提出以来，海外园区进一步上升为中国与共建"一带一路"国家建设的重要平台。基于共商共建共享原则而建设的经贸合作园区在帮助中小企业克服制度和文化差异上发挥什么样的作用、其机制如何以及如何完善园区的制度安排，成为新的研究议题（Liu，2019；刘卫东，2015）。

中国海外园区建设一般采取共建模式，涉及多方利益主体共同参与园区的建设和管理。根据园区主导建设力量，可以将园区划分为政府高层推动型、园区开发公司主导型、民营企业建设型三种建设模式（叶尔肯·吾扎提等，2017）。无论是哪种模式，国家、地方政府、跨国公司、非政府组织和本地社区等主体对海外园区的发展都具有不可忽视的作用（UNCTAD，2019；Phelps and Wu，2009）。在海外园区的作用与影响方面，目前研究多关注海外园区作为国家之间经贸合作的平台、对中国对外投资和贸易的影响（李嘉楠等，2016）、对东道国结构转型和产业发展的促进（Bräutigam and Tang，2014）、对项目所在区域的经济带动作用（Pereira，2004）等，而海外园区的制度和文化功能，即海外园区如何帮助中国中小企业克服制度和文化差异的研究还有待加强。

在共建"一带一路"地区，中国的海外园区广泛分布在东南亚、非洲、东欧和拉丁美洲（沈正平等，2018），而这些国家和地区通常投资环境复杂、政治制度薄弱、经济发展落后（杨剑等，2019；王志芳等，2018）。因而，总结中国在欠发达地区建设园区的经验和模式，聚焦海外园区的制度和文化功能，将丰富和完善已有的海外园区研究，为"一带一路"背景下海外园区建设提供参考，为中国企业向共建"一带一路"国家投资过程中遇到的问题提供解决方案。柬埔寨自2005年起通过设立经济特区吸引外商投资，其最主要的特点是柬埔寨政府将经济特区的设立和管理交予私营部门（Warr and Menon, 2016）。作为"一带一路"建设的旗舰性项目，近年来西港特区发展迅猛，已成为中国和柬埔寨两国开展经贸合作的发展模板。深越合作区是深圳市响应共建"一带一路"倡议、支持企业走出去发展的功能性平台，探索出的"深圳总部＋越南工厂"的发展模式是中国海外园区类型体系中的重要形式。因此，本章以西港特区和深越合作区为案例剖析海外园区在企业对外投资中的作用，为海外园区高质量发展政策的制定提供科学支撑。

二、海外园区建设理论分析："投资花园"

作为政治实体，国家是特定群体在特定空间范围内的集合，具有明确的排他性（刘卫东等，2013）。由于不同国家在政治体制、发展阶段、文化习俗等方面存在差异性，单个企业的直接投资时常会受到东道国制度和文化差异的影响并产生"水土不服"现象，较大程度地影响到企业的对外投资成效（刘卫东等，2019；刘卫东、宋周莺等，2018）。因此，对外投资企业通常不能简单地复制在国内的成功发展经验，而需要根植于东道国的制度和文化土壤当中，充分考虑到制度和文化异质性在企业对外投资中的关键性作用，规避企业海外投资中可能出现的制度和文化差异所带来的各类风险。

相对单个企业而言，海外园区具有投资规模相对大、风险管理和应对能力相对强、与当地政府和相关机构的协调能力相对较大等特点，有助于帮助中小企业克服跨国经营所面临的制度和文化差异。具体而言，一方面，海外园区通过复制和移植国内园区成功的发展经验，在东道国创造一个母国企业熟悉的制度和文化环境，提供从企业入园、工商注册到商务谈判全流程"一站式"服务，降低了园区企业运行成本，减少了因制度和文化差异性带来的经济风险。另一方面，作为园区企业的载体和代理人，海外园区通过各种方式和途径，向东道国和母国争取优惠政策、培育园区文化和品牌、促进信息和资源的共享、改善投资软硬环境，充分发挥功能平台的作用。具体如图 8-1 所示。

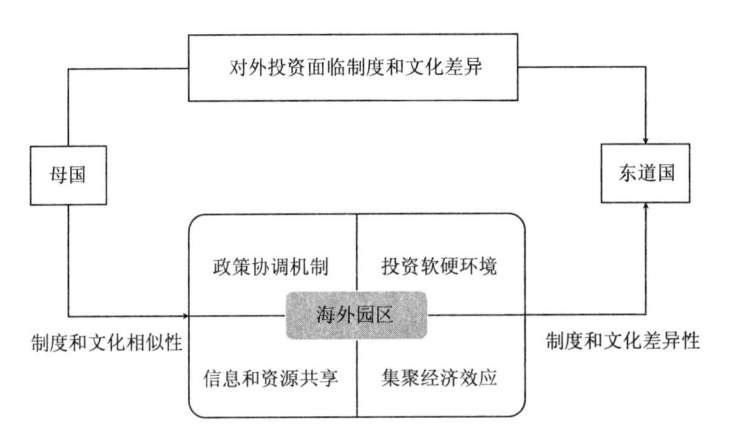

图 8-1　海外园区建设模式基本认知

由此可见，当前海外园区建设为母国企业海外投资克服制度和文化冲突提供了缓冲空间与发育土壤，是帮助投资者更快适应东道国投资环境、加快企业成长成熟的"花园"。我们将其称为"投资花园"。"投资花园"的本质在于，通过创造一种适宜企业海外发展需要的政策、制度和文化环境，降低企业海外投资过程中所面临的东道国的制度和文化差异，为企业走出去提供制度和文化差异最小化的发展空间。具体而言，我们认为，这种"投资花园"模式主要从构建政策协调机制、打造投资软硬环境、促进信息和资源共享以及释放集聚经济效应四个方面，发挥着促进中国海外企业成长成熟的作用，以上四个维度互为补充、共同支撑了海外园区模式在对外投资体系中的独特作用（图 8-2）。

1. 政策协调机制

海外园区往往是母国、东道国、中央及地方政府、企业等多个主体间协商达成的投资行为，在构建多层级协调机制中具有天然的优势。一方面，由于海外园区规模大，具有中小企业集群化发展特性，受关注程度普遍较高，在向东道国和中国政府争取税收、土地和资金投入等方面的支持时，较单个中小企业

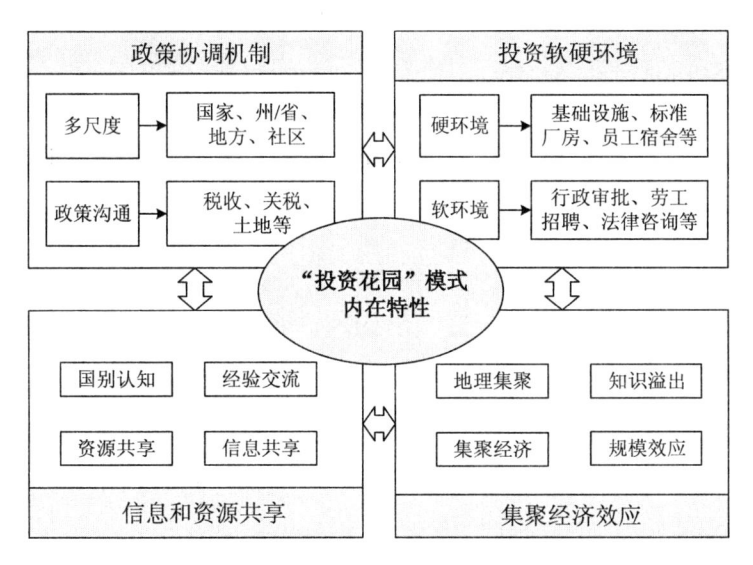

图 8-2 "投资花园"分析框架

而言具有明显的优势。另一方面,海外园区在某种程度上具有类似于家长或代理人的功能性质,在企业对外联系中发挥着重要的协调作用。我们把园区的这种功能属性称为"家长式"或"代表制"的园区协调模式。具体而言,在海外园区的建设中,运营方通常会设立园区管理委员会,负责与东道国政府、当地政府、非政府组织、社区、工会、民众等主体协调相关事宜(叶尔肯·吾扎提等,2017)。

2. 投资软硬环境

为提高投资效率和企业入驻率,海外园区通常会打造优良的投资硬环境和软环境。硬环境指的是基础设施及其配套设施,而软环境指的是整体园区的服务体系。在园区开发建设初期,园区开发商通常优先保障基础设施建设,即提供所谓的"三通一平"(通路、通水、通电及土地平整),甚至是"五通一平"(通路、通水、通电、通信、通排水及土地平整)和"七通一平"(通路、通水、通电、通信、通排水、通燃气、通暖气及土地平整);后期进一步完善相关配套设施,包括标准厂房、污水处理厂、员工宿舍、职工餐厅等。通过提供优良的基础设施和配套设施建设,减少入园企业的前期投资规模,提高企业投产效率。除硬环境外,海外园区大多还会提供全方位或"一站式"的服务,为入园企业提供行政审批、劳工招聘、员工培训、融资服务、法律咨询、语言翻译等方面的服务和指导。这有助于降低企业投资成本，提高企业生产率和投资回报率。

3. 信息和资源共享

只有深入了解东道国政治体制、社会习俗、宗教信仰、商业规则、法律法规、环境保护等，企业才能更好地应对在东道国投资过程中可能会面临的问题和挑战，降低企业投资风险，提高企业投资效率。而作为容纳企业集群的承载体，海外园区具有庞大的行业信息库和人才网络，在获取、认知东道国国别地理与治理结构上具有明显的优势，有利于企业谨慎投资行为、降低投资风险和规避投资误区。同时，由于地理邻近性，大量企业在园区内集聚，更容易产生信息和资源的流通与交换，共享行业信息和企业本地化发展经验，消除信息不对称在海外投资过程中带来的影响。

4. 集聚经济效应

海外园区是企业在地理空间上的集聚形态，是产业集群形成的外部环境（叶尔肯·吾扎提等，2017）。产业集群所产生的集聚经济和规模经济是开展园区建设模式的基本动力。依托于园区构建产业集群，通过企业集聚产生知识溢出与规模效应，促进企业间潜在的互补、分工和协作，为上下游企业拓宽产业链条和合作深度，减少海外投资的交易和寻找成本。对于欠缺海外实践经验的中小企业，海外园区这种具有"抱团出海"性质的对外投资形式显得尤为重要。此外，依托于海外园区的影响力和品牌示范效应，通过分享企业发展成功经验，吸引更多的国际、国内优秀企业进驻，从而形成园区和企业互惠发展的良性互动。

综上所述，海外园区模式的优势集中体现在政策协调机制、投资软硬环境、信息和资源共享以及集聚经济效应四个维度，这四种优势互为补充、相互支撑，为企业对外投资实现路径突破和路径创新提供了基础保障，促使海外园区真正成为中国企业走出去的"投资花园"。

三、海外园区建设机制分析：西港特区和深越合作区的案例

随着共建"一带一路"倡议提出，我国海外园区建设步伐加快并取得了卓有成效的建设进展。西港特区是中柬两国政府顶层设计、政府部门战略对接、企业扎实推进的产物，既借鉴了中国国内园区的成功发展经验，也创造了适应柬埔寨实际发展需求的开发模式。深越合作区是深圳市响应共建"一带一路"倡议、支持企业走出去发展的功能性平台，既为深圳市的中资企业进行产业转移和升级提供了空间，也探索出了"深圳总部＋越南工厂"的良性互动发展模式。上述两个产业园区是我国推动与各国共建"一带一路"、深化经贸合作而建设的"投资花园"的典型案例。我们以西港特区和深越合作区为案例，从构建多层级协调机制、打造优良投资环境、促进信息和资源共享以及释放集聚经济效应四维度深入剖析海外园区运行机制与建设模式。

1. 构建多层级协调机制

回顾西港特区和深越合作区的发展历程，可以发现，两个园区的投资和建设都经历了多主体间的战略耦合。其中，西港特区由政府推动、企业承建，构建了政府和企业相互配合传导的多层级协调机制；深越合作区的建设和运营主要由企业负责，构建了以企业为主导的多层级协调机制。

西港特区是由中国政府提供指导和政策支持、无锡市政府积极推动、红豆集团承担建设、柬埔寨政府联合参与的合作项目。作为中柬两国经贸合作的重点项目，西港特区自创建以来便得到了中柬两国领导人和各级政府部门的高度重视。2006年，中国商务部正式启动实施境外经济贸易合作区支持计划。在江苏省政府和无锡市政府的共同推动下，红豆集团于2007年正式接管了西港特区的建设和运营。此后，西港特区进入了快速建设期。2009年7月，西哈努克市与无锡市缔结成为友好城市。2010年12月，柬埔寨王国首相洪森访华期间，中柬两国正式签订《中华人民共和国政府和柬埔寨王国政府关于西哈努克港经济特区的协定》。在该协议框架下成立了西港特区副部级协调委员会，建立了常态化协调机制，以及时协调解决发展中遇到的问题。2014年7月，

西哈努克省与江苏省签署了友好合作备忘录。2016年10月，中柬两国将"继续实施好西哈努克港经济特区等合作项目"写入《中柬关于双边合作框架的联合声明》。2017年4月，在中柬两国地方政府的支持下，无锡市到西哈努克港开通了直航，大大改善了两地的通商环境。由于中柬两国政府高度重视、各级政府部门积极配合，西港特区成为第一个签订双边政府协定并确定法律地位、建立双边副部级协调委员会促进机制的境外经贸合作区。两国政府高层的支持，奠定了西港特区的制度优势，使其拥有了便利的协调机制和大量的优惠政策。

相较于西港特区，深越合作区的建设过程较为波折，历经政府推动、签署协议、项目暂停、重新启动和加速发展等阶段。其中，中方（深圳）提供资金，越方提供优惠政策，中国和越南两国政府牵头，深圳市政府积极推动，企业建设运营，越南政府联合参与。2008年，在中越两国政府领导人推动下，深越合作区项目正式启动；同年9月，时任广东省委书记汪洋率团访问越南，确定中越两国合作项目落户海防市；11月，在两国总理见证下，深圳市人民政府与海防市人民委员会签订支持合作区建设合作协议，承诺由中方企业提供资金，越南政府在政策上予以支持。2014年，由于越南南部和中部地区爆发"反华运动"，深越合作区建设停滞。2016年，深圳投资控股有限公司接管深越合作区的建设，并全资控股深越联合投资有限公司负责园区的投资、规划、建设、招商和管理，而中航集团等企业不再承担开发和运营任务，自此深越合作区进入国有独资建设和运营阶段。在建设和运营过程中，深越合作区构建了以企业为主体的多层级协调机制。其中，投资方为深圳投控公司，同时成立全资控股的深越联合投资有限公司进行实际运营，深圳市政府提供指导和支持，越南当地政府在园区建设过程中也十分配合，建立了良好的政府间协调与沟通机制。

由此可见，打造具有东道国制度和文化适宜性的"投资花园"，需建设政府、企业、机构和个人等多主体参与的多层级协调机制。其中，政府的推动作用尤为重要，在与当地政府的谈判和协调过程中，母国政府发挥了企业无法替代的重要角色，两国领导人共同推动的项目在园区运营发展过程中起到了重要的作用。因此，需要充分发挥东道国和母国政府的推动引领作用，调动企业在园区建设过程中的能动作用，协调组织机构和个人等行为主体，通过构建多层级协调机制，获取东道国政府最优惠的政策和优越的制度，才能将园区打造成为各类企业入驻的"投资花园"，充分发挥海外园区在中国企业对外投资中的作用。

2. 打造优良投资环境

良好的投资环境是吸引企业入驻的必要条件。相对中国而言，柬埔寨和越南的硬件基础设施较为落后，同时与中国存在较大的政治体制、法律法规、文化习俗、宗教语言等差异，这不利于吸引中国企业进行投资活动。为此，西港特区和深越合作区借鉴国内外园区发展经验，从硬环境和软环境两方面加强园区建设，为企业提供优良的投资环境，帮助企业克服因制度和文化差异性所导致的"水土不服"。

在硬环境方面，两个园区都致力于建设完善的基础设施及相关配套设施，从水、电、厂房、道路和网络等方面入手。截至 2017 年底，西港特区首期 5 平方千米已全部实现"五通一平"，建设标准厂房 170 栋；针对柬埔寨供水、供电等基础设施不稳定状况，园区自建水厂、电厂与市政电网并网，确保了企业 24 小时水电供应；污水处理厂于 2017 年正式建成启用，采用目前柬埔寨最先进的污水处理技术，一期日处理污水能力达 5 000 立方米。同时，西港特区还配套建设了综合服务中心大楼、柬籍员工宿舍、商贸市场、生活服务区、社区卫生服务中心等设施，为园区内员工安居乐业创造较好的条件。此外，西港特区还引入餐馆、日用店、五金配件店、诊所、柬埔寨小额贷款公司等生产、生活配套服务机构。深越合作区一期和二期工程分别于 2017 年底和 2019 年初完成，开发面积分别为 0.6 平方千米和 1.36 平方千米，建设内容包括开发范围内的道路桥梁、场地平整、厂房和办公楼建设、主入口及周边围墙、首期污水处理厂、变电站建设等建设项目。截至 2020 年 1 月，深越合作区已经建成 22 栋标准化厂房，总建筑面积为 0.113 平方千米；已拥有 0.12 平方千米的生活配套用地，建有职工宿舍并配套健身房、游泳池、餐馆、食堂等相关设施；已配备 0.15 平方千米商业配套用地，包含商铺、办公室、展厅、会议中心等；

已修建 43 米宽主干道，40MW×2 变电站、9 000T 污水处理厂、通信网络、安防监控系统、雨污分流管网系统、燃气管网等配套设施，并已在园区内部规划了 12 条纵横交错的道路交通网络，并对外规划了通往海防市中心城区的国道。

在软环境方面，打造"一站式"综合服务平台是改善园区内营商软环境的重要措施。为此，西港特区提出了"平台＋"的发展思路，为入园企业提供了必需运营平台。具体而言，通过引入柬埔寨发展理事会、海关、商检、商业部、劳工局和西哈努克省政府等入驻，西港特区打造了"一站式"行政服务窗口，为入园企业提供从投资申请、登记注册，到报关、商检和核发原产地证明等在内的"一站式"行政审批服务，保证区内企业不出园区便可办理相关手续。为了解决企业用工紧张，园区积极与当地大专院校对接，在园区内建立了劳动力市场，定期举办人力资源劳工招聘会。同时，还联合无锡商业职业技术学院共同创办西港特区培训中心，为区内企业培养和储备人才库。除了人才，园区还积极引进了柬埔寨加华银行等金融机构，联合江苏漫修律师事务所共同推动建立江苏驻柬埔寨"一带一路"法律服务中心，为区内企业提供金融和法律服务。深越合作区在改善园区软环境方面采取的措施与西港特区类似，为入园企业提供工商、税务、法律、海关、商检、金融、核发原产地证明等"一站式"行政审批服务，并为入园企业提供必需的经营环境和运营平台，包括产品展示、会议、培训等场地服务以及融资服务。此外，深越合作区正在探索发展智慧园区的实现路径，采用智能应用等技术手段提供企业专业服务、园区公共服务、员工尊享服务等，有望涉及企业运维管理、能源管理、设施管理、企业金融、政务服务、知识产权、商务出行、信用服务和智能 HR 等功能。

总体而言，西港特区和深越合作区通过建立上述综合服务体系，整合园区信息资源，为入园企业提供全方位、高效便捷的服务，智能简化管理工作，使得企业能更高效运营、更多地将精力投入至生产，实现园区内企业协同优化发展，帮助入区企业快速嵌入当地社会经济环境中，在"投资花园"中实现平稳过渡和健康持续发展。

3. 促进信息和资源共享

在企业海外投资过程中，由于东道国和母国在制度和文化上往往存在一定差异，企业在对外投资初期可能缺少对东道国制度、政策法律和社会文化等方面的认知，因而企业海外投资常常面临较多风险，在投资初期只能"摸着石头过河"。这种信息不对称较大程度上影响了企业的对外投资效率。为帮助企业更好地适应东道国的投资环境，减少因信息不对称带来的投资风险，西港特区和深越合作区等海外经贸合作园区通过搭建信息与资源共享平台、承办国内外交流会议、畅通政企沟通渠道，为园区内企业提供了同行交流、信息分享和经验交流的机会，避免企业"孤军奋战"，使得园区具备了帮助企业快速成长的发育土壤，从而成为越来越多企业青睐的"投资花园"。

具体而言，西港特区协调中心的成立、定期座谈交流会和茶话会的举办，以及联合当地政府部门与相关机构等不定期举办法律咨询会、税收政策解读会、劳工法咨询会等，都为企业搭建了经验交流和信息分享的平台。这些活动帮助入园企业取长补短，引导企业遵守法律法规，提升经营管理水平，促进企业更快融入当地生产经营环境，提高企业投资效率。在运营理念上，西港特区将入区企业和西港特区公司视为命运共同体，努力营造"引得进、留得住、发展好"的运营环境，为入驻园区企业解决实际问题和后顾之忧，使得入区企业可以集中精力抓生产和市场。例如，较早入驻西港特区的江苏企业苏州云鹰纺织品有限公司和园区内其他江苏企业保持着密切联系，苏州云鹰纺织品有限公司负责人曾表示，园区内各类企业彼此往来紧密，相互分享新政策和新消息。2018年11月12日，江苏企业走进西港特区交流会在西港特区顺利召开，在此次交流会中，西港特区向企业宣传自身优良的投资环境和优惠的投资政策，区内企业代表还向来访的江苏企业家作经验分享，并就入园资格、入园流程和水电等情况进行了交流与沟通。

为帮助赴越投资企业更好地适应东道国的投资环境，深越合作区充分发挥运营方在协调机制上的能力，积极寻求与越南中央及地方政府间的沟通协调，与各级政府始终保持沟通联络机制，从而为及时解决企业投资过程中遇到的困难提供保障。同时，深越合作区通过构建协调中心、不定期联合当地政府举办咨询会和承办交流活动等形式，为合作区内企业提供信息分享、经验交流的沟通平台，使得入区企业能够集中精力抓生产和市场。例如，2021年12月9日，深越合作区开工五周年主体交流活动于深圳和海防两地同时举办。此次交流活动由深圳投资控股有限公司主办，深越联合投资有限公司承办，为园区内的企业提供了经验交流和信息分享的契机。交流活动中，来自政府和企业的领导、高管、专家等100余人通过现场会议与视频会议相结合的方式参加，入驻企业代表进行了经验分享。2018年10月，中国国家税务总局驻越南税务联络官周磊副调研员到深越合作区宣讲中越税收协定，分享税务案例，收集并解释了中资企业面临的税务问题，深越联合投资公司、入驻企业及合作区施工企业有关人员参加了培训，并就有关税务方面的话题进行了交流。

4. 释放集聚经济效应

相较于单个企业"单枪匹马"式的直接投资，企业在园区内集聚所形成的"抱团出海"有助于形成企业集聚经济效应，能够更好地应对复杂多变的外部环境。为此，西港特区和深越合作区各自培育优势产业，吸引相关企业入驻，注重全产业链条的配套建设，从而推动形成企业集聚效应，提升企业投资收益，将园区培育成为企业对外投资的"花园"。

目前，西港特区已形成纺织服装、箱包皮具和木业制品等主导产业，并对相关行业的企业形成进一步吸引。西港特区一期项目中，多以纺织服装、箱包皮具、五金机械、木业制品等轻工为主导产业，大部分产品都是出口导向型。而当前正在建设的二期将重点引进五金机械、建材家居、精细化工等产业，推动特区内的产业体量进一步壮大，产业链条不断延伸。近年来，西港特区内的木地板行业发展迅猛。森林木业作为较早入区的企业之一、园区内第一家木地板厂，见证了园区的逐步发展、壮大历程。经过多年发展，当前森林木业不仅租用了园区两栋标准厂房，同时还租赁了2万多平方米的土地自建工厂，拥有员工700多名。在森林木业的带动示范下，园区内木地板厂不断增多，目前已吸引了8家木地板厂入驻，一个木地板产业聚集区初步形成。而入驻的木地板企业间关系融洽、互帮互助，不断完善本地木地板厂的配套，提高了整个园区的声誉。此外，近年来部分国内的刀具加工厂、活性炭项目也紧跟木地板厂入驻西港特区，试图联合木地板行业延长产业的上下链条。

深越合作区在建设过程中注重全产业链条的配套建设，致力于培育高新技术产业集群，建设高新技术产业园区。深越联合投资公司在建设、运营深越合作区时，秉承了深圳投控公司"科技金融、科技园区、科技产业"集群的理念，着力吸引科技型制造类企业，目前已重点引进了电子、机电等行业的企业。2018年下半年以来，随着基础设施和配套服务设施日益完善，前往合作区考察入驻的国内外企业也持续增加，考察企业主要集中在电子装配等轻加工领域，该类型企业在园区内集聚，形成集聚效应和规模效应，并进一步吸引其他电子企业，逐渐形成电子企业集群。深越经济区重点引入的企业类型主要为绿色环保的科技型制造类企业，目前已形成纺织业、服装业、医药制造业、计算机、通信和其他设备制造业等主导产业；未来，园区希望进一步引入具有节能环保、现代工艺、技术先进等特征的企业，例如工业机器人、清洁能源、通信设备、电子产品、精密加工等类型的企业，推动园区内的高技术制造业产业体量进一步壮大，并且实现产业链条延伸。截至2021年7月，深越合作区内已有28家高科技企业入驻，以电机设备、机械设备等为主，还有部分建筑工程、园区配套服务等企业，包括卧龙电气、三花智控、大洋电机、普联技术、华懋新材料、欧陆通电子、豪恩声学、道通科技、飞宏科技、特发信息、大乘科技、共进电子、和而泰智控、香港汇进和科士达等。

总体而言，西港特区和深越合作区通过培育优势产业、引进龙头企业、签约合作项目、建设产业链上下游互动等方式推动主导产业集聚效应的形成。通过释放集聚效应，海外经贸合作园区降低了入驻企业获取专业化人才、技术、资金和服务的成本，大大节约了入园企业的交易成本，提升了交易效率，并推动区域品牌的加速建设和传播。在提升企业经济效益的同时，园区也帮助外资企业通过"抱团出海"尽快嵌入东道国的制度和文化环境中，从而成为企业走出去的"投资花园"。

四、小结

由于共建"一带一路"国家在政治体制、发展阶段、文化习俗、法律法规等方面存在巨大差异,加上中国企业普遍缺乏海外投资的时间积累和实践经验,中国企业走出去过程中通常面临制度和文化冲突、海外投资经验不足、沟通协调机制不畅、投融资成本负担重等问题,这也影响到中国企业对外投资成效。在此背景下,海外园区为中国企业对外投资提供了重要平台,有利于更好地应对企业海外投资过程中面对的潜在难题和挑战,成为促进中国与共建地区经贸合作、推动"一带一路"高质量发展的空间载体。

通过剖析两个典型海外园区的建设模式,我们发现,海外园区通过在东道国创造一个母国企业熟悉的制度和文化环境,并作为企业的载体和代理人向东道国及母国争取优惠政策、培育园区文化和品牌、促进信息和资源共享、改善投资软硬环境、培育优势产业并释放集聚经济效应,从而帮助母国企业克服与东道国的制度和文化差异性,起到了"投资花园"的作用。

作为"一带一路"重点建设项目,西港特区的建设对中国中小企业的对外投资起到了重要的促进作用,并使得中柬两国在经济发展和友好关系往来方面实现了共赢;深越合作区有效促进了中国企业"集体出海、抱团取暖",同时也带动了越南的经济发展。然而,两个海外园区与完善成熟的"投资花园"仍存在一定差距,在基础设施建设、多层级协调机制建设和主导产业培育等方面仍有较大提升空间。对于西港特区,由于柬埔寨的公路、铁路、桥梁、水利电力和网络通信等基础设施整体较为落后,而中国在柬埔寨援建的基础设施大多位于西港特区之外,使得园区内基础设施总体水平仍相对落后,对园区打造优良的投资环境造成了一定阻碍。对于深越合作区,虽然该园区属于中越两国重点合作项目,但目前的多层级协调机制以企业为主导,而企业在与当地政府的协调和沟通中话语权有待进一步提升。未来,在"一带一路"建设背景下,一方面,持续深化在共建国家的海外园区建设,通过建设高质量海外园区,为中国企业走出去保驾护航,同时也能有效促进东道国社会经济发展;另一方面,已有的产业园区仍需要针对薄弱环节分类施策,不断完善多层级协调机制、打造具有竞争力的投资环境、促进信息和资源共享以及释放集聚经济效应,打造成熟完善的"投资花园",为中国企业对外投资提供跨国发展空间。

当前,海外园区已经成为中国企业走出去开展经贸合作的重要平台。目前国内外关于中国海外园区的研究多聚焦园区的经济功能，而其制度和文化平台功能有待深入探讨，且共建"一带一路"地区海外园区建设模式有待明晰。为此，本章基于制度和文化视角，以西港特区和深越合作区为案例，试图从理论层面总结海外园区的运行机制和建设模式，揭示海外园区在中国企业对外投资中的促进作用，在此基础上提出"投资花园"的理论概念，在一定程度上丰富了海外园区建设模式的理论认知。通过剖析海外园区建设模式发现，"投资花园"建设模式在企业对外投资中发挥了关键性作用，为企业尤其是中小企业海外投资实现路径创新和路径突破提供了更多可能性。然而，实际上"投资花园"建设模式具有其内在的独特性，并非所有的海外园区都能真正成为"投资花园"。具备"投资花园"属性的海外园区普遍在政策协调机制、投资软硬环境、信息和资源共享以及集聚经济效应四个维度建立了关键性优势，这四个维度互为补充、共同支撑了海外园区成为真正的"投资花园"，从而能够为跨国企业尤其是中小企业提供具有东道国制度和文化适宜性的发展空间。

自共建"一带一路"倡议提出以来，中国企业走出去步伐不断加快，海外园区已经成为中国推进与共建国家经贸合作的重要抓手。当前中国海外园区建设如火如荼，取得了丰硕成果，有效促进了中国企业实现"集体出海、抱团取暖"，也带动了东道国社会经济发展。但不是所有的海外园区都是企业海外"投资花园"，部分海外园区的建设也面临诸多问题和挑战。因此，未来应持续深化海外园区的基础理论研究，强化海外园区的实证案例研究，加强制度和文化因素的定量化表达、地域分异机制等方面的研究，探讨如何在不同制度和文化环境下，因地制宜地推进海外园区的建设，创造出更多行之有效的"投资花园"，这对促进中国海外园区高质量发展以及推进中国和东道国经贸合作实现互利共赢具有重要的现实意义。

参 考 文 献

Bräutigam, D., Tang, X. "Going global in groups": structural transformation and China's special economic zones overseas. *World Development*, 2014, 63 (C): 78-91.

Liu, W. D. *The Belt and Road Initiative: A Pathway Towards Inclusive Globalization*. Routledge, 2019.

Pereira, A. A. State entrepreneurship and regional development: Singapore's industrial parks in Batam and Suzhou. *Entrepreneurship & Regional Development*, 2004, 16 (2): 129-144.

Phelps, N. A., Wu, F. Capital's search for order: foreign direct investment in Singapore's overseas parks in Southeast and East Asia. *Political Geography*, 2009, 28 (1): 44-54.

UNCTAD. *World Investment Report 2019: Special Economic Zones*. United Nations, 2019.

Warr, P., Menon, J. Cambodia's special economic zones. *Journal of Southeast Asian Economies*, 2016, 33 (3): 273-290.

蔡宁、杨旭:"论企业集群和中小企业国际化发展",《中国软科学》,2002年第5期。

陈伟、叶尔肯·吾扎提、熊韦等:"论海外园区在中国企业对外投资中的作用——以柬埔寨西哈努克港经济特区为例",《地理学报》,2020年第6期。

李嘉楠、龙小宁、张相伟:"中国经贸合作新方式——境外经贸合作区",《中国经济问题》,2016年第6期。

刘卫东:"'一带一路'战略的科学内涵与科学问题",《地理科学进展》,2015年第5期。

刘卫东、宋周莺、刘志高等:"'一带一路'建设研究进展",《地理学报》,2018年第4期。

刘卫东、田锦尘、欧晓理等:《"一带一路"战略研究》,商务印书馆,2017年。

刘卫东、姚秋蕙:"'一带一路'建设模式研究——基于制度与文化视角",《地理学报》,2020年第6期。

刘卫东等:《经济地理学思维》,科学出版社,2013年。

刘卫东等:《"一带一路"建设进展第三方评估报告(2013—2018年)》,商务印书馆,2019年。

刘卫东等:《"一带一路"建设案例研究:包容性全球化视角》,商务印书馆,2021年。

沈正平、简晓彬、赵洁:"'一带一路'沿线中国境外合作产业园区建设模式研究",《国际城市规划》,2018年第2期。

王志芳、杨莹、林梦等:"中国境外经贸合作区的发展与挑战——以赞比亚中国经济贸易合作区为例",《国际经济合作》,2018年第10期。

杨剑、祁欣、褚晓:"中国境外经贸合作区发展现状、问题与建议——以中埃泰达苏伊士经贸合作区为例",《国际经济合作》,2019年第1期。

叶尔肯·吾扎提、张薇、刘志高:"我国在'一带一路'沿线海外园区建设模式研究",《中国科学院院刊》,2017年第4期。

余官胜、林俐:"企业海外集群与新晋企业对外直接投资区位选择——基于浙江省微观企业数据",《地理研究》,2015年第2期。

赵明亮:"国际投资风险因素是否影响中国在'一带一路'国家的OFDI:基于扩展投资引力模型的实证检验",《国际经贸探索》,2017年第2期。

第九章 重大建设项目的社会许可[①]

近年来，中国在全球外国直接投资中的影响力不断扩大，越来越多的中国企业"走出去"进行海外投资，其中采矿业是中国企业对外投资的主要部门之一。截至 2019 年底，中国对外直接投资采矿业为 1 754 亿美元，占中国对外直接投资存量的 8%。在大批中国企业纷纷"走出去"收购矿产的热潮之中，不少海外矿业项目也面临困难与挑战。根据安永事务所连续多年发布的全球矿业报告，经营许可、社会（环境）问题一直是国际矿业项目发展面临的关键商业风险。

同时，企业社会责任意识在全球范围迅速提升，面对经济全球化的普遍趋势，社会公众发挥着日益重要的作用。20 世纪 90 年代以来，中国通过对外援助、贸易、投资相结合的方式，在与欠发达及发展中国家的经济技术合作、协助当地改善基础设施条件等方面投入了大量人力、物力、财力。然而，许多中国企业发现，即使企业受到了双方各级政府的大力支持，企业的经济活动也的确是东道国所需，但由于中国企业走出海外的时间尚短，缺乏对当地文化的了解，双方无法有效进行沟通，常常遭遇社会矛盾和冲突。国际社会对中国企业的了解和认同也不够，常常误解中国企业别有用心，批评中国企业在海外的环境保护、劳工等社会责任问题（吴芳芳，2013）。其中，矿业类投资项目的社会责任问题尤为突出。2015 年，中国五矿公司收购秘鲁邦巴斯铜矿，是中国

[①] 本章作者：计启迪、刘慧、刘卫东。本文基于以下文献改写而成：
计启迪："全球生产网络与地方战略耦合的社会壁垒研究"（博士论文），中国科学院大学，2022 年。

矿业企业"走出去"历史上交易额最大的项目,但自完成收购以来不断遭到当地社区的抵制。2019年,当地社区居民因担忧环境污染,发起了一系列社区运动,封锁矿山主要运输道路,导致邦巴斯铜矿运营中断。此外,中国企业在赞比亚和刚果的铜矿开采项目,以及在肯尼亚、马达加斯加、莫桑比克和坦桑尼亚的钛粉矿开采项目都曾引起当地社区对中国企业投资项目的担忧。

共建"一带一路"倡议引领的包容性全球化道路需要中国企业的参与,更需要中国企业转变经营观念,重视投资目的国、地区和社区的收益及获得感。"一带一路"的高质量发展更是要求高标准、可持续、惠民生。中国企业在海外经营项目不仅需要当地政府许可,更要重视当地社区和公众的广泛支持,赢得社会许可。莱比塘铜矿是中国在缅甸投资的重大矿业项目,在建设初期面临严重的社会抵制导致停工,中方公司通过保障当地村民就业与经济收入、保护和改善当地环境、促进社区可持续发展等,顺利获得社会许可与支持,实现了两国政府、中缅企业与员工、当地社区等"多方共赢"。本章将分析莱比塘铜矿建设过程,总结莱比塘铜矿项目赢得社会许可的成功经验和模式,为"一带一路"中国企业未来"走出去"提供借鉴与启示。

一、缅甸矿业发展概况

缅甸的自然资源包括石油、天然气、煤、宝石、铜等。奈温时期(1962—1988年)缅甸实行计划经济,采矿业的生产经营以国营为主。苏貌时期(1988—1992年),缅甸重新发展市场经济,采矿业开始向私营和外资开放。1988年,外资开始在石油、天然气以及矿产开采领域大量投资。然而,由于管理不善、法律的不确定性和持续的社会冲突,外国投资者对缅甸采矿业兴趣乏力。随着缅甸政治的民主转型,西方国家陆续放宽了对缅甸的经济制裁,缅甸以其丰富的矿产资源及尚未开发的潜力吸引了较多外国投资者,外国企业在能源、金属矿产领域的投资有所增加。2011年后,缅甸多种金属矿产量明显增加,其中铜几乎全部产自蒙育瓦市的铜矿项目。

缅甸的采矿业由大规模机械开采、小规模手工开采以及一定数量的非正规开采组成，以小规模经营为主要特征。缅甸不具备开采大量自然资源的资本、专业知识和技术，制约其大规模、专业化发展的其他因素是能源的缺乏和基础设施的落后，因此依赖于外商投资进行大规模的自然资源开发。缅甸境内目前主要的大型矿产项目大多由外国企业参与投资、运营。本节将系统梳理缅甸矿业生产活动中的主要行动者：缅甸政府、非政府组织和当地社区，并分析不同行动者在社会许可中的不同功能。

1. 缅甸政府

缅甸政府主要以两种方式在矿业生产中发挥作用：作为监管者，监管税收、矿产资源的使用权、健康安全和环境问题；作为生产运营者，一般以国有企业的实体参与经营（Dicken，2015）。

（1）作为监管者

法律是监管的重要依据。缅甸的法律体系错综复杂，与矿业生产相关的法律包括《矿业法》（1994 年）、《矿业条例》（1996 年）、《矿业法》（2015 年）、《矿业条例》（2018 年）等。莱比塘铜矿项目于 2010 年签署合作协议，彼时矿业的投资经营活动主要受 1994 年颁布的《矿业法》的监管，然而由于当地法律法规建设落后于社会现实需求，一定程度上影响了投资活动的顺利进行。2015 年 12 月，缅甸议会对已经过时的 1994 年《矿业法》进行了修订，使矿业监管制度更接近国际标准。新的《矿业法》增加了对环境和社会影响的规定，例如要求矿山经营者将环境损害和对当地社区的负面影响降至最低，建立环境保护基金并每年投入资金，要求建立闭坑基金用于环境恢复和植树造林等。2018 年通过的新《矿业条例》还要求企业在申请生产许可证时，提交表明已与当地社区就社会责任进行谈判并获得同意的证明。设立这些法规的目的都是为了扩大矿山经营者的环境和社会责任，降低矿业活动对环境和社会的负面影响。

矿业开发常常涉及环境影响、土地征用等问题，因此关于环境保护、土地征用的法律至关重要。2012 年缅甸颁布《环境保护法》，明确提出需要对可能造成环境重大影响的项目进行环境影响评价，并随后出台了相关条例法规对环境影响评价进行具体规定。然而，缅甸的环境影响评价体系还处于起步阶段，环评审查程序、公开披露、公众参与等方面仍有很多不足，缺乏相应的预算、资金和人才支持（Aung，2017）。缅甸涉及土地权利的最高法律是 2008 年《缅甸联邦宪法》，根据其第 37 条规定，缅甸的土地为国有。2012 年缅甸颁布《农业土地法》《空地、闲地和荒地管理法》，对土地类型及使用权做了进一步明确，但使用权的登记审批工作需要一定时间完成，在此之前仍需要依据传统方式来确定土地使用权拥有者。缅甸《空地、闲地和荒地管理法》允许将大片土地用于农业、畜牧业、采矿业或中央委员会允许的其他用途。缅甸有关土地管理的法律和制度框架支离破碎、复杂过时，在缅甸的投资项目容易涉及土地纠纷。土地问题的普遍化使得不同地区面临相似境遇的公众更容易建立起联系。

总之，缅甸政治经济转型带来了一系列制度变革，有关采矿业的法律监管体系也在调整完善之中。莱比塘铜矿项目的投资正值缅甸转型时期，一系列法律和政策都在密集调整，这一方面代表着缅甸政府在经济、社会发展等方面追求目标的调整，另一方面也意味着跨国公司在缅甸开展经济活动所面临的约束条件变化，这些将直接影响企业与政府、社会公众之间的相对议价能力变化。

（2）作为生产运营者

缅甸政府对金属和非金属矿产开发的干预主要通过隶属于联邦政府自然资源与环境保护部的国有企业——第一矿业公司（No. 1 Mining Enterprise，ME1）和第二矿业公司（No. 2 Mining Enterprise，ME2）来完成，ME1 和 ME2 分别负责监督不同类别矿产的生产和销售。其中，铜矿开发由 ME1 负责，其参与的矿业开发项目在实皆省、腊戌镇、掸邦和曼德勒等地。ME1 和 ME2 被允许保留 55% 的利润，另外的 20% 作为国家贡献转移到国家财政部，25% 作为企业所得税进行缴纳。1989 年的缅甸《国有企业法》赋予联邦政府在矿产勘探、开采和出口等领域开展业务的"唯一权利"，私营企业投资采矿业必须与政府或相关国有企业签订合作协议。国有企业主要通过产品分成制度与私营企业进行合作。根据产品分成制度，经营者承担 100% 的生产成本，并根据矿藏种类支付一定比例的特许权使用费后，还需要将一定比例的产品分成给相关国有企业。生产分成比例依据矿产商品的类别以及伦敦金属交易所当前商品价格确定。

由于缅甸长期受军政府统治，军方背景的企业在缅甸的经济体系中占有重要地位，两大军方控股企业分别是缅甸经济控股公司（Myanmar Economic Holdings Limited，MEHL）和缅甸经济公司，它们几乎涉及缅甸所有经济领域，包括采矿业。MEHL 成立于 1990 年，正值缅甸由计划经济向市场经济的转型时期，MEHL 最初作为缅甸的经济部门成立，旨在从轻工业和贸易等获得利润，后来扩展到其他经济领域，目前该公司持有的股份涉及缅甸几乎所有经济领域。莱比塘铜矿的开采权原先由矿业部下的 ME1 持有，军政府将矿业开采权从矿业部转移到了 MEHL，为了获得莱比塘铜矿的开采权益，外国投资者需要与 MEHL 进行合作。

2. 非政府组织（Non-Govemmental Organizations，NGO）

矿产开发经常在环境和社会影响方面引起很大争议，一直是 NGO 的活跃领域。缅甸的 NGO 起源于地方互助组织，奈温时期，缅甸自上而下高度集权，几乎没有新的 NGO 成立，国际 NGO 也受到严格审查。1988 年，缅甸开始允许成立俱乐部、基金会和其他社会团体，其中社区组织（Community-based Organizations，CBO）甚至无须注册，至今缅甸本土还有大量活跃但尚未注册登记的社区组织。2011 年，吴登盛总统在就职演说中表示新政府要"与议会内的政党、议会外的政治力量及社会组织合作"，政治环境的松绑促进了在缅国际 NGO 的发展，不少国际 NGO 或多或少地参与了缅甸的政治经济转型过程。来自日本、英国、美国等发达国家的国际 NGO 数量最多、资金最雄厚，它们主要关注社会福利、人权等领域。国际 NGO 常有大国背景，企业应该客观认识到，这些 NGO 在长期与缅甸民众沟通接触中，对当地民众的实际需求较为了解，在环保、民生、教育等方面开展的部分服务项目确实回应了当地居民的需求；在缅甸政府控制力较弱的地区，尤其是存在武装冲突的少数民族武装控制区，NGO 往往向当地人提供了不可或缺的公共服务，在医疗卫生和教育方面扮演着重要的角色，对民众的影响力不可小觑。国际 NGO 资金充裕，有丰富的社会工作经验，他们在缅甸开展的社会服务获得不少民众的支持与信赖，宣传的观念赢得了一些本地居民的价值认同，这些构成了国际 NGO 对外商投资项目施加影响的战略资源支撑。

根据NGO发挥作用的尺度，可以将NGO划分为从事国际活动的NGO、全国型NGO、地区型NGO以及社区组织。根据亚洲基金会的统计，缅甸全国有超过20万个社区组织。缅甸NGO的资金来源可以分为国际和国内两个部分，42%的本土NGO也同时接受国际NGO的资金支持。然而，由于过去缅甸缺少NGO相关法律，本土NGO在进行身份核定以获得国际机构的援助时往往遇到很多困难，因而可能采取一些非正规的途径获得国际资金。据此，有学者认为缅甸本土NGO接受国际资金的实际比例要远高于统计数据（李晨阳等，2014）。从接受国际资金的比例来看，缅甸本土NGO与国际社会关系十分密切。

缅甸本土NGO的工作领域涉及教育、环境保护、社会服务、减灾等。近年来，由于缅甸外资较多涌入自然资源产业，自然资源开采带来的环境和社会影响成为缅甸本土NGO一个重要的关注领域。在NGO的大力宣传和引导下，公众越来越关注自然资源部门，对相关企业的期望也越来越高。与缅甸矿业生产活动密切相关的国际NGO是"采掘业透明度行动计划"（EITI）。EITI是由英国国际发展部于2003年发起成立，各国政府、企业和社会组织自愿参与的一个非政府组织，其宗旨是通过提高采掘业透明度，促进一国从自然资源开发中获得的收益能为全体公民所共享。EITI的参与者分为支持者和实施者两类，支持者需要给予资金支持，欧美国家及企业是EITI的主要支持者；实施者需要遵守EITI标准，并定期按照要求汇报本国采掘业状况（杨杰，2016）。缅甸政府于2014年递交了加入EITI的申请，并于2018年被认定达到了EITI标准。在缅甸投资的跨国公司需要按照EITI标准披露信息。缅甸实行EITI标准这一举措直接增加了已经在缅投资的矿业公司所面临的约束，同时提高透明度倡议也间接导致了公众对企业期望的提高。民众抗议部分矿业项目的原因之一便是认为生产活动与EITI倡议的标准相违背。

3. 当地社区

周边社区的居民是受采矿活动影响的主要群体（图9-1）。缅甸人口约5 410万人（截至2019年4月），其中农村人口占比超过2/3。矿区通常地理位置偏僻，周边以农村人口为主。据缅甸政府公布的数据，2015年缅甸农村人口仍有23%处于贫困之中。农村人口的生计依赖农田、渔场、森林等自然资源。矿区周边的一些村民会利用废弃尾矿二次提炼矿产品,这种非正式的采矿活动支持着许多社区的收入。村民采用的方法大多工艺流程简单,不需要复杂的生产设备,但村民们不会采取规范的环保措施,通常,提炼尾矿剩余的残渣直接暴露在地面,废水直接渗入地下,会对周边环境造成污染。因此,一些NGO 倡议应该将非正式采矿活动纳入负责任的供应链管理中。

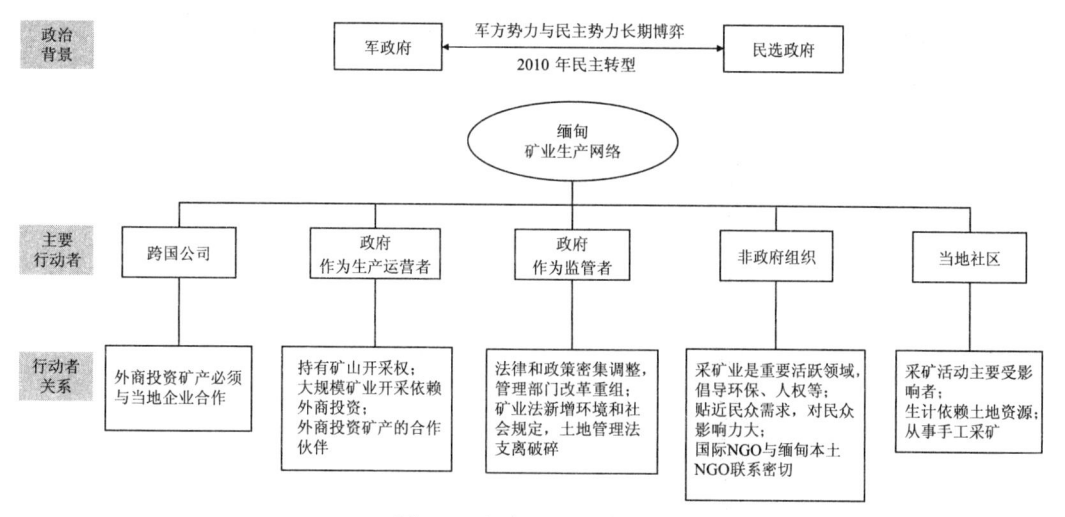

图 9-1 缅甸矿业生产网络

在政治体制转型前,缅甸农村获得外部发展资源的机会有限,村庄大多处于自给自足状态,这似乎培育了农村地区较高的社会资本(World Bank,2016)。村民之间的相互支持与信任为有组织地开展活动提供了良好基础,有利于当地社区在与企业谈判过程中发挥议价能力。2015 年修订后的《矿业法》增加了采矿作业对社会和环境影响的有关规定,当地社区对采矿活动的意见成为影响企业获得生产许可证的重要因素之一。随着表达诉求的渠道增多,村民开始组织起来,争取自身权益。

二、莱比塘铜矿的生产关系网络

莱比塘铜矿位于缅甸实皆省蒙育瓦县查灵吉镇①,该区域的铜矿开采和冶

---

① 参见《"一带一路"建设案例研究:包容性全球化的视角》(刘卫东等,2021)第十四章"莱比塘铜矿"。

炼有长达几个世纪的历史。20 世纪 30 年代，英国人最早发现了查灵吉镇的矿产资源，主要有四个矿床（萨比塘、萨比塘南、七星塘和莱比塘），其中莱比塘的矿产资源约占整个蒙育瓦铜矿的 75%。

莱比塘铜矿项目有着复杂的发展历史（刘卫东等，2021），万宝矿产接手项目时正值缅甸民主转型时期，国民对政治、经济和社会发展的参与非常活跃，国际社会对缅甸的外商投资也十分关注，使得莱比塘铜矿项目牵涉了较多的行动者，生产关系网络较为复杂（图 9-2）。下文将围绕莱比塘铜矿生产关系中的主要行动者、行动者关系及其变化进行阐述。

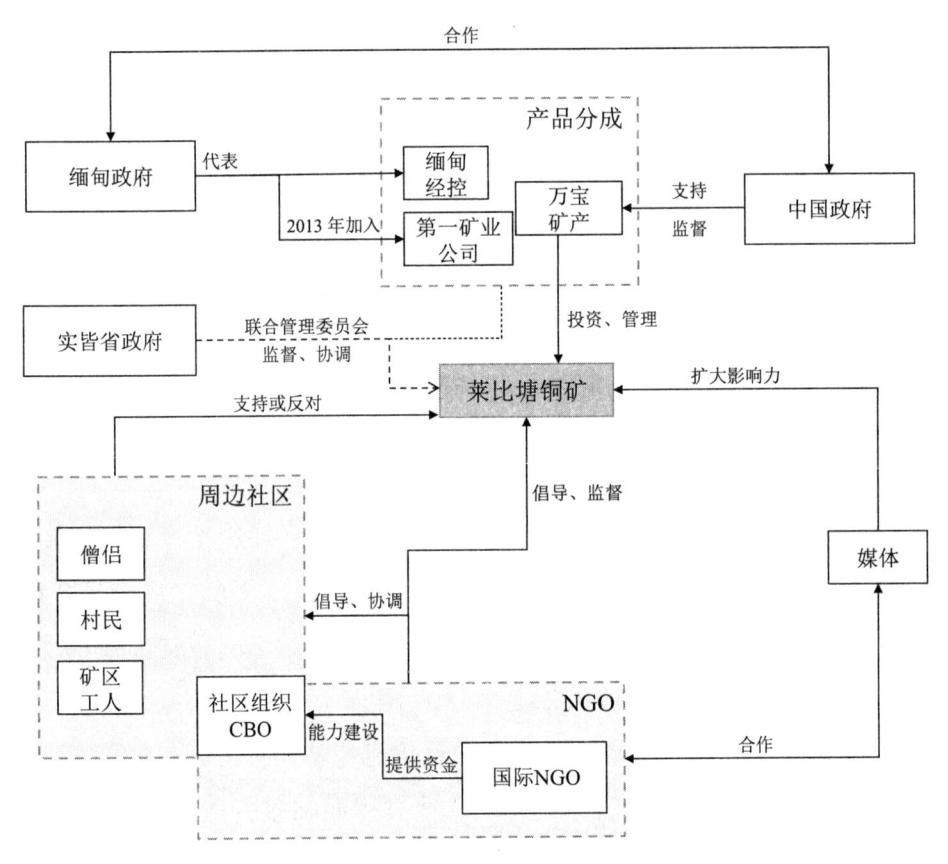

图 9-2 莱比塘铜矿生产关系网络
资料来源：作者依据调研访谈整理绘制。

1. 企业

2010年后，与莱比塘铜矿生产活动相关的企业主要有三家：万宝矿产（缅甸）铜业有限公司（Myanmar Wanbao Mining Copper Ltd.，MWMCL）、MEHL和ME1。MWMCL是中资企业万宝矿产有限公司成立的，投资管理莱比塘铜矿的全资子公司，MEHL和ME1代表缅甸政府参与矿产开发，企业之间通过产品分成制度建立合作关系。

万宝矿产有限公司成立于2004年，是中国兵器工业集团的下属子公司，主要从事海外矿产资源勘探、开采、矿石加工、冶炼、矿产品贸易等业务。与其他中国矿业企业相比，万宝矿产的成立时间较晚，是一家年轻的"天生国际化"企业。目前，万宝矿产在东南亚和非洲中南部拥有多处矿山的探矿权与采矿权，在产项目有缅甸蒙育瓦铜矿项目（包含莱比塘铜矿、萨比塘-七星塘铜矿）、刚果（金）卡莫亚铜钴矿、刚果（金）庞比铜钴矿等（陈德芳等，2021），其中蒙育瓦铜矿项目是万宝矿产在海外投资的第一个项目。万宝矿产具备专业技术，涉足矿产品上下游产业，资金实力雄厚，这些条件构成了万宝矿产在与东道国谈判时发挥议价能力的战略资源基础。

在旧的合作协议中，MEHL和MWMCL分别享有项目51%和49%的产品分成；修订后，ME1代表缅甸的国家利益参与产品分成，享受51%，MEHL和万宝矿产分享其余的49%。根据合作框架，缅方企业负责获取矿权，与当地社区协商沟通，处理土地征用、赔偿和安置等（最初由MEHL负责，协议修订后由ME1和MEHL共同负责）。然而由于缅方企业能力不足，未能妥善处理好相关事项，对项目的推进造成了很大影响。MEHL在处理征地和搬迁问题的过程中没有及时向村民公开项目信息与补偿标准，也未就补偿事项征求村民及其他利益相关者的意见，使征地过程面临多方质疑。在此背景下，万宝矿产开始拆除房屋、整理土地，便成为村民开始抗议、抵制项目的导火索。在矛盾不断激化的情况下，万宝矿产提出要与村民进行沟通协商，但遭到MEHL的拒绝。MEHL指出，根据合同，处理社区关系并不是万宝矿产的责任和义务，并提醒称"贸然进村会有人身危险"（访谈：C4；受访者信息见本章附表，下同）。于是，万宝矿产开始与MEHL协调，直到2014年才被允许大规模进入社区，与村民直接沟通。

2. 缅甸政府

缅甸政府作为监管者和运营者参与莱比塘铜矿项目。由于万宝矿产建设莱比塘铜矿时正值缅甸军政府向民选政府过渡时期，监管的法律法规、管理部门仍在调整完善，过时的法律法规、局限的政府治理能力也是引发社会抵制的重要因素。

缅甸矿产开发的监管权和收益分配权都集中在中央。在收益分配方面，税收和利润是缅甸政府的主要获益方式，莱比塘铜矿项目需向国家上缴4%的权利金、15%的所得税（外资优惠政策免除了8%的商业税）。此外，ME1代表国家利益还能获得一定比例的产品分成。地方政府的直接收益是项目员工缴纳的个人所得税，与中央相比收益甚微；间接收益则包括项目带动的就业、基础设施建设等。

2013年3月，莱比塘铜矿调查委员会发布调查报告并给出了详细整改建议，在很大程度上对企业之后的决策空间作出了限制，有利于政府实现战略目标。为落实报告中提出的42条建议，调查委员会改组成立"莱比塘铜矿项目调查报告建议执行委员会"，随着建议的陆续落实，执行委员会后续又改组为包括项目各利益相关方代表的联合管理委员会，对莱比塘铜矿项目持续监督、协调。实皆省政府虽然不参与铜矿的产品分成，但作为项目所在地的省邦级政府，铜矿开发带动的地区就业与税收、配套基础设施的投资、对周边生态环境的影响等均与地方政府权责密切相关。因此，实皆省政府首席部长委派两名省部长作为代表，与ME1、MEHL共同组成联合管理委员会，指导和监督莱比塘铜矿的经营与管理。联合管理委员会定期召开会议，是各合作方协调利益诉求的重要对话和制度平台。

总体上看，在制度转型的过程中，缅甸政府的角色从原来较为单一的企业合作，向监管、监督、合作的方向转变。政府的战略目标有所调整，对企业施加了更多约束条件，而NGO、当地社区则获得了更多发声机会、沟通渠道以及影响政策的可能性。

3. 非政府组织

莱比塘铜矿项目引发的争议事件涉及环境、社区、劳工和人权问题，吸引了许多 NGO 的关注。NGO 同时在多个尺度运作，他们不仅为社区的抗议游行提供培训、协调、沟通等支持，同时还发布多种语言调研报告并在国际社会发声，在将地方问题上升到国家、全球等更高尺度上发挥着重要作用，是不同尺度之间的重要连接者。

NGO 支持当地社区的策略可以分为三类：①加强本地力量；②建立面临相似问题的群体之间的联系，构建联盟；③利用杠杆，在更高尺度开展运动（Maulet，2021）。国际 NGO 主要为缅甸本土 NGO 提供资金和能力建设支持，也有部分国际 NGO 直接参与到铜矿项目的社会环境影响研究及倡导中。莱比塘铜矿周边社区村民在访谈中提到有国际 NGO 通过与本土 NGO 合作，每年会捐赠 50 万—100 万缅币给附近村子用于采购发电机等公用设备，入村组织技能培训课程等等（访谈：V1）。例如，正义信托（Justice Trust）是一家倡议各国推进法治和人权的国际 NGO，其运营资金主要来自欧洲的私人慈善机构。正义信托与缅甸本土 NGO 律师网络进行合作，对莱比塘铜矿项目中村民的土地权益问题等进行研究。2013 年，两家 NGO 共同发布了《关于莱比塘铜矿项目争议的证据报告》，指责地方政府官员使用胁迫、欺诈手段强迫村民签署土地征用协议。这些 NGO 一方面贴近村民需求，提供社会服务，赢得了本地民众的支持和拥护；另一方面在国际社会通过发布调研报告等方式将莱比塘铜矿的争议扩大化，在多个尺度上给企业施加强烈的、持续的压力。

万宝矿产表示接受过这些 NGO 的访谈，然而最终发布的报告内容与访谈中的实际表述有出入，万宝矿产认为这些报告存在夸大事实、断章取义的情况（访谈：C1，C4）。缅甸本土 NGO 基于先前的冲突事件（例如密松水电站争议），形成了对中资企业的不信任心理，更多以反对者的姿态呈现，而中资企业由于缺乏与 NGO 接触的经验，对 NGO 存在一定程度的防备心理，两方面因素共同作用，降低了企业与 NGO 平等沟通的可能。

缅甸本土的 NGO 根据作用的尺度可划分为全国型、地区型和社区组织（CBO），作用尺度的差异意味着这些 NGO 倡导对象和倡导内容的差异，其中全国型和地区型 NGO 的倡导重点更倾向于对现有法律、政策、制度的改善，例如倡导政府和企业提高透明度、推进制定 ESIA 的法律法规等。"88 学生组织"是抗议莱比塘铜矿的主要力量之一，他们反对的原因包括"（万宝矿产）与原军政府所签的（旧）合同'不平等不透明'，执行过程也未严格按条款行事；补偿标准在制定时不透明，企业和民众存在信息不对等"（访谈：J1）。CBO 扎根于当地社区，通常因具体的社会和环境问题而产生，工作人员也多直接来自本地村民，因此 CBO 的组织目标更加关注村民的利益和诉求，例如村民经济、健康、信仰等方面的需求。CBO 大多是未注册、非正式的，组织结构较为松散，当问题和诉求被解决后，这类组织可能会解散（访谈：N3）。2012 年 10 月，在环保人士、学生群体的参与和支持下，莱比塘铜矿周边社区村民联合成立了由 26 人组成的"拯救莱比塘山委员会"，敦促全面停止铜矿项目，妥善保护莱比塘山（张聪、孙学峰，2016）。CBO 的形成意味着当地社区具备了一定的自组织能力，村民与企业的谈判能力也显著提高。

在莱比塘铜矿项目中，尚未观察到中国 NGO 较深度地参与和介入。一方面，中国 NGO 在海外开展项目较少，中国扶贫基金会缅甸办公室是目前唯一一个在缅甸正式注册成立的中国 NGO。扶贫基金会曾与万宝矿产接触，也协助了万宝矿产开展给当地学生捐赠书包的慈善活动，但双方未能达成更多的合作；永续全球环境研究所具有在缅甸开展 NGO 活动的丰富经验，该机构虽然与万宝矿产有过接触，但也没有形成具体的合作计划（访谈：N2，N3）。另一方面，万宝矿产更倾向于自己直接面向当地社区，履行环境社会责任。这或许是受到此前合作方缅甸企业未能妥善解决社区需求的影响。而且万宝矿产认为，中国 NGO 的能力和经验不足以处理莱比塘铜矿如此复杂的关系（访谈：C3）。缺少母国 NGO 的协助和支持，使得万宝矿产更加难以与国际 NGO、缅甸本土 NGO 开展有效的沟通对话。

4. 当地社区

当地社区指受矿产活动影响的周边社区。需要说明的是，当地社区对企业的意见会受到该地区历史上矿产开采活动的社会和环境表现影响（Prno and Slocombe，2012）。在艾芬豪公司经营萨比塘铜矿期间，受影响社区主要依靠从尾矿中提炼铜来维持生计，村民明显感觉到环境受到污染，如酸液泄漏、重金属污染等。这些经历导致受铜矿项目影响的村民积累了对投资项目的不满。

(1) 莱比塘铜矿生产对当地社区的影响

莱比塘铜矿矿区占地面积约 2 818 公顷①，涉及周边 4 个村庄 441 户村民搬迁和 30 多个村庄约 2 500 公顷的农田征用。据调查，2012—2013 年，矿区所在地查灵吉镇区共 27 000 户，总人口约 190 000 人；镇区主要经济产业是粮食生产和农产品贸易，镇区内约 2/3 土地为农业用地，其余为保护地和荒地；镇上没有专门的工业区，没有制造业；莱比塘铜矿周边社区约 70％村民依靠农牧业和季节性农活维持生计（Knight Piésold，2014）。因此，矿区土地征用不仅会使部分村民离家搬迁，还将导致村民失去维持收入的土地、改变祖辈的生计方式。

莱比塘铜矿项目开采区中央有一座佛塔，当地村民认为是公元 1 世纪的高僧莱迪曾经修行的地方，应当作为古迹保存，而拆佛塔在当地佛教历史上无例可循，是违背信仰的行为。但这座佛塔正好位于开采区中心，如果不搬迁，有可能在未来矿区实施采矿爆破时受损。缅甸有 90％的佛教人口，据当地人介绍，只要有村子的地方就会有寺庙和佛塔，佛塔的搬迁会对当地社区的宗教文化信仰产生一定影响。

周边社区也是矿产活动可能造成的土壤污染、水污染等环境负面影响的主要承担者。铜矿生产可以分为矿区基础设施建设筹建、开采、加工冶炼、闭坑几个阶段，不同阶段（可能）会对环境产生不同的影响（表 9-1）。邻近的萨比塘和七星塘铜矿开发所产生的环境遗留问题也引发了当地社区对莱比塘铜矿环境影响的担忧。实际上，莱比塘铜矿采用湿法萃取工艺，与火法熔炼相比，对环境的影响较小。莱比塘铜矿于 2016 年开始投产，迄今为止并未发现因其带来的重大环境污染（田定慧等，2020）。

---

① 项目原计划征地 3 183.7 公顷，后万宝矿产根据调查委员会报告建议，共退还 365.73 公顷土地（包括 119.28 公顷农田、17.26 公顷道路用地、8.23 公顷灌溉渠用地、220.96 公顷环保用地），所以实际征地面积约为 2 818 公顷。

表 9-1 铜矿湿法萃取工艺在不同阶段可能产生的环境影响

生产阶段	行为	可能产生的环境影响
筹建	矿区建设	清理植被等带来的生态破坏； 基建剥离过程中产生的废土废石堆放可能会对地表造成破坏
开采	爆破	空气中粉尘量增加造成空气污染； 爆破产生的噪声与震动对野生动物的影响
	露天开采	地表植被的破坏； 矿坑对野生动物造成的潜在威胁； 地下水和地表水一旦流入矿坑，水池及水库就会受到污染
矿石加工、冶炼	矿石破碎	空气中粉尘量增加造成的空气污染
	酸液喷淋	酸雾造成的空气污染； 酸液渗透造成的土壤与水体污染
	清洗矿物	洗矿过程中产生的土壤污染和水体污染； 对水位的影响
	矿石堆放	矿石中的重金属通过各种介质向周围环境慢慢释放，对周围的生态系统造成影响
闭坑	废矿库； 丢弃的基础设施	矿渣中的重金属通过各种介质向周围环境释放； 对生态恢复的影响

(2) 当地社区对莱比塘铜矿的抵制

根据 2010 年的合作协议，征地赔偿和拆迁安置等工作由 MEHL 负责，且万宝矿产不被允许与村民直接沟通。由于 MEHL 在发放征地补偿资金时不够透明，致使赔偿金额被扣减、赔偿期限延长，造成村民对土地补偿和搬迁政策不满。征地赔偿、搬迁安置、失地村民生计、环境保护等问题未能妥善解决，导致越来越多村民抵制铜矿项目（Tang-Lee，2016）。2012 年 6 月，上百名村民掀起了反对铜矿项目的第一波抗议浪潮，并提出停止倾倒矿渣、停止建造设施、停止强制搬迁以及重开寺庙四项诉求。后来，村民们的斗争得到了更多 NGO 的支持。2012 年 9 月初爆发了大规模抗议活动，大约有 5 000 名村民在采矿点聚集抗议。当听说莱比塘山上的一个历史宗教遗址被拆毁后，在缅甸拥有较高社会地位的佛教僧侣也加入了抗议行列（Chan and Pun，2020）。佛塔搬迁问题是僧侣反对莱比塘铜矿项目的主要原因。由于僧侣在缅甸社会中具有较高的地位，僧侣对项目的意见具有一定的影响力，这导致更多的公众对莱比塘铜矿持反对意见。

抗议活动在一些社会团体的支持下从地方社区不断上升到更高尺度，迅速提高了铜矿项目的社会关注度。2012年11月，抗议活动得到了其他城市的声援，蔓延至仰光、曼德勒等主要城市，中国驻缅大使馆前也出现了示威游行。更为严峻的是，随着矿区的抗议行动持续升级，数百名抗议人士开始围攻项目设施并占领铜矿作业区。调查显示，2012年3月3日至11月15日，矿区一共爆发了124起阻挠、谩骂、威胁、破坏、示威事件。11月19日，美国总统奥巴马"历史性"访问缅甸，借助这一全球关注的重要时刻，上千人围堵矿区营地，导致本地化的抗议活动上升至全球尺度。11月29日，缅甸政府在莱比塘矿区实施强制清场，驱散在万宝营地抗议的人群，清场活动导致多名村民和僧人受伤，使得莱比塘铜矿项目备受国际争议。由于针对铜矿项目的反对声音和抗议活动愈发强烈，莱比塘铜矿被迫暂时停止建设。

2013年10月3日，莱比塘铜矿项目低调复工。但由于当地一些村民没有按计划领取到土地补偿，矿区内涉及搬迁和土地补偿的地区仍然有近一半无法施工。2014年5月18日，曼德勒学生网络组织挟持了3名万宝矿产员工（2名中国籍，1名缅甸籍），要求停止铜矿项目。2014年12月22日，万宝矿产在实施矿区围挡工作时遭遇约100名村民的围攻和阻挠，缅甸警方在维持秩序过程中与村民发生冲突，致使1名村民死亡，多名村民受伤。缅甸学生组织在仰光组织了反对暴力的抗议游行，再次要求停止中缅合作的铜矿项目，但是与2012年不同，这次社会抵制并没有得到其他地区的声援支持。

在社区尺度，莱比塘铜矿项目的土地征用和环境影响问题引发的矛盾成为企业与当地社区冲突的导火索。当地社区拒绝搬迁、占领营地、阻碍施工、切断道路等抵制行为导致莱比塘铜矿生产活动无法继续进行，企业已经投入了大量成本但难以继续进行生产活动，面临经济亏损，万宝矿产被迫与当地社区展开新一轮的讨价还价。经过企业与当地社区的多次沟通协调，目前当地社区的利益诉求已基本得到满足。无论是通过研究者的实地观察，还是从各类媒体报道，都可以发现莱比塘铜矿项目已得到了周边社区大多数村民的支持和认可。

总体来说，社会许可成为企业顺利生产运营的重要基础条件。

三、莱比塘铜矿的社会许可

1. 获得当地社区的许可

以前在缅甸进行投资时，中国政府和企业只与缅甸政府合作。根据 2010 年的合作协议，MEHL 应负责与当地社区协调、征收用于矿产开发的土地。然而，由于缅甸合作方无法完成应尽的职责，面对当地民众的抵制和已投入的巨大成本压力，为了尽快恢复建设，万宝矿产被迫走到台前。

> "我们按照合同的计划推进建设，当时已经投入了几个亿的美元，再一个，我们意识到了合作方没有能力，所以不得不自己出面解决问题。"（访谈：C3）

铜矿生产尤其采取湿法炼铜需要占用大面积土地，包括含有矿藏的山体、用于堆放矿石的堆浸场、堆放废土的排土场等，是否有足够面积的土地将直接关系到铜矿能否继续生产。与此同时，土地也是村民维持生计的重要资源，土地征用是关乎万宝矿产与当地社区"生存"的重要问题。因此，土地征用问题成为莱比塘铜矿项目社会冲突的主要原因。万宝矿产在获得与村民沟通的许可后，通过入户走访、选拔村民代表、召开村民大会等社区沟通方式，了解村民关于土地征用的诉求，并逐一落实。

（1）落实征地赔偿和搬迁安置

当地村民对于土地征用的最大不满，是认为没有获得与土地价值相匹配的赔偿，NGO 和 CBO 也认为企业没有尊重村民关于土地的合法权益。2011 年 4 月，莱比塘铜矿项目向失地村民支付了土地赔偿金。在确定补偿标准时，企业对照了当时法律要求的土地补偿标准（地租的 12—20 倍，即 50—80 缅币）和作物补偿标准（村民农作物年收入的 3 倍，即 52 万—55 万缅币），发现后者远高于前者，所以最终确定了以农作物补偿代替土地补偿，在协议中标注的也是"已领取青苗补偿款"（蔡菲菲等，2017），这点受到村民和 NGO 的质疑。当地村民认为只领取了农作物的赔偿金,并没有领取土地赔偿金;一些村民认为企业在支付赔偿时没有解释清楚,故意混淆签字同意"已领取青苗补偿款"和签字同意"土地征用",透明度不足,更增加了对企业的不满。2013年起,万宝矿产根据调查委员会的整改建议提高了土地赔偿标准,又进行了两轮土地赔偿金的支付。截至2019年3月,万宝矿产共发放了三轮土地赔偿金,累计支付约800万美元,保障了村民获得符合市场价值的征地赔偿金。

土地赔偿金覆盖了超过70%的村民,因此万宝矿产的征地赔偿工作得到了大多数村民的认可。还有一小部分村民对征地赔偿有一些质疑,这类情况多数是因为家庭内部对于是否接受征地存在分歧。例如某家庭有多个子女,土地登记在户主名下,但其并非实际使用者。对于此类情况,万宝矿产认为企业无法过度介入村民家庭内部事务,应当请基层政府或社区NGO协调(访谈:C3)。

针对新村建设的担忧,万宝矿产提供了4种新村的户型,新村具有更完善的生活硬件设施。"建这个新房子花了200万缅币(约10万人民币),搬到新村后生活条件有了很大改善,村里也通了自来水。"(访谈:V1)万宝矿产还对2013年前搬迁的村民支付了建筑维修费。截至2020年,项目已完成外眉、甘多、舍得、色多4个搬迁村345户村民的搬迁工作,完成比例为79.13%。

(2)解决失地村民可持续生计

当地村民关于土地征用的另一重要诉求是失去传统的农业生产机会之后,村民如何拥有能维持生计的新方式。调查委员会也提出为村民提供更多工作岗位的建议,认为一次性的土地赔偿金、搬迁补助和其他补贴不能维持村民长期的生活,企业应该为村民创造更多的就业机会。截至2013年11月底,万宝矿产已投资超过100万美元用于道路维修、学校建设、水电建设等基础设施改善项目,但村民认为企业的这些"社会责任"行为,与他们的实际需求之间存在错位(Tang-Lee,2016)。

"我们并不关心学校和医院,工作机会对我们来说是重中之重,大多数时候,我们只要求工作机会。""村子里面还有一些困难户就是因为没有获得工作机会……每年有很多学生毕业,希望铜矿未来能增加更多的就业

机会。"(访谈：V1，V2)

企业努力建设的社区发展项目并不能解决村民对的迫切生计需求，虽然这些社区发展项目也很重要。这导致一些村民对公司不满，在与公司面对面讨论、沟通需求时不配合，坚持反对铜矿项目（Tang-Lee，2016）。一些社会活动人士利用村民的这些反抗情绪，继续在村民中发动抗议（访谈：V1，W3），甚至在2014年5月绑架了万宝矿产的员工，最终导致了村民死亡的不幸事件。

经过多番沟通和持续探索后，万宝矿产意识到，只有符合村民的现实需求，才是行之有效的社会责任项目，才能获得村民的支持。"我们一开始给村民修路、建学校、通水电，村民说'我明天没有饭吃了，谁给我解决，万宝不解决，可能五年后政府也不能够解决'，当我们解决了村民吃饭的问题，村民的态度发生了很大变化。"(访谈：C4，W2)

当地村民缺乏资金管理的意识和能力，多将赔偿款用于支付日常花费而非投资于生计，并不能为家庭带来持续的收益。一旦赔偿金用完而工作机会仍不确定，村民可能对企业产生新的诉求，这也凸显了解决村民可持续生计问题对企业推进征地工作的重要性。可以说，企业能否为当地提供可持续的就业，决定了莱比塘铜矿的未来。"授人以鱼不如授人以渔，村民们最期待的是提高谋生技能。只有结合当地经济特点，发展与村民生活息息相关的产业，才能真正吸引村民。"(访谈：C4)

为实现村民对生计可持续的需求，万宝矿产采取了积极的行动：

第一，推出待业补助金计划。万宝矿产告知村民，土地只有征用后进行开采，项目才可能提供更多的工作机会，并承诺向征地家庭提供工作岗位。依据所征用土地面积大小，每户征地家庭可获得1—3个工作岗位；如未到岗工作，各类家庭仍可按标准分别领取每月70美元、120美元或160美元的补助金，补助金每6个月发放一次，确保失地村民在等待就业的同时能满足基本生活需求。补助标准及发放方式经过与包括反对项目的村民的多次沟通后确定。截至2020年6月，项目所涉及的35个村庄中共有1 021户失地村民已接受待业补助金计划，接受比例为91.13%，共有983户开设待业补助金银行账户，项目累计支付待业补助金72.32亿缅币。

第二，提供更多就业机会。一方面，针对当地村民对难以在矿山工作的担忧，万宝矿产提供了大量低门槛、低难度的就业岗位，例如厨师、清洁工、洗衣工等。"原先没有这些岗位，是后来特意设置的方便村民就业的工种。"（访谈：W2）另一方面，提供技能培训、协助到岗，提高村民就业能力。截至2020年6月，莱比塘铜矿矿区及分包商共雇佣缅籍员工6 100余人，其中绝大部分来自受影响的周边社区（陈德芳等，2021）。在莱比塘铜矿项目开发前，查灵吉镇居民平均年收入低于500美元（Knight Piésold，2014），低于国际贫困线标准。万宝矿产向员工支付的平均薪资达400美元/月，收入水平远高于当地原有水平。

与同等规模的行业相比，采矿业对劳动力的需求较少。因此，在本地化雇佣的基础上，万宝矿产推出SME（Small and Medium Enterprise）项目，支持当地村民创办不同类型的中小企业，创造多样化的就业机会，同时也能帮助失地村民改变过去以农耕为主的生活方式，获得新的生计手段。由于当地村民的受教育程度偏低，多数人只会耕种，对于从事非农以外的产业不是很有热情。万宝矿产SME项目发挥着企业孵化器的作用，通过本地定向化采购、管理指导等方式，支持当地村民创办和发展运输队、采石队、建筑队、木工队、砖厂、PE管厂、预制板厂等中小企业，促进就业安置，提高村民收入，带动当地经济发展。目前，SME项目已吸纳近900名当地村民就业。

采石场经理曾在2012年参加反对铜矿的抗议示威活动，现在带领300多名村民进行采石工作，采石队的工人一天收入一万缅币左右。"村民的生活状况得到了改善，社会民生方面也得到了改善，各方面都很顺利。因此我和万宝矿产进行合作，并领导了这些工作……我对采石场工人也这样告诫，游行示威我也参与过，大家都参与了，但并不是因为我们进行了游行示威，我们才吃上了饭，而是因为有了这份工作我们才能养家糊口，才会在日常生活中得到了教育和健康改善。"（访谈：W3）从中可以看出，生计问题的解决使万宝赢得了村民的认可。

为提供更多当地村民易学习和上手的工作岗位，2016年万宝矿产着手蛋鸡养殖项目的可行性研究，于2017年在唯美村建设了试点蛋鸡养殖场。万宝矿产提供养殖场建设的初始资金,并与新希望缅甸子公司合作,为村民自主运营养殖场提供技术培训和运营指导。蛋鸡养殖场以村为单位建设,由村委会牵头协商沟通,确定有意愿参与项目的村民,村民自主成立养殖场管理委员会并选举董事长。养殖场实行股份制,村民可以以土地换股份参与项目运营和分成,失地越多换取的股份越多。同时,每个养殖场可提供50个就业机会,平均月工资150美元,人员聘用由管理委员会决定,适当优先考虑失地小户村民。这种方式既增加了失地大户的获得感,提高了生活水平,也给困难户提供了更可持续的就业机会。养殖场在万宝矿产"待业补助金计划"提供每户一个就业安置的基础上为村民提供了更多就业机会,村民在养殖场不仅能有固定的收入,更能学到全新的养殖技术,对今后的长期发展有着重要推动作用。2018年唯美村养殖场正式开始运营,2019年即实现首次分红,截至2020年共进行了三次分红,实际分红金额达1.95亿缅币(约10万美元)。试点项目的成功增加了村民的信心,更多村民愿意参与进来。基于良好示范,项目结合周边村民需求,新建了第二批次的养殖场,增加了村民就业选择,大幅提升了村民收入。

生计问题的解决很大程度地缓解了企业与当地村民之间的关系,帮助莱比塘铜矿项目得到了大多数村民的支持与认可。"现在一些组织来附近村子也没有用了,周围的村民不再跟着他们闹了。"(访谈:C1,C3)

(3)佛塔搬迁

缅甸是佛塔之国,佛教信仰是绝大多数缅甸人的精神寄托,几乎每个村庄都建有寺庙、佛塔,僧侣在缅甸民众心中具有很高地位。莱比塘铜矿项目采区有一座佛塔,其所处的位置正好位于采区中心,如果不搬迁将有可能在未来矿区实施采矿爆破时受损。尽管2013年莱比塘铜矿调查委员会最终形成的报告认为"很难认定这座佛塔是文化古迹""找不到是由村民传说的莱迪高僧所修建宗教古迹的证据",佛塔的搬迁仍由于涉及当地宗教信仰问题而变得敏感复杂。

在缅甸中央佛教僧会和宗教事务部的协商下,万宝矿产邀请缅甸国家僧侣协会在内的27位高僧出席意见征询会,高僧们认为莱比塘项目的发展将给整个国家带来巨大的利益，佛塔搬迁有利于佛教信仰的发展，因此同意搬迁。在缅甸宗教事务部的指导下，旧塔搬迁至新址并于 2014 年 8 月竣工。整个搬迁过程由缅甸宗教事务部根据缅甸法律和文化传统主导，万宝矿产积极配合与协助。在充分尊重当地宗教信仰文化的前提下，佛塔搬迁的妥善解决避免了冲突发生。

万宝矿产认识到宗教信仰在当地社区的重要性，在佛塔搬迁完成后继续支持着当地宗教活动，包括支持当地社区的寺庙修缮、为宗教节日聚会提供捐款，多次组织当地寺庙僧侣到中国参访并佛教交流等，丰富了当地的宗教文化活动，有利于当地宗教信仰的传承和发展。对宗教文化的充分尊重，进一步促进了万宝矿产与当地社区的关系和谐。

（4）环境保护

在艾芬豪公司经营期间，当地社区村民发现过明显的环境污染问题，包括**酸液泄漏、重金属污染、烧水壶水垢大幅增加、农作物异常**等现象，增加了民众对莱比塘铜矿开发会破坏当地生态环境的担忧。

面对来自公众、NGO 和政府等多方面的压力，根据调查委员会的整改建议，万宝矿产遵循国际标准进行了环境和社会影响评估、制定了符合国际标准的环境管理体系。2012 年缅甸颁布的《环境保护法》规定此类项目须进行环境影响评估，提出关于自然环境影响的报告、拟订环境管理计划，如果项目在获得环保部门的正式批准前就开始投产且对环境产生污染，一经发现，项目将面临停产风险。因此，万宝矿产针对缅甸的环境保护体系，聘请澳大利亚耐普公司（Knight Piésold），经当地民众认可后，制定了符合国际标准的第三方环境和社会影响评估（ESIA），其中包括环境管理计划、社会管理计划和社区健康管理计划等，并分别制定了监控计划。ESIA 解决了 600 多项技术问题，与项目所涉及的 33 个村庄村民进行了充分的沟通与协调，历时 20 个月，于 2015 年 3 月 20 日正式获得缅甸政府批准，是缅甸政府正式批准的首个大型项目环评报告。该报告不仅是项目建设期和运营期实施环境保护及社区关系维护的执行指南，也为缅甸的大型项目环境社会影响评价树立了标准。

在获得环保部门的批准后，为了使项目顺利进行，万宝矿产制定了一套完整的HSSE（健康、安全、安保、环保）管理体系。在矿产资源开发过程中，确保所有商业活动符合所在国家和地区的法律、法规，严格按照HSSE管理体系和国际规范进行管理，制定了削减风险的行动计划和控制措施来规避对人员、财产、环境及公司声誉产生的风险。2017年，该环境管理体系成功获得SGS的审核，顺利通过三标管理体系认证并获得证书；2018年1月，缅甸自然资源与环境保护部向公司颁发环境合格证书。

万宝矿产还参照国际标准设立了闭坑基金，依照"边开采、边治理"原则，最大限度地减少从勘探到闭坑的环境影响。根据闭坑计划，项目进入运营期后，万宝矿产每年将拿出200万美元注入基金账户作为环境管理保证基金，用于持续复垦、植被恢复和闭坑，截至2019年底已累计完成复垦工作47.8万平方米。万宝矿产采取的许多环保措施得到了社区、NGO和政府的认可，很多举措被作为标准列入缅甸新颁布的矿业法律法规中（访谈：C2，N2）。

> "铜矿生产具有完备的水质、噪声、空气、震动等监测系统，同时在项目内及周边社区设置了监测点，这些监测数据能充分证明周边社区的环境状况，那些原来宣称铜矿生产会破坏环境的NGO看到数据也不再抵制了。"（访谈：C3）

2. "负责任"的生产网络：获得更大范围的社会许可

莱比塘铜矿的生产网络由来自不同尺度的行动者构成。尽管土地征用和环境影响集中发生在地方社区尺度，但随着NGO的倡导、媒体的宣传，这些问题引起了不同行动者的关注和参与，并通过调动资源、发挥议价能力影响了铜矿项目的运营。国际NGO、缅甸本土NGO、媒体等企业外行动者同时在多个尺度运作，建立起了不同尺度之间的沟通联系进而相互影响，在组织莱比塘铜矿的抗议活动中发挥了关键作用。

万宝矿产通过与当地社区的沟通协调，满足了当地社区的利益诉求，项目赢得了当地社区的许可。为了获得更大范围的社会许可，万宝矿产也相应地采取了一系列措施，扩大地方社区尺度议价结果的影响范围，构建起负责任的生产网络。

在全球尺度，自 2014 年起，万宝矿产发布英文、缅文双语的企业社会责任报告（CSR），通过官网、Facebook、YouTube、微信公众号等渠道披露项目信息和进展。CSR 根据全球报告倡议组织（Global Reporting Initiative，GRI）的标准制定，包括社区可持续发展、环境管理、健康安全管理等内容。2016 年，万宝矿产与国际咨询公司华誉（China-i）合作发布了一部《缅甸万宝：新的黎明》的英文宣传视频，向国际社会展示企业履行的社会责任。2017 年，村民通通作为莱比塘铜矿周边社区代表，参加了"一带一路"国际合作高峰论坛"增进民心相通"主题分论坛，同与会的国际代表、媒体分享莱比塘铜矿项目给当地带来的收益。这些举措让越来越多的行动者了解到万宝矿产在调查委员会提出整改建议后采取的行动，包括加强社区沟通、赋予村民自治权利、促进社区可持续发展、保护生态环境等。在国家尺度，万宝矿产在缅甸仰光设立了代表处，与当地媒体、NGO 进行广泛接触；邀请缅甸本土 NGO 组织、民盟代表团、仰光媒体集团等到北京参观访问，增强互信。此外，万宝矿产还组织 SME 项目参加当地主办的中小企业展会，向缅甸民众展示 SME 的运营情况，促进民心相通。

通过这些措施，万宝矿产将获得的本地化社会许可在更广泛的生产网络中传播。认证标准、企业社会责任报告、媒体报道是网络的积极参与者，它们提供了关于网络运作方式及其影响的信息，这些知识的生产和流通可以在稳定网络方面发挥一定作用（Quastel，2011）。莱比塘铜矿是万宝矿产在海外投资的第一个矿产项目，被作为社会责任实践案例的典型，向不同尺度的行动者，包括现在的和潜在的政府部门、NGO、国际组织、监管机构宣传了自己是负责任的企业。当地社区被描述为受益于采矿工程，这有利于万宝矿产未来获得和维持可开发的矿产资源。据了解，万宝矿产在缅甸政变之前已取得实皆省另一处矿藏的勘探许可。万宝矿产为获取当地社区的支持而"不得不"实施的社会责任政策，现在已转变成了现在企业所拥有的战略资源。

四、案例总结与启示

近年来，不少跨国公司和本土企业虽然建立起了经济联系，但由于忽视了社会公众的诉求，常常引起当地民众的不满甚至严重抵制。共建"一带一路"倡议引领包容性全球化，强调关注普通民众的需求，这需要企业的参与并转变经营观念，企业社会责任的履行，更加重视所在国、地区和社区的收益和获得感。莱比塘铜矿是"一带一路"重大项目获得社会许可、实现成功运营的典型案例。

1. 案例总结

在莱比塘铜矿生产网络中，中方企业万宝矿产公司最初只与缅甸政府合作，并与代表军政府利益的 MEHL 形成了合作关系，仅考虑到了国家尺度的缅甸政府的战略需求，忽视了周边社区居民、国际 NGO、缅甸本土 NGO 和 CBO 等社会行动者，特别是受铜矿生产活动直接影响的周边社区居民的利益诉求。同时，在原合同的约束下，万宝矿产只能被动应对来自社区居民的抵制，在当地社区的抵制下，项目被迫停工。这表明，铜矿生产网络可能对当地社区造成的生计破坏、环境污染等负面问题会引发社区对铜矿生产的抵制，从而影响铜矿生产网络的继续运行。

在充分认识到社会行动者在生产网络中的重要性后，万宝矿产主动调整，针对土地征用和环境影响问题，与利益相关的行动者展开主动对接，通过落实土地征用赔偿、解决失地村民可持续生计、建立符合国际标准的环境管理体系等方式，获得当地社区的许可与支持；与此同时，通过认证标准国际化、发布企业社会责任报告、多媒体报道、多层次交流等方式扩大企业社会责任的影响范围，构建"负责任"的生产网络。通过这些策略，万宝矿产不仅获得和维持了具有经济价值的矿产，实现了经济目标；而且通过积极履行社会责任增加了价值向社会行动者的流动，通过环境保护措施减少了经济活动的环境影响，项目发展成果惠及更多群体，实现了企业、各级政府、当地社区等多方的互利共赢（图 9-3）。

对于万宝矿产来说，莱比塘铜矿的顺利建设和投产意味着经济目标的实现。公开资料显示，万宝矿产在矿山建设停工初期，已投入的成本达数亿美元，停工损失每月约 200 万美元。项目投产后，万宝矿产通过精细管理不断提质增产，正在加快投资回收工作。2019 年 8 月，公司生产的 MONYWA LPT 品牌阴极铜通过了伦敦金属交易所认证，正式在伦敦金属交易挂牌面向全球市场交易。2019 年阴极铜产量突破 12 万吨，达到设计产能的 120%。万宝矿产

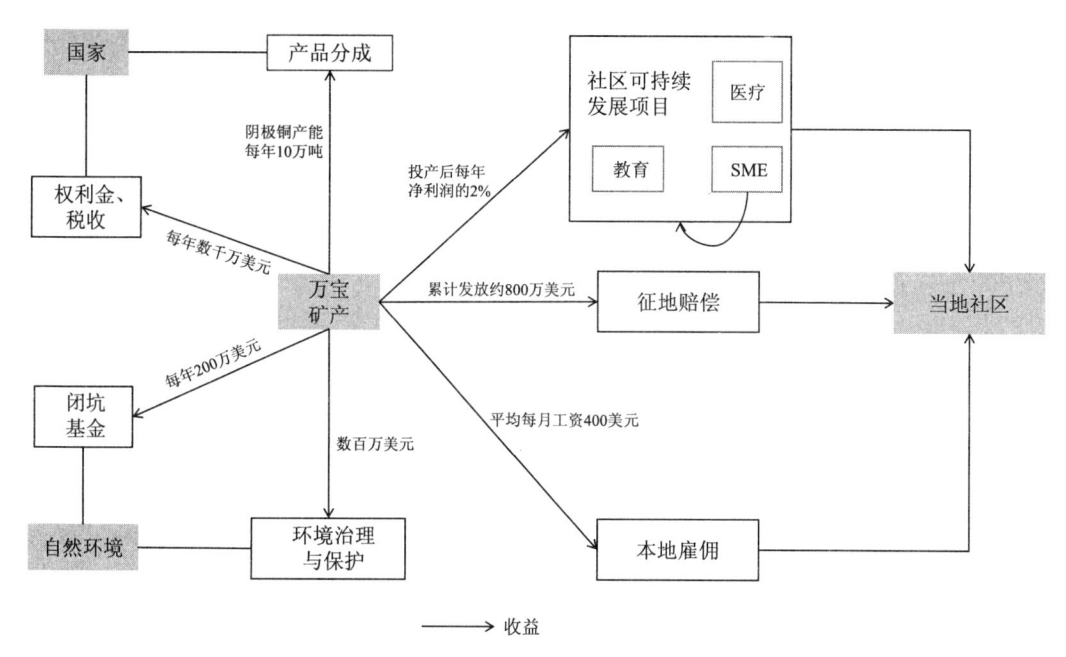

图 9-3 莱比塘铜矿生产实现多方共赢

称,"尽管花了一些钱(投入社会责任),铜矿项目还是有很可观的经济利益的,资源项目将在同一地方发展几十年,即便投入 1 000 万美元也是值得的。"(访谈:C4,J1)

对于缅方企业来说,MEHL 在不承担成本的情况下,每年可以分享千万美元的收益,经济效益可观。20 多家缅甸本土企业参与了莱比塘铜矿项目的施工建设,包括缅甸本土最大的一家工程承包企业 HTOO 公司。由于缅甸工业和技术发展落后,这些本土企业大多仅参与简单的土方工程(访谈:J1)。即便如此,莱比塘这样规模的矿区建设工程对于这些企业也是一项很大的收益。

对于缅方政府,莱比塘铜矿的顺利进行既有利于加强中缅双方关系,也有利于增加其他外国投资者对缅投资的信心。在直接经济效益方面,缅甸中央政府获得了 4% 的权利金和 15% 的所得税,以及 ME1 代表国家利益分享的 51% 的铜产品,累计价值超过数亿美元。仅 2016 年 5 月至 2017 年 1 月,莱比塘铜矿生产约 2.3 万吨铜，为缅甸国家创造了近 2 000 万美元的利润。① 铜矿所在地实皆省政府的直接收益是项目员工缴纳的个人所得税。在间接经济效益方面，莱比塘铜矿项目创造了大量就业机会，提升了当地村民的就业技能，带动了中小企业发展，必将为缅甸带来源源不断的经济价值。

对于 NGO 而言，NGO 倡导的环境保护、完善法律监管制度、尊重村民合法权益等目标也一一实现。例如，缅甸政府推进了《矿业法》的修订、《环境保护法》和环境社会影响评估程序的出台，加强了对矿业投资活动的监管；企业按照国际标准制定环境管理体系，采用污水零排放、废石无害化、"边开采，边复垦"等措施大大降低了环境负面影响，改善矿区周边生态环境；企业每年还投入 200 万美元用于闭坑基金，矿区周边的生态环境相比于艾芬豪经营时期得到了很大改善。对 1997—2018 年莱比塘铜矿生态环境进行的遥感定量监测数据分析显示，万宝矿产生态风险防范得当，降低了矿山开发建设的生态占用和对周边环境的影响，水资源保护也做得更好，工业水域集中分布在矿区，没有对周边水域造成污染（田定慧等，2020）。NGO 的倡导减少了铜矿生产网络的社会价值破坏，促进了更多社会价值的创造。

对于当地社区而言，村民通过矿区就业、SME 项目等获得了新的可持续的生计方式，收入大幅提高，生活条件也随之改善。截至 2020 年，莱比塘铜矿为当地创造了近 5 000 个就业机会，缅甸籍员工累计获得工作报酬达 1.23 亿美元。除本地雇佣之外，万宝矿产还成立了社区可持续发展（CSD）项目基金，用于帮扶附近的 33 个村庄，项目建设期每年投入 100 万美元，运营期项目合作方将每年投入净利润的 2%（约 200 万美元）用于社区建设。CSD 基金的管理由万宝矿产企业社会责任部负责，同时每个村庄经选举产生 CSD 代表作为万宝矿产的非正式员工反馈村民意见。经多方多次协商确定，CSD 基金依据村庄失地面积、人口数量及与铜矿项目的距离，计算村庄受铜矿项目的影响程度，确定各个村庄每年可使用的 CSD 基金额度；村庄受影响程度越大，获得的配额越多。资金使用由各村庄村民自主商议决定，确保 CSD 项目符合村民实际需求。截至 2020 年 6 月，项目已累计投入约 1 210 万美元用于社区发展

---

① http://english.dvb.no/news/govt-earns-20-million-letpadaung-mine-revenues/74159.

项目，包括通水、通电、通路，建设教育医院公共设施，发放养老、助学津贴等等。CSD 基金的设立让周边社区不同群体都能平等享受到铜矿开发带来的成果，实现包容性增长，教育、医疗等投资在长远上能促进社会资本的发展，不仅避免社区过度依赖矿业开发，还有利于当地的可持续发展，更有利于铜矿生产社会许可的稳定和可持续。

2. 建议与启示

实现包容性全球化的发展道路需要企业的参与。莱比塘铜矿项目由败转成的经验为中国企业对外投资的可持续发展提供了经验借鉴，对于海外重大项目投资获得社会许可方面具有重要启示：

一是全面考虑多尺度多主体的利益诉求。应转变原来只与政府打交道的投资方式，重视其他主体的利益诉求。企业应充分意识到投资项目不仅需要获得当地国家政府的行政和法律许可，项目当地居民的支持与否也直接决定成败，尤其是社会和环境影响方面容易产生争议的项目，持续获得当地居民的支持和许可对项目开展至关重要。企业在投资前期应该更加积极、主动地了解受项目影响的主体，尤其是当地社区和 NGO 的诉求，平衡东道国政府、NGO、当地社区等之间的关系，建立常规的沟通和申诉机制，以回应动态需求。

二是重视尺度之间的关联。一方面，巧妙选择适宜的尺度，越高尺度的准则适用的范围越大，在法制尚不完善的发展中国家投资时，应更多地采用社会责任的国际标准，预防因东道国政治动荡和法律改革而产生的社会和环境风险；另一方面，要警惕尺度之间的影响，例如国家政府更迭、西方 NGO 的影响等因素可能影响当地社区居民对项目的态度。

三是提高企业社会责任的意识和能力，将社会和环境责任纳入到企业具体的运营行为中。中国企业需要更加积极地学习应对社会和环境问题的经验，不仅向有经验的中国企业学习，更要学习发达国家的企业在特定背景下执行的社会、环境政策及实践经验，以更加贴近当地民众的姿态开展项目，并加强考虑 NGO 的建议。涉及居民的利益分配问题要进行充分的沟通，做到程序公平、结果公平；要加强与当地居民的联系和沟通，培育和积累当地社区的社会资本，以互利互信促进投资项目的顺利开展以及可持续发展。

四是加强与中国 NGO 的合作。NGO 可以充当中国企业与地方行动者之间的"润滑剂"，相比于中国政府和企业，中国 NGO 更容易且擅长与东道国的 NGO 和社区进行沟通与合作。NGO 可以监督中国企业的海外投资行为，并向中国企业普及国际标准和最佳实践经验；同时，还可以向东道国 NGO 分享中国的政策和决策机制，为他们对接中国政府和企业提供支持；此外，也可以作为桥梁，促进中国政府、企业与东道国/地区行动者的对话。但是，中国 NGO "走出去"的时间比企业晚，在海外实施项目的能力与经验不足。中国企业应该与中国 NGO 深入沟通，了解企业面临的挑战与 NGO 专业特长的匹配度，探索建立合作关系的可能性，一起"走出去"以应对海外复杂的社会政治环境。

总之，社会许可是"一带一路"海外重大建设项目顺利开展并实现可持续发展的重要基础。随着当今各国民众环保、权利等意识的不断提高，多媒体信息传播形式的多样化和传播速度的快速化，对海外重大建设项目的社会许可提出了更高的要求。本章以莱比塘铜矿项目为例，构建了企业如何从社会责任入手获得当地社区许可，到建立"负责任"的生产网络从而获得更大范围社会许可的基本模式，丰富了社会许可的多行动者和多尺度关联研究，为"一带一路"海外重大项目的社会许可提供了重要经验。

参 考 文 献

Aung, T. S. Evaluation of the environmental impact assessment system and implementation in Myanmar: its significance in oil and gas industry. *Environmental Impact Assessment Review*, 2017, 66: 24-32.

Chan, D., Pun, N. Renegotiating Belt and Road cooperation: social resistance in a Sino-Myanmar Copper Mine. *Third World Quarterly*, 2020, 41 (12): 2109-2129.

Dicken, P. *Global Shift: Mapping the Changing Contours of the World Economy*. New York: The Guilford Press, 2015.

Maulet, E. Empowering local communities in their struggle for land and rights. In Palpacuer, F., Smith A. *Rethinking Value Chains: Tackling the Challenges of Global Capitalism*. Bristol, UK: Bristol University Press, 2021.

Piésold, K. Letpadaung Copper Project environment and social Impact assessment, 2014. http://www.myanmarwanbao.com.mm/en/year-2014/118-myanmar-wanbao-releases-the-final-draft-of-esia-reportLetpadaung-copper-mine-.html.

Prno, J., Slocombe, D. S. Exploring the origins of "social license to operate" in the mining sector: perspectives from governance and sustainability theories. *Resources Policy*, 2012, 37 (3): 346-357.

Quastel, N. "This is a Montreal issue": negotiating responsibility in global production and investment networks. *Geoforum*, 2011, 42 (4): 451-461.

Tang-Lee, D. Corporate Social Responsibility (CSR) and public engagement for a Chinese state-backed mining project in Myanmar—challenges and prospects. *Resources Policy*, 2016 (47): 28-37.

World Bank. Livelihoods and social change in rural Myanmar. https://www.worldbank.org/en/country/myanmar.

蔡菲菲、岳晋飞、张甲林等:"中国企业海外投资的社会责任与NGO参与：以缅甸莱比塘铜矿项目为例",2017年,http://srichina.org.cn/r/59365502ec2bae1005249755。

陈德芳、耿一、贺丹萍等:"海外投资项目'属地化管理＋本地化运营'五方共赢新模式",《创新世界周刊》,2021年第3期。

刘卫东等：《"一带一路"建设案例研究：包容性全球化的视角》,商务印书馆,2021年。

田定慧、邬明权、刘波等:"缅甸蒙育瓦铜矿生态环境和社会经济影响遥感监测",《遥感信息》,2020年第5期。

吴芳芳:"国有中资企业在海外经营中的社会责任问题研究"(博士论文),北京大学,2013年。

杨杰:"采掘业透明度倡议(EITI)的新自由主义实质及中国的应对",《国土资源情报》,2016年第1期。

张聪、孙学峰:"中国在缅投资项目成败的原因(2011—2016)",《国际政治科学》,2016年第4期。

附表 受访者信息

编码	受访者身份	访谈时间	访谈地点
C1	企业	2018.11	莱比塘矿区
C2	企业	2019.12	北京
C3	企业	2019.12	莱比塘矿区
C4	企业	2021.07	北京
T1	缅甸政府智库	2019.12	仰光
T2	缅甸政府智库	2019.12	仰光

续表

编码	受访者身份	访谈时间	访谈地点
N1	缅甸本土 NGO	2019.12	曼德勒
N2	中国 NGO	2020.01	北京
N3	中国 NGO	2021.07	线上会议
N4	中国 NGO	2021.08	北京
R1	学者	2021.07	北京
R2	学者	2021.08	北京
J1	某电视台记者	2021.07	北京
J2	某报纸记者	2021.08	北京
V1	莱比塘铜矿周边社区	2019.12	莱比塘矿区
V2	莱比塘铜矿周边社区	2019.12	莱比塘矿区
W1	企业员工	2018.11	莱比塘矿区
W2	企业员工	2019.12	莱比塘矿区
W3	SME 企业员工	2019.12	莱比塘矿区

第十章 绿色丝绸之路建设的战略思路[①]

绿色丝绸之路建设是中国与共建"一带一路"国家的必然选择。本章简要分析了绿色丝绸之路建设的必要性及其发展过程，回顾了国内外绿色丝绸之路相关研究文献及西方媒体对此议题的报道，而后提出了对绿色丝绸之路建设的一些战略思考，包括主要影响因素和重点工作领域。本章认为，建设绿色丝绸之路需要考虑的主要影响因素，除了共建国家差异巨大的自然本底条件之外，还有被广泛关注的气候变化、生物多样性和企业社会责任，以及环境标准、发展知识和生态文明科技创新等。绿色丝绸之路建设的重点工作领域包括：共建绿色能源体系，应对全球气候变化；加强生态环境治理合作，提高生态系统韧性；强化绿色金融政策，共筑绿色发展模式；推广可持续生计，实现绿色减贫；加强发展知识联通，因地制宜探索绿色现代化模式；建立生态环境风险预警体系，提高风险防范能力。

一、绿色丝绸之路建设的必然性

绿色丝绸之路是中国与共建"一带一路"国家的必然选择。一方面，中国自身践行习近平生态文明思想，取得了举世瞩目的中国式现代化成就。只有在共建国家和地区推广生态文明思想，坚持绿色发展理念，才能知行合一，推动构建人类命运共同体。另一方面，过去半个世纪以来，国际发展环境发生了重

[①] 本章作者：刘卫东、姚秋蕙。本章引自《共建绿色丝绸之路：科学路径与案例》（刘卫东等，2023）第一章。

要变化，生态环保的理念、应对气候变化的共识以及生物多样性保护的紧迫性已经深入人心，成为国际组织、西方媒体、NGO乃至学术界共同关注的热点议题。特别是随着"一带一路"建设的推进，我国在境外投资经营活动中涉及的环境问题逐渐受到关注，甚至被一些西方媒体用以批评共建"一带一路"倡议，恶意指责中国在共建"一带一路"国家的基础设施、煤电、水电等建设以及矿产开发、海洋渔业等活动导致这些地区的温室气体排放增加，对生态环境、物种多样性、水资源造成破坏等。

在这个大背景下，绿色丝绸之路建设一直是共建"一带一路"的重点工作之一。《愿景与行动》提出，"加强生态环境、生物多样性和应对气候变化合作，共建绿色丝绸之路"；《共建"一带一路"倡议：进展、贡献与展望》将"绿色之路"作为七个主要展望之一（表10-1）。之后，有关部门连续出台了关于绿色"一带一路"、"一带一路"生态环境保护和"一带一路"绿色发展的文件，让绿色发展理念融入"一带一路"建设的方方面面。中国国家主席习近平也反复强调"一带一路"建设要贯彻新发展理念，要把绿色作为"一带一路"的底色。显然，中国希望成为全球生态文明建设的重要参与者、贡献者和引领者。

表 10-1　绿色丝绸之路建设的相关政策文件

政策文件	发布时间	发布部门	合作目标
《推动共建丝绸之路经济带和21世纪海上丝绸之路的愿景与行动》	2015年3月	国家发展改革委、外交部、商务部	在投资贸易中突出生态文明理念，加强生态环境、生物多样性和应对气候变化合作，共建绿色丝绸之路
《关于推进绿色"一带一路"建设的指导意见》	2017年4月	环境保护部、外交部、国家发展改革委、商务部	提升政策沟通、设施联通、贸易畅通、资金融通、民心相通的绿色化水平，将生态环保融入"一带一路"建设的各方面和全过程
《共建"一带一路"：理念、实践与中国的贡献》	2017年5月	推进"一带一路"建设工作领导小组办公室	中国致力于建设绿色丝绸之路，用绿色发展理念指导"一带一路"合作

续表

政策文件	发布时间	发布部门	合作目标
《"一带一路"生态环境保护合作规划》	2017年5月	环境保护部	到2025年，推进生态文明和绿色发展理念融入"一带一路"建设，夯实生态环保合作基础，形成生态环保合作良好格局。到2030年，推动实现2030年可持续发展议程环境目标，深化生态环保合作领域，全面提升生态环保合作水平
《共建"一带一路"倡议：进展、贡献与展望》	2019年4月	推进"一带一路"建设工作领导小组办公室	共建和平之路、繁荣之路、开放之路、绿色之路、创新之路、文明之路、廉洁之路
《关于推进共建"一带一路"绿色发展的意见》	2022年3月	国家发展改革委、外交部、生态环境部、商务部	到2025年，共建"一带一路"生态环保与气候变化国际交流合作不断深化，绿色丝绸之路理念得到各方认可，绿色基建、绿色能源、绿色交通、绿色金融等领域务实合作扎实推进，绿色示范项目引领作用更加明显，境外项目环境风险防范能力显著提升，共建"一带一路"绿色发展取得明显成效。到2030年，共建"一带一路"绿色发展理念更加深入人心，绿色发展伙伴关系更加紧密，"走出去"企业绿色发展能力显著增强，境外项目环境风险防控体系更加完善，共建"一带一路"绿色发展格局基本形成

随着国内外发展形势的变化，绿色丝绸之路建设不断更新解决方案，相关政策规划不断完善，合作领域更加广泛，落实措施更加具体。在共建"一带一路"倡议发展初期，加强生态环境、生物多样性和应对气候变化合作是绿色丝绸之路建设的主要合作领域。中国在共同但有区别的责任原则、公平原则和各自能力原则的基础上，积极参与全球环境治理。中国与联合国环境规划署签署了关于建设绿色"一带一路"的谅解备忘录，建立了"一带一路"绿色发展国际联盟和"一带一路"生态环保大数据服务平台，制定了《"一带一路"绿色投资原则》，实施了"绿色丝路使者计划"等。绿色丝绸之路成为将共建"一带一路"与2030年可持续发展议程目标融合的重要途径，以及推动全球绿色发展合作的重要平台。

2018年进入推动共建"一带一路"高质量发展的新阶段之后，绿色基建、绿色能源、绿色交通、绿色金融等领域成为绿色丝绸之路建设的合作重点，强调提升境外项目环境风险防范能力。原环境保护部等部门发布了若干指导文件（表10-1），提出将推进生态文明和绿色发展理念融入政策沟通、设施联通、贸易畅通、资金融通、民心相通等"一带一路"建设的各方面和全过程，加强绿色基础设施互联互通、绿色能源、绿色交通、绿色产业、绿色贸易、绿色金融、绿色科技、绿色标准、应对气候变化等重点领域的务实合作，同时强调统筹推进境外项目绿色发展，完善境外项目环境风险防控等支撑保障体系。

2020年以来，绿色丝绸之路建设与中国实现碳达峰、碳中和目标的总体布局紧密结合。受新冠疫情和国际局势演变的影响，为推动经济绿色复苏、保障能源安全以及落实2030年可持续发展议程目标，在全球能源结构加快绿色低碳转型的大背景下，各国都在积极发展可再生清洁能源，加快化石能源的清洁替代。在此背景下，2021年9月，习近平主席在第七十六届联合国大会上宣布中国将大力支持发展中国家的能源绿色低碳发展，不再新建境外煤电项目。打造"一带一路"能源合作伙伴关系、支持共建"一带一路"国家开展清洁能源开发利用、推动新能源等绿色低碳技术和产品"走出去"，成为推进绿色"一带一路"建设的重点合作领域。

当前绿色丝绸之路建设已经有具体的指导文件，重点方向聚焦于推进应对气候变化等领域的国际合作，将绿色发展理念融入重点合作领域，积极参与全球能源结构绿色低碳转型等。但是，为了将绿色发展理念融入"一带一路"建设的各方面和全过程，在具体的建设项目中切实将"绿色"作为底色，加强与共建国家的绿色发展合作还需要对绿色丝绸之路建设的战略思路进行系统梳理，产出具体推进过程中能够参考的理论依据，这也是本章的研究目的。下面将参考国内外研究的主要领域及西方媒体的关注焦点，识别绿色丝绸之路建设的主要影响因素和重点工作领域，从而支持"一带一路"的绿色发展及共建国家的绿色合作。

二、学术界及西方媒体的关注焦点

1. 中文文献的计量学分析

在中国知网（CNKI）以"一带一路"作为检索关键词，以核心期刊、CSSCI 和 CSCD 期刊为对象进行检索。结果显示，2019 年 1 月 1 日至 2022 年 9 月 30 日，共有 7 469 篇涉及"一带一路"主题词的论文［之前的发文情况见《"一带一路"建设案例研究：包容性全球化的视角》（刘卫东等，2021）］。在此基础上，将"绿色"作为第二关键词进行全文检索，共有 1 876 篇研究文献，约占同期"一带一路"研究文献的 25%。可见，"绿色"主题越来越引起学者关注，气候变化、生态环境等问题已成为"一带一路"研究和全球治理的重要议题，也是影响共建"一带一路"国家和地区经济社会、安全稳定、未来发展的核心要素。

具体来看，研究内容主要从以下五个方面展开：①绿色能源：当今世界正处于第三次能源转型期，"一带一路"能源合作将绿色作为主基调，支持发展中国家能源绿色低碳发展，推进绿色低碳发展的信息共享和能力建设，深化生态环境和气候治理合作，为应对气候变化做出积极贡献（季志业等，2022）；②绿色基建：基础设施建设运营绿色化是共建绿色"一带一路"的重要内容，越来越多的国家在基础设施建设领域积极践行碳中和发展目标，加强对零碳和负碳、储能、碳捕获、碳封存等技术的研发部署，推动可持续和绿色转型（李雪亚、路红艳，2022；吴浩、欧阳骞，2022；吴泽林、王健，2022）；③绿色园区：境外园区是共建"一带一路"产业投资的重要载体，绿色园区既指以绿色项目为主要产业、集群式孵化低碳项目，也指园区在建造、运营和维护中注重保护环境、减少污染（翟东升、蔡达，2022）；④绿色金融：随着全球环境保护意识的增强，绿色金融成为"一带一路"国家金融业发展的重点和主要方向，引导资金流向资源节约技术开发和生态环境保护的产业，强调金融活动与环境保护、生态平衡的协调发展（刘世伟，2021；杨达，2021）；⑤绿色合作：中国已经在"一带一路"绿色发展合作方面取得显著成效，在可再生能源、节能环保、传统能源及产业生态改造等领域与共建国家展开密切合作（于宏源、汪万发，2021）。

2. 英文文献的计量学分析

在 WoS（Web of Science）核心合集数据库中，以"一带一路"的各种表达词汇为关键词①进行检索，时间范围限定为 2019 年 1 月 1 日至 2022 年 9 月 30 日，检索发现 3 099 篇"一带一路"相关论文。这些论文的主要研究类别集中在环境领域，包括环境科学（占比 21.30%）、环境研究（10.29%）、绿色可持续科学与技术（占比 9.16%）、公共环境与职业卫生（占比 6.71%）四大研究领域。一方面，在《巴黎协定》和联合国 2030 年可持续发展议程目标推进的背景下，近年来许多关于"一带一路"的研究集中在中国对外直接投资、国际贸易等"走出去"行为对共建国家和地区能源消耗、碳排放、可再生能源利用等方面影响的定量测度（Zhou et al., 2018；Ascensão et al., 2018；Battamo et al., 2021）。然而，这种对环境影响的测度建立在并未达成共识的"绿色"定义上。例如，有少数西方学者质疑"水电"是不是绿色项目，并抹黑中国企业在共建"一带一路"国家承建的水电项目（Harlan，2020）。

另一方面，"一带一路"的环境问题离不开对环境治理的探讨。环境治理对环境影响具有重要的调节作用，其治理机制是协调和实施绿色"一带一路"的必要"软设施"（Hughes et al., 2020）。尽管中国政府出台了许多政策文件应对"一带一路"项目的环境风险，但是仍遭到一些学者的批判。例如，有学者认为"一带一路"的绿色发展政策和指导方针是倡导性的，是在法律上不具约束力的非正式文件，没有提供硬性的监管规定（Wang，2019）。在缺乏硬性监管的情况下，中国企业可能将低效或资源密集型的行业和技术迁移到共建"一带一路"国家（Tracy et al., 2017）；而共建"一带一路"国家和地区的低收入国家可能将国家经济发展置于环境保护之上，并制定薄弱的环保标准以吸引外国直接投资，出现"污染避风港效应"和"逐底竞争"（Gamso，2018；

---

① 检索关键词选择："Belt and Road" OR "One Belt One Road" OR "OBOR" OR "Belt and Road Initiative" OR "Belt & Road" OR "Silk Road Economic Belt" OR "Maritime Silk Road" OR "New Silk Road" OR "Asian Infrastructure Investment Bank" OR "Silk Road Fund"。

Masood，2019）。这些观点隐含了如下假设，即中国和东道国政府的环境治理意愿及能力缺失，而且中国和东道国的企业自律不可信，进而成为西方国家应该介入的理由（Coenen et al.，2021；Harlan，2020；Hughes et al.，2020）。

3. 西方媒体的主要关注点分析

为了研究资源、环境、生态议题下西方媒体对"一带一路"的主要关注点，本研究采用Factiva数据库进行数据采集，并对收集到的数据进行文本预处理与算法分析。第一步，以"Belt and Road"为检索关键词，以2013年9月7日至2022年9月30日为时间范围，以自然环境、自然灾害、气象为新闻主题，基于来自英国、美国、加拿大、澳大利亚、新西兰及其他西方国家的主要新闻和资讯来源，筛选出全文围绕资源、环境、生态议题展开讨论的报道共248篇。第二步，使用专门用于文本分析与语言学研究的工具引擎Sketch Engine，构建本研究的语料库及停用词表，并使用Python中的Gensim自然语言处理库，对经过预处理的文本进行LDA主题提取。得到的结果如表10-2所示。

表10-2 西方媒体相关报道主题提取结果

年份	主题	主题词
2017	美国宣布退出《巴黎协定》	climate, leaders, relations, pressure, Obama, telegraph, retreat, leadership, continue, fight
	传统能源与资源消耗——耗水煤改天然气	coal, energy, climate, companies, gas, world's, water, biggest, power, conversion
	清洁能源	energy, gas, renewable, climate, coal, water, bn, solar, deal, power
	中国开始引领世界应对气候变化	climate, carbon, emission, leadership, agreement, air, clean, largest, committed, accord
2018	煤电建设与生态环境破坏——肯尼亚拉姆燃煤电站	Water, power, plant, climate, coal, forest, species, plants, electricity, Kenya
	野生动物保护	species, ban, biodiversity, wild, sea, plan, animals, overlap, leader, writing
	清洁能源（LNG）贸易	gas, LNG, coal, energy, dam, biggest, winter, reduce, industry, forest
	传统能源与温室气体排放	coal, energy, climate, power, air, emissions, coal-fired, fossil, natural, plants
	国际环保合作	climate, energy, coal, agreement, emissions, action, renewable, McKenna, gas, bank
	水电建设与生态破坏——印尼巴丹托鲁水电站	arctic, water, species, access, dam, orangutan, habitat, climate, forest, impact

续表

年份	主题	主题词
2019	传统能源与环境影响评估	climate, carbon, coal, power, energy, emissions, concrete, plant, bn, impact
	气候变化与生物入侵风险	climate, species, energy, emissions, carbon, power, invasive, oil, land, funding
	冰上"一带一路"与北极战略博弈	arctic, gas, energy, natural, Putin, climate, sea, animal, NSR, OPEC
	水电建设与生态环境破坏	dam, dams, death, Toru, Batang, forest, Mekong, rights, amazon, Sumatra
	冰上"一带一路"与北极资源争夺	arctic, climate, ice, sea, gas, warming, melting, resources, species, oil
	基础设施建设与传统能源污染排放	coal, climate, energy, carbon, emissions, world's, power, construction, plants, concrete
	太平洋岛国面临气候威胁	climate, pacific, coal, air, energy, levels, species, plants, fund, carbon
	清洁能源	climate, river, ice, energy, air, carbon, wind, Alaska, brown, solar
2020	水电建设与资源掠夺、生态破坏——湄公河上游大坝与下游航道疏浚	water, river, major, biodiversity, species, nature, agreement, impact, ecosystem, Mekong
	境外煤电建设项目	climate, leaders, companies, billion, private, water, biodiversity, data, nature, pollution
	传统能源温室效应	coal, gas, emissions, energy, climate, carbon, greenhouse, power, world's, largest
	清洁能源	climate, energy, gas, natural, wind, power, plant, MW, sea, electricity
	传统能源污染排放	coal, energy, carbon, climate, emissions, power, world's, oil, plants, demand
	煤铁贸易与环保压力	coal, plants, power, climate, energy, plan, ore, emissions, increase, iron
2021	《生物多样性公约》第十五次缔约方大会、第26届联合国气候变化大会	climate, coal, energy, emissions, carbon, power, gas, summit, world's, COP
	海洋渔业与生态保护	fish, fishing, water, energy, climate, protect, Johnson, emissions, biodiversity, fund
	传统能源与空气污染	climate, carbon, air, emissions, world's, energy, oil, pollution, gas, coal
	清洁能源与金属矿产（钴、锂）	water, solar, energy, wind, land, climate, air, cobalt, pollution, earth

续表

年份	主题	主题词
2021	水生态环境问题——海洋温度升高、水体污染、水资源短缺等	energy, water, coal, climate, power, river, clean, electricity, carbon, meet
	水电建设与生态破坏——湄公河上游大坝	climate, coal, water, carbon, emissions, power, river, Mekong, energy, tax
	清洁能源	energy, climate, oil, clean, gas, coal, emissions, transition, carbon, power
	国际能源战略博弈	coal, climate, power, leaders, energy, carbon, plants, emissions, summit, world's
2022	水电建设——印尼卡扬水电站	industrial, electricity, park, energy, dam, start, hectares, Kayan, coal, river
	传统能源污染排放	gas, energy, coal, climate, power, emissions, oil, coal-fired, domestic, quoted
	太平洋岛国面临气候威胁	climate, islands, pacific, sea, threat, prime, crisis, water, rise, species
	中国不再新建境外煤电项目	coal, power, plants, guidelines, energy, gigawatts, emissions, cancelled, CREA, financing
	中澳太平洋岛国战略博弈	climate, pacific, action, Wong, carbon, pledges, pics, levels, world's, visit
	清洁能源	coal, power, electricity, energy, carbon, wind, climate, nuclear, plants, gas
	急需下一代核电技术——福岛事件后核电发展受阻、煤电污染增加	nuclear, power, energy, carbon, Fukushima, climate, electricity, dioxide, air, coal

从表 10-2 可见，资源、环境与生态保护是西方媒体对共建"一带一路"倡议展开批评的一个重要方面，主要围绕中方在境外的基建项目展开，具体包括物种保护、碳排放、环境污染、能源战略博弈等主题。"一带一路"生态环保舆论的主题演化还有一个鲜明的特点，即国际会议与协议总能吸引到当年舆论的兴趣，例如 2017 年美国宣布退出《巴黎协定》、2021 年第 26 届联合国气候变化大会和在昆明举行的《生物多样性公约》第十五次缔约方大会等。

在 2017 年美国宣布退出《巴黎协定》时，虽然并不被看好，但是不少媒体已经将中国视为应对全球气候变化的领导者，期望中国发挥其国际影响力。① 自 2018 年开始，野生动物保护逐渐成为西方媒体眼中"一带一路"的热点话题。② 随着中国政府从 2019 年开始降低对清洁能源的补贴和投资，国外媒体开始质疑中国的环保意志，批评之声逐渐增多。有的媒体认为中国政府取消对风能和太阳能的补贴是已经实现"绿色飞跃"、产业成熟的结果；但也有媒体认为中国将稳定经济视为最高政策优先事项，中国的清洁能源产业还有很长的路要走。同时，西方媒体开始批评中国向共建"一带一路"国家输送煤炭产业，包括投资非洲的煤矿和在共建国家修建煤电项目等。③ 此外，七国集团在 2021 年峰会上提出的"绿色工业革命"因被视作对抗共建"一带一路"倡议的"马歇尔计划"而得到了广泛报道，该计划旨在通过支持亚非拉发展中国家发展清洁能源，来降低中国的政治影响力。④ 在习近平主席作出共建绿色"一带一路"的要求和停止在境外新建煤电项目的承诺后，西方媒体做了不少正面报道。⑤

不论是国内外学术研究还是媒体报道，"绿色"主题都越来越引起关注。国内研究从绿色能源、绿色基建、绿色园区、绿色金融、绿色合作等角度，探

---

① 如：Trump unwittingly turns "America first" into "China first"; The president pulls back from the world, leaving the most populous nation to fill the void, 2017; Focus, EU-China united on climate, divided on trade, 2017; US backsliding on Paris deal a gift for China, 2017; Where Donald Trump sees a "bad deal" in tackling climate change, China sees an opportunity to shape a new world order, 2017; China sees an opportunity to lead as Trump withdraws from Paris. But will it? 2017。

② 如：China's Mixed Messages on the Global Trade in Endangered-Animal Parts, 2018; Extinction Rebellion has put the climate problem back to front, 2019; Experts warn of new threat to wildlife, 2019; Extinction/Chinese medicine: diseconomies of scales, 2019。

③ 如："Two-headed beast": China's coal addiction erodes climate goals, 2020; Asia's developing economies shun coal, 2020; China's foreign coal push risks global climate goals, 2020。

④ 如：G7 set to agree "green belt and road" plan to counter China's influence, 2021; Leaders sign up to fund "green industrial revolution", 2021; China challenged with green plan to help developing nations build back, 2021; G7 climate decisions are among most important in human history—Attenborough, 2021; G7 unveil West's rival to China's Belt and Road scheme with $40 trillion green investment, 2021; Johnson presses world leaders rs to sign climate "Marshall plan", 2021。

⑤ 如：Environment boss "a CCP adviser", 2021; China's ban on coal projects abroad puts partners in a vise, 2021; China's pledge to kick the coal habit comes at a critical moment for the planet, 2021; Xi's call to seed green energy, 2021。

讨"一带一路"绿色发展合作的具体措施；国外研究则把大量精力放到"一带一路"建设的环境影响及其测度，部分研究质疑"一带一路"环境治理的有效性；国外媒体主要关注物种保护、碳排放、环境污染、能源战略博弈等议题，以批评和质疑的负面报道居多。总的来看，西方学术界和媒体界重点关注"一带一路"建设的环境影响，往往以此质疑或干扰"一带一路"项目的落地。这些声音虽然可以对绿色丝绸之路的建设起到一定的提醒和监督作用，但对具体的推进工作完全不具有参考价值。国内学术研究围绕绿色发展具体领域的政策措施进行了探讨，但还缺少系统性的总结和分析，因此有必要对绿色丝绸之路的主要影响因素和重点工作领域进行系统梳理，将绿色发展理念贯穿"一带一路"建设合作的各方面和全过程。

三、共建绿色丝绸之路的主要影响因素

绿色丝绸之路建设需要考虑的主要影响因素，除了共建国家差异巨大的自然本底条件之外，还有被广泛关注的气候变化、生物多样性，以及环境标准、发展知识、企业社会/环境责任和生态文明科技创新等。

1. 自然本底条件

自然本底条件无疑是绿色丝绸之路建设最重要的影响因素之一。随着共建"一带一路"国家数量的不断增加，科学而深入地认识共建国家和地区的自然本底条件越来越成为一件困难而耗时的工作。目前，共建"一带一路"国家已经涵盖除西欧和北美洲外的绝大部分区域，从亚欧大陆延伸至非洲大陆，再到南美洲和大洋洲，包含了几乎所有自然地理类型，人地系统复杂多样。我们在《共建绿色丝绸之路：资源环境基础与社会经济背景》（刘卫东等，2019）中曾指出，共建国家和地区就是地球的"缩影"，除了"多样"和"差异"外找不到其他词汇可以来描述其地理特征。这种宏观地理条件在很大程度上影响着共建"一带一路"国家和地区的人口分布、经贸交往与地缘政治。

对于共建"一带一路"国家较为细致可靠的自然地理划分，仍有待进一步的深入工作。吴绍洪等（2018）对传统意义上的共建国家［即64＋1国，见刘

卫东等（2019）］进行了自然地理划分，共划分九个区域，包括中东欧寒冷湿润区、蒙俄寒冷干旱区、中亚西亚干旱区、东南亚温暖湿润区、孟印缅温暖湿润区、中国东部季风区、中国西北干旱区、青藏高原区和巴基斯坦干旱区。封志明等（2019）根据地形、气候、水文、地被等指标，评价了共建国家和地区的人居环境适应性，发现人居环境较为适宜地区占共建国家和地区土地面积的比例为45%，但集聚了90%以上的人口，主要分布在中国中东部地区、中南半岛、印度半岛和欧洲大平原；临界适宜地区占18.25%，对应人口比例为8.46%；不适宜地区占36.96%，对应人口比例只有0.59%，主要在亚欧大陆的内陆地区。

总的来看，自然本底的复杂性决定了共建国家和地区人地系统的多样性，进而影响着不同区域建设绿色丝绸之路的路径和模式。无论是从因地制宜地选择发展方式的角度，还是从资源环境可持续的角度，共建"一带一路"必须考虑共建国家和地区的自然基础条件及其不同的人地系统类型，尤其是那些影响重大的建设项目。尽管面向包括自然本底条件在内的国别及人地系统的深入研究对于共建绿色丝绸之路极为重要，但是中国学术界对于这类"一带一路"建设急需的研究方向兴趣不高，其主要原因除了开展这种境外研究比较困难之外，还有研究资助体系和科研评价考核体系的问题。

2. 气候变化

气候变化是国际社会关注的焦点问题之一，围绕应对气候变化开展的研究、研讨、磋商、斗争如火如荼。"一带一路"建设显然无法回避气候变化问题，而西方媒体和智库对"一带一路"建设的负面讨论也主要集中于应对气候变化方面，包括温室气体排放、清洁能源等（详见本章第二部分）。事实上，如本章第一部分所述，中国政府早在共建"一带一路"倡议提出之初，就非常重视应对气候变化，在第一份官方文件《愿景与行动》中已明确提出加强应对气候变化的合作。

气候变化既是一个科学问题，也是一个国际政治问题。从科学角度看，尽管仍存有少量质疑的声音，但科学界已基本达成共识，即全球气候正在变暖，其主因是人类排放的温室气体，特别是二氧化碳；从国际政治的角度看，气候变化涉及不同国家的责任问题，既有历史的也有当前的，更涉及发展问题。2015年12月，第21届联合国气候变化大会（COP21）通过的《巴黎协定》，实际上就是国际政治斗争的结果，坚持了区分发达国家和发展中国家的不同责任，而美国则退出了该协定。《巴黎协定》旨在对2020年后全球应对气候变化的行动做出统一安排，其长期目标是将全球平均气温较前工业化时期上升幅度控制在2摄氏度以内，并努力将升温幅度限制在1.5摄氏度以内。在《巴黎协定》框架下，目前世界上大多数国家已经做出了自主减排贡献的承诺。

中国一直是全球应对气候变化的积极参与者。从《京都议定书》到《巴黎协定》，中国承诺在2030年前实现碳达峰。在2020年9月的第七十五届联合国大会上，中国进一步提出，努力争取2060年前实现碳中和。而且，正如本章第一部分所总结的，中国政府在推进"一带一路"建设过程中一直非常重视应对气候变化的国际合作并出台了一系列政策措施。但是，应对气候变化是一个复杂问题，既是一个历史过程，也涉及发展权矛盾，还与当地的自然条件和经济基础有关。就发展路径而言，不可能在短期内实现"掉头式"转型，而应该遵循"不破不立"的创新原则。不过，国际社会特别是西方发达国家出于各种目的显然希望看到一个立即发生的转型，因而，中国在推动共建"一带一路"过程中面临着巨大压力，需要在当地需求与国际社会期待之间找到平衡，否则难以真正体现共商共建共享的原则。急刹车式全面停建海外煤电项目就是一个例子。毫无疑问，这个承诺获得了西方社会的掌声，但是也不可避免地给一些急需廉价而可靠电力供应的地区带来困难；而一些欧盟国家在2022年俄乌冲突导致的天然气危机中重启煤电，不能不说是一个极大的讽刺了。

3. 生物多样性

健康的生物多样性是地球和人类发展的基础，也是国际社会关注的焦点问题之一。与全球状况一样，共建"一带一路"国家和地区也面临着严峻的生物多样性保护问题。以传统64国为例，这一地区是全球生物多样性最丰富的地区之一：有四大植物地理分区，即泛北极植物区、东亚植物区、地中海植物区和古热带植物区，占世界的1/2；有四大动物地理分区，即古北界、东洋界、中国—日本界和撒哈拉—阿拉伯界，占世界的4/11。在全球34个生物多样性热点中，共建国家和地区有 11 个［详见《共建绿色丝绸之路：资源环境基础与社会经济背景》（刘卫东等，2019）第六章］。尽管存在一定差异性，但是共建国家和地区生态系统总体处于退化趋势。在各类生态系统中，森林、高山、内陆淡水和湿地、沿海生态系统受到的威胁最大。例如，1990—2015 年，东南亚的森林覆盖率下降了 12.9%；马来西亚和印度尼西亚的低地森林如果按目前的速度继续减少，预计今后几十年中 29% 的鸟类和 24% 的哺乳动物可能会灭绝。"一带一路"建设，尤其是铁路、公路、水电、油气管线等基础设施建设以及各种采掘业，如果没有采取科学合理的保护措施，可能会加剧现有生物多样性减少和生态系统退化的趋势，带来严重的生态问题和社会后果。

生物多样性保护是共建绿色丝绸之路的必然组成部分。在"一带一路"建设之初，中国政府就十分重视生物多样性保护（见本章第一部分）。《生物多样性公约》COP15 第二阶段会议，在主席国中国代表团的努力下通过了《昆蒙框架》，设立了 4 项长期目标和 23 项行动目标，为到 2030 年乃至更长一段时间的全球生物多样性治理擘画了新的蓝图。在"一带一路"建设中，应着力杜绝重大工程建设对所在国敏感生态系统和受威胁物种的负面影响，制定有效的规避或替代方案。例如可以开展深入且权威的工程影响评估，提高受威胁生物物种保护工作的优先级，慎重引入外来物种，开展更加深入的共建国家和地区生物多样性科学研究等。

4. 环境标准

在建设和发展过程中保护好生态环境，已经是共建"一带一路"国家的共识。在中国政府出台的各种"一带一路"相关文件中，绿色丝绸之路可能是被强调最多的内容之一，特别是生态环境保护、应对气候变化和生物多样性保护。但是，在如何保护生态环境、如何处理好发展与生态环境保护之间的关系方面，受不同文化传统、发展阶段和治理结构的影响，共建国家存在不同看法，一些共建国家与西方国家之间也存在分歧。在具体操作层面上，这种分歧主要体现为环境标准的差异。西方发达国家在实现工业化之后，逐渐采取了越来越严格的环境标准，并把污染产业转移到发展中国家。时至今日，西方国家已经习惯于拿着这把基于高收入水平的"环境标尺"来检视其他国家，包括

"一带一路"建设，并对不满足这把尺子标准的项目进行批评。而广大发展中国家既要环保也要发展。在一些情况下，遵循共商共建共享原则的"一带一路"建设项目，在环境标准上可能与西方标准不一致，从而招致西方媒体的指责和抹黑。因此在一定程度上，环境标准是绿色丝绸之路建设的核心问题，但这个标准应该是大多数共建国家认可的标准，而不是少数第三方国家的标准。但是，想实现这样的标准建设并不容易，作为共建"一带一路"倡议发起国的中国，将始终面临着西方国家的压力。

近年来，中国政府越来越重视规则、标准方面的软联通，积极引入和吸收国际环境标准，包括绿色基础设施建设、绿色建筑、绿色能源等。在某些情况下，还需要帮助当地政府制定环境标准，如缅甸莱比塘铜矿的例子（刘卫东等，2020）。但是，未来进一步加强"一带一路"环境标准的软联通也面临不少困难与挑战：一是一些国家环境标准比较宽松，甚至没有制定环境标准，而另外一些国家已经采纳了发达国家的环境标准，因而让共建国家达成环境标准共识难度大，并需要相当长的时间磋商和协调；二是一些国家存在环境治理能力弱、环保政策多变、环保法治不健全等问题，而在另外一些国家，环境类国际 NGO 非常活跃，民间环保力量很强，这给"一带一路"环境标准的软联通带来很大的不确定性，也给企业践行环境责任带来很大挑战；三是"一带一路"环境标准的软联通容易遭到西方发达国家的检视和干扰，相关协调工作的困难大，中国需要在满足当地需求与遵循所谓的"国际标准"之间进行权衡，完全采纳西方标准，实际上是剥夺了一些国家的发展权，偏离了"一带一路"建设的初衷；四是中国自己的环境标准国际化程度仍然不够，也缺少对国际环境标准的系统规范研究。

5. 发展知识

经济发展及发展知识是绿色丝绸之路建设的基础；没有发展的绿色，并不是绝大多数人期望的绿色。绿色丝绸之路建设的目的是实现发展与环保的协调统一，既不能把环境绩效作为唯一的目标，也不能片面追求经济增长，而这之间的平衡取决于如何构建新的发展知识。二战后，大量发展中国家在基于西方发达国家经验的发展经济学知识指导下，努力实现工业化和现代化，但是几乎没有成功的案例。战后成功实现现代化的国家，要么是西欧发达国家周边经济发展基础比较好的国家，要么是冷战时期得到美国大力帮助的"前线"国家，如日本、韩国、新加坡等。很多发达国家都经历了相当长时期的环境恶化过程，例如英国伦敦的烟雾事件、美国洛杉矶的光化学污染、日本的"水俣病"都曾引起世界关注。在极端主义者的语境下，环保与发展经常被作为对立面来看待，热衷于环境保护的人士基本上不关心发展问题。破除这种强调对立的发展观，学习新的发展知识，对于共建"一带一路"国家至关重要。

中国在改革开放之后，凭借把马克思主义基本原理、西方现代化经验和中国具体实际及优秀传统文化进行有机结合，成功地实现了世界上人口规模最大的现代化。人口规模巨大、全体人民共同富裕、精神与物质相协调、人与自然和谐共生、走和平发展道路是突出特征。党的十八大以来，中国努力践行习近平生态文明思想，在取得经济持续增长的同时，用最大的努力和最短的时间彻底扭转了生态环境恶化的趋势，例如北京的大气治理被联合国环境规划署誉为"北京奇迹"。因此，正如党的二十大报告指出的，中国式现代化为人类实现现代化提供了新的选择，拓展了发展中国家走向现代化的途径。只有把中国式现代化的经验凝结成为新时代的发展知识，才能让共建"一带一路"国家学习"真经"，从而找到他们自己的现代化之路。在这方面，相关研究仍存在很大的短板，中国政府及学术界尚未重视国际发展研究，特别是将中国式现代化经验转化为新的发展知识。

6. 企业社会/环境责任

企业是"一带一路"的建设主体，落实好企业社会/环境责任是绿色丝绸之路建设的关键。企业在境外项目建设中履行企业社会责任的效果，不仅影响着项目能否开展以及项目实施进度，也影响着绿色丝绸之路的建设水平和社会接受程度。随着"一带一路"建设的推进，中国企业在海外的投资经营活动中，由于经验不足导致的企业社会责任落实不规范问题时有发生，进而影响到项目进展，特别是矿产开发、海洋渔业、煤电、水电等资源类项目，以及铁路、通信、建筑、电网、路桥等本地影响范围较广的基础设施类项目。共建"一带一路"国家和地区的自然本底条件较弱，面临着自然灾害频发、生物多样性脆弱和减排压力大等问题，企业在投资过程中需要更加重视遵守当地的生态环保法律法规和规则标准，以及当地民众的绿色发展和生态环保诉求（计启迪，2022）。

目前，不同性质、不同规模的中国企业在履行企业社会责任方面的意愿和能力差异较大，对企业社会责任相关风险的判断和应对能力欠缺，且缺少与当地民众、NGO、媒体的沟通经验。如今，共建"一带一路"国家已达到150多个，由于资源禀赋、环境条件、经济发展水平、体制结构、法律制度、社会文化不同，各国的企业社会责任规范与实践存在差异，因此企业在海外投资时还面临适应和参与建构当地的企业社会责任规范的挑战。只有在这些方面加强监督和约束，提高企业的履行意识和实践能力，重视所在地区的收益和获得感，才能使企业更好地融入当地社会，同时成为绿色丝绸之路的形象大使，推动高质量共建"一带一路"。

7. 生态文明科技创新

生态文明科技创新是绿色丝绸之路建设的重要支撑。所谓生态文明科技，这里指涉及生态保护、环境治理、减污降碳、节能节水、灾害防治、物种保护等领域的应用基础研究及其技术研发，也包括相关领域的观测、检测和预警技术。大多数共建国家的科技创新能力整体不高，生态文明科技水平与发达国家存在较大差距，应对气候变化、实现可持续发展的能力较弱。另外，大部分共建国家研发投入少、科研资金紧张、科研队伍缺乏稳定性，大多依赖于世界银行、亚洲开发银行、联合国粮农组织和环境规划署等国际组织或发达国家、新兴经济体的援助。因而，绿色丝绸之路建设亟须生态文明科技创新方面的合作，以帮助共建国家提高绿色发展和生态文明建设能力。

近年来，中国积极推动与共建国家在节水、荒漠化、防灾减灾、土地退化、环境污染、可持续生计等领域的科技合作，推进相关技术的落地、转移、转化，但这些工作还远远不能满足共建绿色丝绸之路的需要。中国需要大幅增加对生态文明科技合作的支持力度（特别是科技援助），才能有效推动绿色丝绸之路建设。很多共建国家亟须这方面的合作及援助，例如，共建"一带一路"国家中有40多个存在不同程度的荒漠化问题，极度缺乏荒漠化防治技术的研发与应用。2005年由非洲萨赫勒-撒哈拉国家共同体成员国发起的非洲"绿色长城"计划，在成立之初便缺乏成套的技术模式与系统解决方案，不能实现植树造林、生态恢复减贫和带动地区经济发展的目标。哈萨克斯坦的首都圈生态屏障在建设初期也面临低温、大风、盐渍化土地等技术瓶颈，类似的例子还有中亚地区的节水灌溉问题。

四、共建绿色丝绸之路的重点工作领域

绿色丝绸之路建设是一项系统工程。2019年，习近平主席在第二届"一带一路"国际合作高峰论坛开幕式上提出，把绿色作为共建"一带一路"的底色。这表明绿色应该渗透到"一带一路"建设的方方面面，而各种建设活动都要体现生态文明思想。根据"一带一路"建设进展和国内外学术界、媒体的关注热点，以及前文对主要影响因素的分析，我们认为，今后一个时期绿色丝绸之路建设应该重点关注以下工作领域。

1. 共建绿色能源体系，应对全球气候变化

深化与共建国家能源合作框架建设。中国在清洁能源的技术、装备、制造等环节处于全球领先水平，在共建国家清洁能源项目的投资建设与当地的资源禀赋和发展需求有较高的契合度。以"一带一路"能源合作伙伴关系为依托，促进共建国家经济政策及发展规划的有效对接，搭建双边、多边绿色能源创新合作平台，加强绿色、先进、适用技术在共建"一带一路"发展中国家转移转化，有助于推动中国与各共建国能源务实合作，共同应对气候变化。

完善绿色能源投融资合作机制。随着中国可再生能源发电技术的日益成熟，装备制造成本不断降低。中国能源企业在海外合作水平正不断升级，应充分开发绿色信贷、绿色债券、绿色保险、绿色基金、绿色指数产品、绿色资产抵押支持证券等绿色金融工具，降低绿色项目的融资成本，拓展中国海外可再生能源等绿色项目的建设模式，打造多元化、一站式的海外绿色能源投融资综合服务体系，成为海外能源项目顺利落地并网的重要保障。

建立可再生能源项目信息管理平台。在政治、经济存在巨大不确定性的时

期，及时有效的可再生能源项目信息管理平台有助于推进海外能源项目的协调管理，优化能源领域的投资建设，规避东道国政策体系变动影响。随着中国在全球事务中受到的关注与日俱增，稳步推进可再生能源示范项目建设落地，逐步完善可再生能源项目信息管理平台，不仅契合当地的资源禀赋和发展需求，同时也可以助力推进共建"一带一路"国家绿色发展转型进程。

加快构建对外能源合作话语体系。能源话语作为国家话语的重要组成部分，也是国际受众了解中国能源发展的重要窗口。长期以来，部分西方发达国家掌握着国际舆论的主导权，致使"中国能源威胁论""境外资源掠夺论"等负面认知盛行，一定程度上影响了中国的国际形象。加快构建具有中国特色的对外能源合作话语体系，凸显中国在绿色能源合作领域的国际贡献，有助于提升中国在能源领域的国际影响力，为中国能源企业"走出去"保驾护航。

2. 加强生态环境治理合作，提高生态系统韧性

重视共建国家和地区国别地理研究。应改革相关研究资助机制和科研绩效考核体系，鼓励科研人员积极走出去，到共建国家和地区开展自然基础条件、社会经济发展、社会治理结构、宗教文化、典型建设案例等实地研究，剖析重点区域的人地系统特点，理解当地人地系统演化规律和机制，识别人地关系脆弱区域（生态脆弱区），为共建绿色丝绸之路提供坚实的科学基础。当然，到海外去做研究，人生地不熟，可能还有语言障碍，不如在国内做研究"舒坦"，也不如在做国内研究发文章快。因此，如果没有资助体系和考核指挥棒的改革，预期很难会有很多科研人员"知难而进"。另外，研究资助机构也还没有充分认识到国别地理研究的重要性与必要性，在资源分配上不愿意投向这种研究成果，特别是在英文论文产出少、产出慢的方向上。然而，没有这类研究，绿色丝绸之路建设又从何谈起呢？

加强关键领域的科技援助和科技合作，推动关键地区的生态治理示范。大部分共建国家和地区科研实力较弱，依靠自己的科研力量来解决发展中的生态环境问题难度大、耗时长。科技部门和"一带一路"建设主管机构应该把生态环境领域的科技援助与科技合作放到一个更高的位置上，把对外援助的增量部分重点投向促进软联通的领域（包括科技合作），帮助当地通过生态文明科技创新和适用技术推广，早日实现可持续发展目标，同时也为"一带一路"建设项目打造更有韧性的生态系统。重点合作方向包括但不限于荒漠化治理、节水与水资源管理、水环境治理、生态环境修复、灾害监测与预警等，应考虑在东南亚、南亚、中亚、西亚以及非洲的典型区域与当地共建生态环境治理示范区。

强化企业社会责任，进一步重视环境保护，提升建设项目的绿色化程度。必须压实企业主体责任，认真遵守当地环境法律法规，在建设项目开始之前做好环境影响评估工作，在建设过程中保护好生态环境，在建设完成后按规定做好生态环境恢复工作。中国政府颁布的多个有关绿色丝绸之路建设的文件都提出了重点要求，本章就不一一赘述。应该说，目前绝大多数中国企业在海外建设经营过程中都愿意、也能够遵守当地的环境法律法规。但是很多情况下，中国建设项目还有一双"国际眼睛"在盯着，特别是西方媒体、环保领域的 NGO 以及个别西方学者。学会与国际媒体和 NGO 打交道，也是中国企业需要不断努力学习的方向。

传播和推广生态文明理念，推动形成生态环境共识。如前所述，环境标准和发展知识这两方面都是绿色丝绸之路建设的关键点。在生态环境问题领域确实存在多种价值观，也有一些极端主义者。解决发展与环境的关系，而不是将两者对立起来，才是绿色丝绸之路建设的意义所在。应该积极总结中国生态文明建设的经验，将其转化为发展知识，并让共建国家和地区学习这些"真经"，才能让各方在生态环境保护的意义和方向上达成共识，从而避免极端主义者的干扰。

3. 强化绿色金融政策，共筑绿色发展模式

加强绿色金融领域合作，积极开展国际合作与交流，共享绿色发展经验。应充分利用《"一带一路"绿色投资原则》、"一带一路"能源合作伙伴关系网络、G20、央行与监管机构绿色金融网络（NGFS）、可持续金融国际平台（IPSF）等多边平台，交流绿色理念、环评政策、执行标准、产品创新、信息披露等先进经验；开展绿色金融投融资领域合作，推进绿色金融市场双向开放和标准接轨；主动引领绿色金融国际议题，积极参与绿色金融国际标准制定。

完善绿色金融支撑绿色丝绸之路建设的相关政策措施。"一带一路"共建国家和地区的生态环境复杂脆弱，一些项目所在国的环境保护机制不健全或缺乏相应的环境和社会影响评价政策与标准。针对"一带一路"境外项目的特殊性，需要研究制定基于共建国家需求的绿色投融资指南，完善绿色金融标准、统计制度、信息披露、评估认证、激励约束等制度安排和政策体系，加强境外项目的全流程环境和社会风险管理，引导企业开展绿色环保项目，主动承担环境社会责任。通过鼓励产品创新、完善发行制度、规范交易流程、提升市场透明度、强化监管和信息披露等措施，解决绿色投融资所面临的期限错配、信息不对称、缺乏环境风险分析能力等问题与挑战。

鼓励金融机构和社会资本参与绿色项目投资，支持绿色金融相关产品与服务的创新，推动清洁能源、绿色交通、绿色农业等产业发展和生态环保合作项目落地。应发挥国家开发银行、进出口银行等政策性金融机构的支持引导作用，带动社会资金参与，利用丝路基金、南南合作援助基金、中国-东盟合作基金、中国-中东欧投资合作基金等国际合作资金，探索设立"一带一路"绿色发展基金等，形成"一带一路"绿色项目资金的多渠道投入体系和长效机制。同时，应重视改善绿色信贷、绿色债券、绿色保险、绿色基金、绿色信托、绿色PPP、绿色租赁、碳金融等产品组合结构，拓宽绿色项目的融资渠道，降低并控制融资成本和项目风险。

4. 推广可持续生计，实现绿色减贫

推广可持续生计，帮助共建国家"多维减贫"。以政策沟通、设施联通、贸易畅通、资金融通、民心相通为抓手，通过基础设施、产业合作、农业合作、民生项目、教育合作和减贫经验分享等多种途径，由输血式援助向造血式援助转型，帮助共建国家"多维减贫"，实现可持续生计。例如中国-坦桑尼亚农业合作减贫示范项目、中国-老挝减贫示范合作项目等，都是中国与共建"一带一路"国家减贫合作的经典案例。

在全球气候变化和生态系统退化的背景下，基于生态系统的方法寻求民众生计的可持续发展，实现绿色减贫。例如以基于生态系统保护的社区综合治理途径，参与式育种、社区种子银行的干预措施，保护农业相关的生物多样性，增加山区农户收入，丰富其饮食多样性以减少饥饿和营养不良。此外，需要对"一带一路"合作中的援助项目进行深入且全面的环境影响评估，杜绝在援助项目进行的同时破坏当地自然环境。

5. 加强发展知识联通，因地制宜探索绿色现代化模式

共建"一带一路"倡议已经取得大量务实成果和前期收获，特别是在基础设施等硬联通建设方面已取得显著成效。但是，中国与共建"一带一路"国家之间不仅需要基础设施的"硬联通"，更需要发展知识的"软联通"，携手探索包容性全球化道路，打造新型国际发展合作模式。所谓发展知识联通，指发展背景、发展道路和发展理论及其具体行动的交流互鉴。通过改善发展知识的有效供给，重视各国发展知识的交流联通，帮助共建国家学习中国式现代化的真谛，找到适合自己的发展道路，鼓励和引导共建国家与中国进行制度安排和规则标准对接，加快发展战略的协同推进。唯有如此，才能实现"一带一路"建设的高质量发展。

应该探索绿色现代化模式，以绿色"一带一路"推进全球生态文明建设。中国式现代化道路着眼于解决资源消耗、环境污染、生态破坏等问题，探索绿色可持续的现代化发展模式，是人与自然和谐共生的现代化。"一带一路"是全球生态文明建设的重要地带和优先区域，也是打造全球绿色现代化力量的重要纽带。坚持以绿色发展理念为引领，加强发展知识联通，推动共建国家跨越传统发展路径，处理好经济发展和环境保护关系，谋求绿色现代化模式。帮助共建国家实施可持续发展战略，打造节约资源和保护环境的空间格局、产业结构、生产方式、生活方式，统筹污染治理、生态保护、应对气候变化，促进生态环境持续改善，走以生态优先、绿色发展为导向的高质量发展新路，积极推动全球可持续发展。

6. 建立生态环境风险预警体系，提高风险防范能力

"一带一路"建设的生态环境风险不能小视。重大生态环境问题，不但会带来经济损失，更会导致道德危机，危及国家形象。2021年，习近平主席在第三次"一带一路"建设工作座谈会上要求，探索建立境外项目的全天候风险预警评估综合服务平台，及时预警、定期评估。考虑到很多共建国家科研条件较差，为提高生态环境风险防范能力，首先应该采取援助或合作的方式，与共建国家共同开发生态环境观测和灾害监测等设施基础，提升其科研设施水平，及时掌握关键要素及生态系统的变化趋势。其次，应借助联合国平台（如教科文组织的开放科学平台），整合各方面力量，打造基础数据共享平台。在这方面，位于中国科学院的"可持续发展大数据国际研究中心"做出了有益的尝试。最后，在观测系统和数据共享的基础上，打造集监测-研究-预警-服务于一体的风险防控平台，对关键区域的生态系统风险进行动态评估。当然，形成这样的生态环境风险防范能力需要长期扎实的科学研究和数据积累，也需要结合深入的国别地理研究。

五、小结

近十年来，绿色丝绸之路建设取得了显著的成效。毫无疑问，中国政府推进绿色丝绸之路建设的决心和努力是巨大的。但是，这项工作绝非在国内搞生态文明建设那么简单，它涉及东道国、当地民众、国际组织和NGO等多个利益相关者及围观者，还面临当地地理国情的挑战。众口难调，在陌生环境下要满足所有利益相关者及围观者的"口味"是一件艰巨的工作，而其中的关键突破点就是环境标准和共识以及对于新发展知识的学习和理解。绿色丝绸之路建设绝不能只强调环境绩效，不考虑发展。如前所述，没有发展的绿色不是大多数人所期望的绿色。本着共商共建共享的原则，当地社会的真实需求才是绿色丝绸之路建设的根本出发点，但是国际社会的压力是中国政府躲不开的，也是不得不考虑的。

近年来，西方媒体和学术界对"一带一路"建设的关注度始终保持着一定的热度。其中，西方媒体主要关注传统能源（特别是煤电）与温室气体排放、水电建设与生态环境、气候变化与生物多样性、岛屿国家的气候变化威胁、清洁能源贸易等议题，而学术界则把大量精力放到"一带一路"建设的环境影响及其测度以及环境治理等方面。总的来看，无论是西方媒体还是学术界，都倾向于从小尺度和短周期的视角来观察与分析现象，往往"只见树木不见森林"。尽管"挑剔"一向是他们的传统，但是大量不够全面的分析和报道还是会给"一带一路"建设带来干扰及负面影响。

基于上述认识，我们认为绿色丝绸之路建设不仅仅是保护生态环境和生物多样性、应对气候变化等方面的具体行动，更是一种国际话语权——是关于发展与环境关系的共识，是环境标准的共识，是新发展观的共识。如果把工作重心只放到具体行动上，将可能"事倍功半"。而争取话语权的工作比具体行动要复杂得多，既需要大量相关学术研究的支撑，也需要国际媒体发声支撑，还需要企业良好社会责任形象的支撑，当然也与国力息息相关。正因如此，加强学术研究和加强发展知识联通这些看似"软"的工作，才是绿色丝绸之路建设的"硬任务"，而这一点并尚未得到决策部门的足够重视。

参 考 文 献

Ascensão F., Fahrig L., Clevenger A. P. *et al*. Environmental challenges for the Belt and Road initiative. *Nature Sustainability*, 2018, 1 (5): 206-209.

Battamo, A. Y., Varis, O., Sun, P. *et al*. Mapping socio-ecological resilience along the seven economic corridors of the Belt and Road initiative. *Journal of Cleaner Production*, 2021, 309: 127341.

Coenen, J., Bager, S., Meyfroidt, P. *et al*. Environmental governance of China's Belt and Road initiative. *Environmental Policy and Governance*, 2021, 31 (1): 3-17.

Gamso, J. Environmental policy impacts of trade with China and the moderating effect of governance. *Environmental Policy and Governance*, 2018, 28 (6): 395-405.

Harlan, T. Green development or greenwashing? A political ecology perspective on China's Green Belt and Road. *Eurasian Geography and Economics*, 2020, 62 (2): 202-226.

Hughes, A. C., Lechner, A. M., Chitov, A. *et al*. Horizon scan of the Belt and Road initiative. *Trends in Ecology & Evolution*, 2020, 35 (7): 583-593.

Masood, E. How China is redrawing the map of world science. *Nature*, 2019, 569 (7754): 20-24.

Tracy, E. F., Shvarts, E., Simonov, E. *et al*. China's new Eurasian ambitions: the environmental risks of the Silk Road Economic Belt. *Eurasian Geography and Economics*, 2017, 58 (1): 56-88.

Wang, H. China's approach to the Belt and Road Initiative: scope, character and sustainability. *Journal of International Economic Law*, 2019, 22 (1): 29-55.

Zhou, L., Gilbert, S., Wang, Y. et al. *Moving the Green Belt and Road initiative: from words to actions*. World Resources Institute, 2018.

翟东升、蔡达:"绿色'一带一路'建设:进展、挑战与展望",《宏观经济管理》,2022年第8期。

封志明等:"自然条件与自然资源",载刘卫东等:《共建绿色丝绸之路:资源环境基础与社会经济背景》,商务印书馆,2019年。

计启迪:"全球生产网络与地方战略耦合的社会壁垒研究"(博士论文),中国科学院大学,2022年。

季志业、桑百川、翟崑等:"'一带一路'九周年:形势、进展与展望",《国际经济合作》,2022年第5期。

李雪亚、路红艳:"全球基建新动向对我国对外承包工程行业的影响及应对",《国际经济合作》,2022年第3期。

刘世伟:"金融机构助力'一带一路'绿色发展",《中国金融》,2021年第22期。

刘卫东等:《共建绿色丝绸之路:资源环境基础与社会经济背景》,商务印书馆,2019年。

刘卫东等:《"一带一路"建设案例研究:包容性全球化的视角》,商务印书馆,2021年。

吴浩、欧阳骞:"高质量共建'一带一路'的理念与路径探析——基于全球治理视角",《江西社会科学》,2022年第7期。

吴绍洪、刘路路、刘燕华等:"'一带一路'陆域地理格局与环境变化风险",《地理学报》,2018年第7期。

吴泽林、王健:"美欧全球基础设施投资计划及其对中国的影响",《现代国际关系》,2022年第3期。

杨达:"绿色'一带一路'治理体系探索与深化方位透视",《政治经济学评论》,2021年第5期。

于宏源、汪万发:"绿色'一带一路'建设:进展、挑战与深化路径",《国际问题研究》,2021年第2期。

第十一章 跨境通道建设对地方发展的影响[①]

跨境通道是"一带一路"建设的重要内容,是我国深化与周边国家经贸合作和人文交流的重要平台,是共建国家和地区经济社会发展的重要支撑。近年来,基础设施互联互通和(跨境)通道建设再度成为地理学及区域发展研究的重要话题,出现了"基础设施转向"。就与"一带一路"相关的跨境通道研究而言,现有研究或从地缘政治、地缘经济的角度分析了跨境通道的地缘竞争与合作问题,或从空间政治经济学角度探讨了跨境通道对空间不均衡发展的影响,或运用全球生产网络探讨了跨境通道对区域发展的影响,但对于跨境通道引领和带动我国区域发展的内在机制还缺乏深入探讨。而国内区域既是"一带一路"框架下我国跨境通道的主要节点,又是"一带一路"和跨境通道的重要建设主体。

为此,本章聚焦"一带一路"跨境通道的旗舰项目——中欧班列和西部陆海新通道,以重庆为案例区,探究跨境通道对地方发展的影响效应。重庆是中国首个开通中欧班列运输的城市,也是西部陆海新通道建设的主要发起者和"牵头人"。通过中欧班列和西部陆海新通道建设,重庆成为我国西南地区的综合交通枢纽城市,其对外贸易、产业经济和城市建设也得到大发展,成为中国内陆地区借助跨境通道建设带动区域发展的重要样板。本章积极响应近年来地

[①] 本章作者:张海朋、刘志高、刘卫东。本章根据以下文献改写而成:

张海朋:"中欧班列对地方发展的影响机制研究——以渝新欧为例"(博士论文),中国科学院大学,2022年。

理学对加强基础设施研究的呼吁,从理论上总结了跨境通道对中国内陆型地区发展的引领和带动机制,在实践上尝试为中国内陆型区域跨境通道建设和对外高水平开放发展提供科学支撑。本章研究发现:跨境通道建设是区域提高对外连通性,提升区域社会空间位置的重要手段;跨境通道建设过程是一个通道建设与贸易、产业、城市发展相互促进、循环累积的过程,各要素缺一不可。

一、引言

共建"一带一路"倡议旨在通过政策沟通、设施联通、贸易畅通、资金融通和民心相通,加强中国经济与世界联系的同时,促进互利共赢,实现共同发展。基础设施互联互通是"一带一路"建设的优先领域,是贸易畅通、资金融通和民心相通的重要基础与支撑。"六廊六路多国多港"是共建"一带一路"的主体框架,跨境通道是共建"一带一路"的重要内容,是我国深化与共建国家经贸合作和人文交流的重要平台。从联通方式看,"一带一路"的跨境通道包括铁路、公路、水运、空运、管道、信息等多种通道形式。从空间方向看,共建"一带一路"包括新亚欧大陆桥、中蒙俄、中国-中亚-西亚、中国-中南半岛、中巴、孟中印缅六大经济走廊。自共建"一带一路"倡议提出以来,跨境通道建设成为共建国家、地方政府和学术界讨论的热点话题。

与新自由主义全球化不同,共建"一带一路"倡议是一种以基础设施互联互通为引领的包容性全球化模式(刘卫东等,2017)。它既传承古丝绸之路精神,又体现了新的时代发展模式。近年来,为刺激经济复苏与发展,加快区域经济一体化,联合国和世界银行等国际组织大力倡导加强跨区域基础设施互联互通。与此同时,国际地理学界和规划学界提出需要在理论与实践领域加快研究的"基础设施转向"。事实上,一直以来基础设施是人文地理学研究的重要话题。但20世纪80年代起,由于技术创新能力取代基础设施成为决定国家和地方竞争力的重要力量,人文地理学家对基础设施的关注度开始下降。2008年全球经济危机后,基础设施成为各国投资的主要领域。为此,地理学家一方面在理论上呼吁全球化时代研究区域发展时需要高度重视基础设施对区域发展的引导性作用，另一方面在实践上主张将基础设施互联互通作为新时期区域发展的重要投资目标。

总之，国内外学术界开始高度重视基础设施互联互通和跨境通道对区域发展的引导性作用。就与"一带一路"相关的跨境通道研究而言，现有研究或从地缘政治、地缘经济的角度分析了跨境通道的地缘竞争与合作问题，或从空间政治经济学角度探讨了跨境通道对空间不均衡发展的影响，或运用全球生产网络探讨了跨境通道对区域发展的影响，但对跨境通道引领和带动区域发展的机制还缺乏深入探讨。从研究区域看，有关我国跨境通道的研究多关注境外影响，对国内影响的效应研究少；在研究尺度上，国家尺度的研究多，而亚国家尺度（即城市或区域）的研究少。从实践发展来看，共建"一带一路"倡议不仅是中国倡导建设的国际区域经济合作平台，它同时也改变中国内部的宏观发展格局，将对国内区域发展带来深远影响。

国内区域既是"一带一路"框架下我国跨境通道的主要节点，又是"一带一路"和跨境通道的重要建设主体。通过发起和参与跨境通道建设，可以改变国内，尤其是内陆地区城市的区位条件，扩大产品市场，带来新的发展资源和动能。因此，本章以重庆为案例，探讨中欧班列和西部陆海新通道建设对国内内陆地区发展的影响。拟解决的科学问题包括：跨境通道影响地方发展的内在逻辑是什么？这些影响涉及哪些方面？其实现的内在机制是什么？本章有两个研究目的：一是拓展"一带一路"，尤其是跨境通道研究的空间分析尺度，以推动基础设施互联互通的区域研究；二是从理论上总结跨境通道对中国内陆型地区发展的引领和带动机制，为中国内陆型区域跨境通道建设和对外高水平开放发展提供科学支撑。

二、基础设施互联互通与跨境通道

基础设施互联互通是人类社会发展的重要物质基础，既为国家和地方发展提供基础性的联通支撑体系，又深刻影响着国家和区域发展的空间组织方式，改变着人类的行为乃至价值观，是人文地理学的重要研究议题（金凤君，

2012)。古典区位理论或多或少暗含了基础设施,尤其是交通基础设施对经济活动区位选择的影响。二战后,受凯恩斯主义和发展经济学影响,人文地理学家探讨了战后资本主义国家经济恢复以及独立民族国家重大基础设施项目的空间影响(李小建等,1999)。20 世纪 80 年代后,由于新自由主义的盛行和新科技革命的推动,技术创新能力取代基础设施水平成为决定国家和地方竞争力的重要力量,基础设施研究在人文地理学中的总体地位开始下降(Glass et al.,2019),且呈现出多元化研究趋势,更加关注基础设施供应不均引发的社会不平等、基础设施领域的金融化等新话题。

2008 年全球金融危机爆发后,新自由主义全球化弊端不断凸显,基础设施缺口带来的负面影响日益明显,世界大国、国际和区域组织纷纷重启大规模基础设施投资计划,并大力倡导基础设施引导的区域发展(infrastructure-led development)模式(Schindler and Kanai,2019)。共建"一带一路"倡议、东盟互联互通总体规划、非洲南北经济发展走廊规划和南美洲基础设施一体化倡议是基础设施引领型发展模式的典型代表。与此同时,人文地理学和区域发展学者重拾基础设施研究,出现了"基础设施转向"趋势。学者们一方面在理论上呼吁全球化时代研究区域发展时需要高度重视基础设施对区域发展的引导性作用,另一方面在实践上主张将基础设施互联互通作为新时期区域发展的重要投资方向(Sanchez-Robles,1998;Matas et al.,2018)。

国际著名地理学术机构,如国际区域研究协会(Regional Studies Association)[①]和英国剑桥大学成立的专门研究小组致力于发展基础设施地理学(Infrastructural Geographies)[②]。国际区域研究协会资助的基础设施区域主义(Infrastructural Regionalisms)研究小组重点关注区域基础设施的治理体系、空间影响和权力博弈。国际著名经济地理学家阿什·阿明(Ash Amin)领衔的剑桥大学研究小组则重点研究基础设施类型、建设机制、组织方式以及社会经济空间影响。另外,人文地理学相关期刊(如 *Papers in Regional Science*,*Journal of Urban Planning and Development*,*Urban Studies*)也组织了基础

[①] https://www.regionalstudies.org/network/infrastructural-regionalisms-noir/.
[②] https://www.geog.cam.ac.uk/research/infrastructure/.

设施专辑，从地理和区域发展角度探讨基础设施发展问题。

人文地理学家积极参与了"基础设施转向"研究，从不同角度对基础设施互联互通进行了理论和案例研究。部分学者从地缘政治、地缘经济的角度分析了跨境基础设施互联互通的地缘竞争与合作问题（Murton and Lord，2020；Jia and Bennett，2019；Rogelja，2020）。有学者运用哈维的空间修复理论探讨了新时期基础设施发展的资本逻辑与空间修复（Dodson，2017；Danyluk，2018），并从政治经济地理学角度探讨了基础设施重大项目对空间不均衡发展的影响，他们普遍认为，新的基础设施建设在满足资本扩张，塑造新的空间发展的同时，也导致了一些区域和人群被边缘化，即存在"空间不正义"现象（Rippa，2020；Bennett，2018；Apostolopoulou，2021）。部分城市地理学家和经济地理学家运用全球生产网络探讨了基础设施互联互通对区域发展的影响，他们认为基础设施的联通有助于改善区域发展外部环境，拓展区域发展的外部市场，提供区域发展新动能（Danyluk，2019；Liu et al.，2020）。

共建"一带一路"倡议标志着以基础设施互联互通为引领的包容性全球化时代的到来（刘卫东，2017）。与空间凯恩斯主义和新自由主义全球化观点不同，这种新型的全球化思想主张设施包容，即主动帮助欠发达地区改善互联互通状况，创造发展机会（刘卫东等，2017）。基础设施互联互通引领的发展模式旨在增强区域连通性，即通过投资于网络化的基础设施建设，将本区域与全球生产和贸易网络更紧密地联系起来（Schindler and Kanai，2019）。由此可见，基础设施互联互通如何塑造城市和区域发展路径，如何影响地方产业和区域发展，既是共建"一带一路"的重要实践内容，也是当前国内外基础设施地理学研究的重要理论话题。

跨境通道是基础设施互联互通的重要空间载体，也是经济地理和区域发展的重要研究话题。在古典经济学和空间凯恩斯主义的理论框架下，跨境跨区域基础设施是公共产品，属于政府投资的范畴，以往研究通常利用投入产出法研究单个基础设施项目的乘数效应。而在新自由主义经济思想下，基础设施成为高度金融化的产品，研究往往聚焦于城市基础设施项目，忽略了基础设施的连通性及其对区域发展的影响。

随着"基础设施转向"的兴起，跨境通道重新受到地理学家的高度重视。地理学家从地缘政治、经济地理、城市地理、生态环境等视角对跨境通道的地缘政治、治理机制、经济效益、社会影响和环境影响等问题进行了研究。部分学者运用空间想象理论，探讨了跨境跨区域基础设施互联互通对区域发展想象的影响，认为跨境跨区域基础设施互联互通可以诱发新的区域发展想象，调动区域发展主体能动性，重塑区域资产与权力结构，从而影响新兴制造业的形成与发展（Tups and Dannenberg，2021）。

部分学者借鉴戴维·哈维的"空间修复"理论，认为跨境通道建设是资本通过地理扩张和地理重构来解决内部危机的重要手段（Harvey，2001）。跨境和跨区域的基础设施互联互通不仅能帮助消化剩余产能，还可以通过嵌入更大空间范围，为资本寻找新的空间出路，以解决过度积累和利润下降带来的经济危机（Zhu，2016）。跨境通道建设不仅涉及物质化的建设，其建设过程还包含权力与关系的博弈。为此，部分学者利用政治生态学基本原理，探讨了跨境通道建设的话语权构建及其空间和社会效果（Chome，2020；Sulle and Dancer，2020；Aalders et al.，2021）。

跨境通道的经济、社会和生态环境效应也是重要的研究方向。有学者利用空间计量和模拟等方法，探究了中巴经济走廊对跨区域贸易及巴基斯坦经济发展的影响（Zhang et al.，2017；Li et al.，2021）。有学者将空间计量经济学与CGE模型相结合，通过空间性应用一般均衡模型（SCGE）估算埃及跨境走廊长期和短期的结构性经济价值（Elshahawany et al.，2017）。学者们还通过层次分析法（AHP）和引力模型评估了跨国走廊带来的贸易便利性程度变化（Abula and Abula，2021）。部分学者还评估了跨境通道对共建国家和地区生态环境的影响（Nyumba et al.，2021），包括碳排放、水资源利用、生态环境保护等方面。大量研究表明，跨境通道建设可能带来生态环境的破坏，造成栖息地和耕地减少，诱发生态系统破坏和侵蚀（Clauzel et al.，2015；Laurance et al.，2015）。

上述研究为理解跨境跨区域基础设施互联互通提供了差异化视角，但从区域发展的角度来看，基础设施互联互通的发展旨在借助大规模网络化的基础设施建设,增强区域连通性,将原来处于全球边缘化的地区嵌入全球生产和贸易网络中,提高区域在全球网络中的地位,从而获得更多、更公平的发展权利(Schindler and Kanai, 2019)。因此,从区域视角探究跨境通道建设如何影响城市和区域发展是"基础设施转向"的重要议题(Dodson, 2017; Michael et al., 2019; Schindler and Kanai, 2019; Kanai and Schindler, 2022)。

三、跨境通道建设与开放体系发展:以重庆市为例

进入21世纪以来,通过国家实施的西部大开发战略,重庆市对外基础设施的互联互通水平得到极大程度提高,但由于地处中国西南、远离沿海,其开放型经济发展缓慢。共建"一带一路"倡议提出后,重庆在承东启西、连接南北、衔接共建"一带一路"倡议和长江经济带发展战略中的区位优势不断凸显。通过中欧班列和西部陆海新通道建设,重庆市实现了"通道带物流、物流带经贸、经贸带产业"的联动发展,成为我国西部地区开放型经济高质量发展的高地。

2011年,重庆市首次探索性开通了经中国内陆连通中亚、直达欧洲腹地的中欧班列——渝新欧。截至2022年底,中欧班列已累计开行突破6.5万列,运输货物超过600万标准箱,货值3 000亿美元,开通运行了82条线路,联通欧洲24个国家的200多个城市,基本覆盖亚欧地区。同时,重庆市也是西部陆海新通道建设的主要发起者和"牵头人"。2017年8月,重庆与广西、贵州、甘肃三省区签署"南向通道"("陆海新通道"的前身)框架协议,并建立联席会议机制。截至2023年5月,西部陆海新通道铁海联运班列已累计发送202万标准箱,线路覆盖我国18个省级行政区,通达全球100多个国家和地区的300多个港口。①

1. 从中欧班列到西部陆海新通道

2000年以来,随着中国沿海劳动力、土地成本不断上升和环境保护压力

---

① http://www.zgsyb.com/news.html?aid=656451.

加大，作为内陆劳动力大省（市）的重庆发展劳动密集型制造业的优势不断凸显。2008年1月，中国南方雪灾迫使外资电子信息企业开始向内地转移（Gao et al.，2017）。为了解决笔电产品运输至欧洲的物流运输瓶颈问题，重庆市积极向海关总署、原铁道部等有关部门争取支持。经多方组织协调，于2011年3月19日首发了由重庆出发经中国西北内陆横跨亚欧、直达欧洲的国际铁路联运班列——渝新欧，渝新欧是中欧班列的前身。2013年共建"一带一路"倡议提出后，在国内掀起了中欧班列的开行热潮。

2016年6月8日，中国国家铁路集团有限公司正式启用"中欧班列"品牌，按照"六统一"（统一品牌标志、统一运输组织、统一全程价格、统一服务标准、统一经营团队、统一协调平台）的机制统筹国内各地的班列运行，渝新欧也正式更名为中欧班列（渝新欧）。此后，中欧班列（渝新欧）的开行数量逐年攀升（图11-1），班列由最初的IT产品定制专列拓展至智能终端、汽车整车及零部件、邮包和轻工制品等众多商品的公共班列，运行线路扩展至40多条，辐射国内59个铁路站点和29个港口，通达亚欧近百个城市，为重庆的产业转型和开放发展提供了强劲支撑。2021年，为了推动成渝地区双城经济圈建设，中国国家铁路集团批准成渝两地中欧班列统一为"中欧班列（成

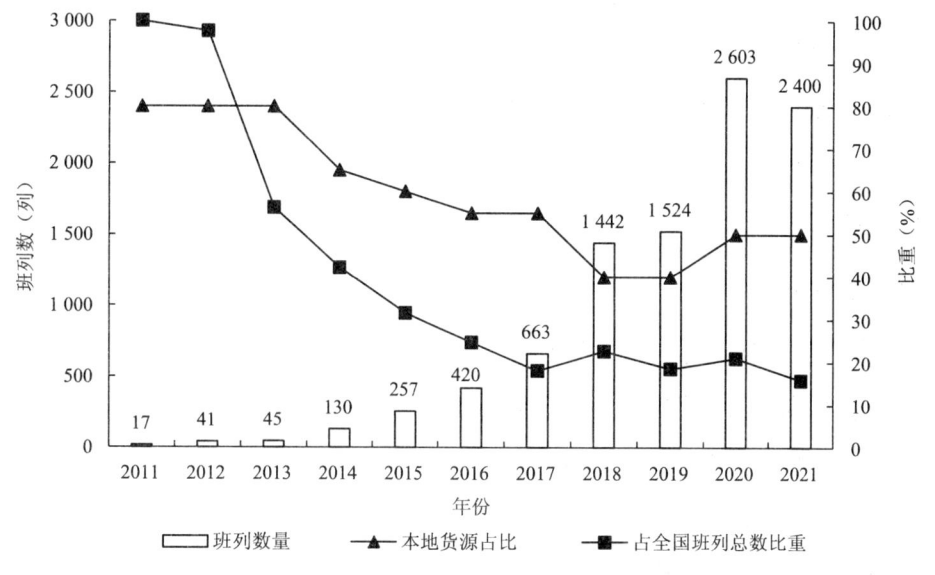

图11-1 中欧班列（渝新欧）开行数量及货源变化

资料来源：渝新欧（重庆）物流有限公司。

渝）号"。目前，中欧班列（成渝）号已成为全国开行数量最多、开行最均衡、运输货值最高的中欧班列，还首创了国内中欧班列跨省域共商共建共享合作机制，成为成渝地区高水平对外开放的重要载体，以及构建国内国际双循环新发展格局的重要平台。

在打通北向陆路跨境大通道的同时，重庆于 2015 年迎来了中国和新加坡政府间第三个合作项目——中新（重庆）战略性互联互通示范项目的落地。以此项目为依托，重庆于 2017 年 8 月联合广西、贵州和甘肃三省区签署了《关于合作共建中新互联互通项目南向通道的框架协议》，合力打造铁海联运南向通道。中新两国于 2018 年 11 月签署《关于中新（重庆）战略性互联互通示范项目"国际陆海贸易新通道"建设合作的谅解备忘录》，"南向通道"更名为"陆海新通道"。2019 年 8 月，国家发展改革委正式印发《西部陆海新通道总体规划》，标志着西部陆海新通道升级成为国家战略。西部陆海新通道是中新（重庆）战略性互联互通示范项目的重要组成部分。与中欧班列一样，西部陆海新通道是一条集铁路、公路、水运、航空等多式联运的跨境大通道。

截至 2023 年 3 月底，西部陆海新通道铁海联运班列开行量累计突破 2.5 万列[①]，国内范围扩展至西部 12 个省区、海南省、广东省湛江市和湖南省怀化市（"13＋2"个省区市）。根据国家发展改革委印发的《西部陆海新通道总体规划》，重庆为通道物流和运营组织中心，陆海新通道建设合作工作机制秘书处设立在重庆。中欧班列和西部陆海新通道已成为我国内陆地区建设国内国际双循环新发展格局的重要平台。

2. 对外开放体系的发展

借助西部陆海新通道、中欧班列并和长江黄金水道对接，重庆构筑了四通八达的现代化流通体系和多类型开放平台体系（图 11-2）。向东依托长江黄金水道经宁波和上海出海，向西依托中欧班列（渝新欧）连通亚欧，向南依托西部陆海新通道联通东南亚和南亚，向北经渝满俄铁路联通俄罗斯和蒙古，加上航空的发展，汇集了铁路、公路、水运、空运四种运输方式，并实现"四向通

---

① https://www.zgjtb.com/2023-06/06/content_358996.html.

道、四式交汇"的有机衔接和多式联运，成为西部地区唯一同时具备铁公水空四种运输方式的城市，形成通江达海、横贯亚欧的互联互通高地。

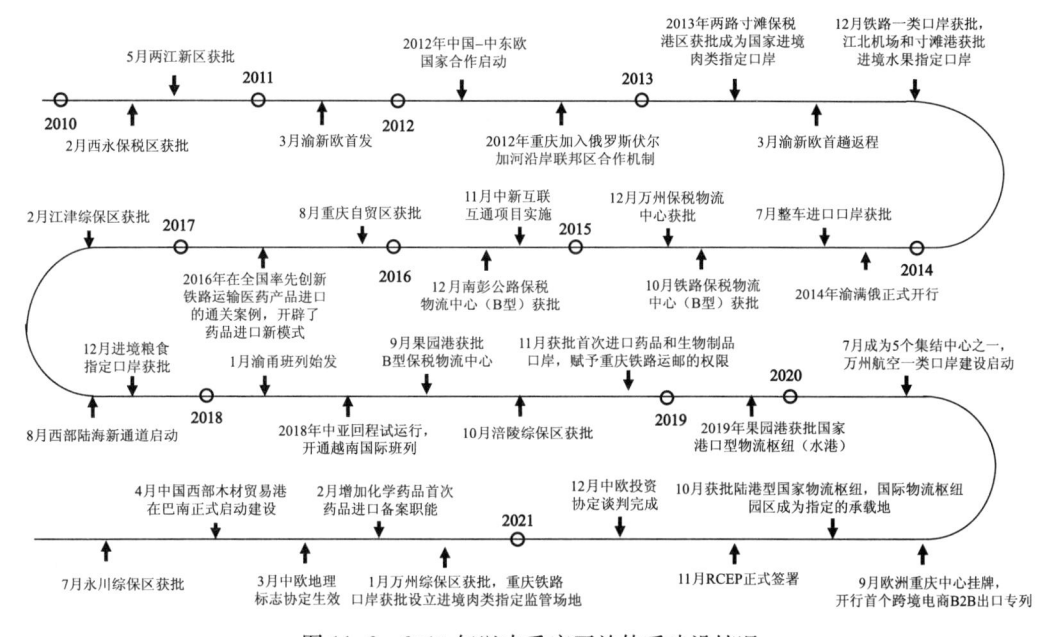

图 11-2　2010 年以来重庆开放体系建设情况

凭借中欧班列（渝新欧）和西部陆海新通道及其他跨境跨区域通道优势，重庆陆续获批了铁路一类口岸、铁路保税物流中心（B 型）和多种口岸功能，最终形成"4＋6＋10"要素构成的开放平台体系。其中，"4"指重庆铁路口岸、重庆港口岸、重庆江北国际机场航空口岸和重庆万州机场航空口岸 4 个国家开放口岸；"6"指西永、两路果园港、江津、涪陵、万州、永川 6 个综合保税区；"10"指整车进口汽车、运邮、肉类、水果、冰鲜水产品、食用水生动物、粮食、植物种苗、药品、金伯利钻石 10 类口岸功能。重庆先后获批港口型、陆港型、空港型和生产服务型国家物流枢纽，成为全国唯一"水、陆、空、生产服务"四型国家物流枢纽的承载城市。

四、跨境通道建设对重庆发展的影响效应

1. 带来物流产业繁荣

中欧班列（渝新欧）、西部陆海新通道及其他跨境跨区域通道建设，带动了重庆物流产业的发展。近年来，重庆物流企业的数量持续增长。根据重庆市物流协会统计，重庆现有政府备案的货代企业超 300 家，货代行业从业人员超 20 000 人。依托跨境通道和铁路港、水港、空港，重庆市建立起重庆国际物流枢纽园区、重庆空港国际商贸物流园等一大批物流园区，形成了"物流集聚＋多式联运"体系。跨境跨区域通道和本地物流园区建设的不断推进，催生了物流产业的发展。仅团结村铁路口岸附近就集聚了 3 000 家物流企业，一大批国际物流企业如澳大利亚嘉民、美国安博、新加坡丰树和普洛斯、丹麦格兰富、德国劳士领、日本日梱、菜鸟网络等纷纷入驻重庆。

除了传统物流业务外，跨境通道建设也带动了新型物流产业发展，尤其是冷链物流产业，涌现出一批核心竞争力和综合服务能力较强的冷链物流企业。据估计，重庆市规模以上的冷链物流企业已有 400 家。重庆市先后获批进口肉类指定口岸、进口水果指定口岸、进口粮食指定口岸、进口木材口岸、冰鲜水产品进口指定口岸、植物种苗口岸、进境水生动物口岸、首次进口药品和生物制品口岸等。这极大地刺激了冷链物流产业的发展，逐步形成了肉类、果蔬、水产品、乳品、速冻食品、疫苗、生物制剂、药品等冷链进口体系，冷链物流产业已成为物流产业中的重要新兴力量。依托中欧班列（渝新欧），重庆实现了从荷兰、白俄罗斯、波兰等欧洲国家进口肉类产品、奶粉、苹果汁和药品等冷链运输产品，并率先实现了利用"出境水果注册果园"通过全冷链铁路直运的方式出口国产水果。依托渝满俄，重庆从俄罗斯进口冷冻鸡爪等肉类产品，并通过全冷链铁路直运的方式将芒果、柑橘等国产水果出口到俄罗斯。

2. 促进经贸发展

中欧班列（渝新欧）的开通和西部陆海新通道的建设显著推动了重庆外贸

规模的整体大幅增长。2010年以来，重庆市对外贸易整体呈现强劲增长态势，进出口贸易总额由124.26亿美元波动攀升至2020年的951.28亿美元，外贸规模10年间增长了6.7倍，外贸规模年均增速高达23.18%，显著高于全国平均的4.59%和西部地区的12.95%。除了外贸规模的不断增长外，重庆市在全国和西部地区进出口贸易中的地位也不断提升（图11-3），占全国贸易总额的比重由2010年的0.4%增长至2020年的2.04%，对外贸易份额占西部12省区市的比例在10年间增长了13%，引领西部贸易发展的地位日益凸显。

图11-3 2010年以来重庆在全国和西部地区进出口贸易占比

资料来源：《中国统计年鉴》（2011—2021年）。

跨境通道建设改变了重庆对外贸易的空间方向。西欧、中东欧和中亚是重庆国际班列连通的重要方向。2010—2020年，重庆与西欧国家的进出口贸易总额由20.19亿美元增至141.74亿美元。中欧班列（渝新欧）从重庆出发，最终抵达德国的杜伊斯堡。德国是重庆最大的西欧贸易对象。2010—2020年，与德国贸易额占重庆对西欧贸易总额的比重由11.54%波动增长至40.89%。近些年，中欧班列（渝新欧）拓展了捷克帕尔杜比采、奥布尔尼采，匈牙利布达佩斯，波兰斯瓦夫库夫等线路，使得中东欧国家成为重庆对外贸易的新兴市场。2010—2020年，重庆与中东欧国家的贸易总额由1.36亿美元增长至33.54亿美元，年均增速达37.79%，占重庆对欧贸易份额也由5.44%增长至

17.31%。中欧班列（渝新欧）回程班列将哈萨克斯坦优质的小麦、面粉、食品等农副产品运往重庆市场，促进与哈萨克斯坦之间的贸易规模不断扩大。对哈萨克斯坦的贸易额 2010—2020 年增长了近八倍，占中亚五国贸易额的比重也由 31.63% 提升至 77.94%。

跨境通道改变了重庆市进出口贸易结构。从进口商品结构看，2010 年重庆进口商品类型占比在 10% 以上的包括机械、电气设备（35.08%），车辆、船舶（14.20%）和矿产品（10.13%），其他商品中占比在 3% 以上的有五种。到了 2020 年，占比在 10% 以上的商品类型只剩下机械、电气设备，其占比提升至 70.48%，而车辆、船舶和矿产品的比重则分别下降至 1.89% 和 5.25%，此时除上述三类商品外，占比在 3% 以上的商品仅剩下两种。从出口商品结构看，2010 年重庆主要出口产品为机械、电气设备（32.57%），车辆、船舶（30.45%）和化学工业产品（10.36%）。随着重庆市笔电产业的发展，笔电产品逐步成为其最主要的出口商品。截至 2020 年，机械、电气设备的出口占比增长至 81.9%，而车辆、船舶占比则萎缩至 5.52%。

3. 促进产业发展

（1）加快传统产业发展

汽车和摩托车制造是重庆的传统支柱产业。跨境通道建设为重庆汽摩产业拓展海外市场提供了便利。国际班列的开行，尤其是 2022 年中欧班列（渝新欧）实现商品车铁路运输专用车国际班列常态化发运以来，跨境通道持续助推"重庆造"汽车出口欧亚市场。东风小康（赛力斯）、长安、长城和庆铃等重庆汽车品牌相继出口德国、法国、英国、意大利、老挝和泰国等。截至 2023 年 5 月，中欧班列（渝新欧）已累计实现整车进出口近 5 万辆，运输汽车及零配件产值超 500 亿元。[①] 与此同时，国际通道的开通促进了这些企业加快布局海外产业链，促进了供应链的稳定。重庆小康集团通过铁海联运班列转运汽车零部件，并投资 1.5 亿美元在印度尼西亚建立汽车智能制造基地，拓展了国际市场。重庆力帆集团在共建"一带一路"国家和地区布局了众多服务点，宗申集

---

① https://www.yidaiyilu.gov.cn/xwzx/dfdt/313602.htm?eqid=ccd090e5000863d00000000 3647892fd。

团赴泰国布局国际供应链，庆铃汽车也开出专列进军东盟市场。

(2) 培育新产业与新业态

跨境通道不仅促进了重庆汽车和摩托车制造等传统产业的发展，同时也培育了一批新产业与新业态。在重庆市众多快速发展的新兴产业中，笔记本电脑产业与中欧班列（渝新欧）的关系最为密切。2009 年前后，重庆市充分利用劳动力资源丰富的优势，先后吸引了惠普、宏碁、华硕、富士康等笔记本电脑品牌企业和代工企业落户重庆。欧洲是重庆笔记本电脑的主要市场。为解决长期存在的"西货东运"困境，重庆市联合国家相关部委以及德国、俄罗斯、哈萨克斯坦等国政府机构和企业合作，于 2011 年开通了渝新欧国际班列。中欧班列（渝新欧）为重庆笔记本电脑产品提供了相比海运快捷、相比空运又经济便宜的国际运输服务，这不仅大大降低了运输成本，还大幅缩减了物流时间，提高了笔电产品应对市场需求变化的速度，缩短了资金回收周期。

中欧班列（渝新欧）的开通极大地促进了重庆笔记本电脑产业的发展。国际物流条件改善带来的发展优势，吸引成百上千家上下游企业纷纷落户，使得重庆笔记本电脑产业已由代工生产向着"芯屏器核网"多终端体系一体化方向发展。除笔记本电脑外，主板、显卡、无线路由器等相关上下游产业的龙头生产企业相继落户重庆。目前，重庆已成为全球最大的笔记本电脑生产基地，产量约占全球的 40%。重庆笔记本电脑产品的本地配套率已经超过 70%，相关配套企业分布在全市 10 个主要工业园区，带动了相关区县的经济发展。2017 年以来，中欧班列（渝新欧）已累计运送 IT 产品货值近 1 200 亿元。重庆已成为我国电子信息产业发展的重要集聚区，逐步形成以智能终端、软信产业为代表的两大千亿级产业集群，以及集成电路、新型显示等百亿级产业集群。

4. 助推城市发展

(1) 促进对外人文交流与合作

随着跨境大通道建设的不断推进，重庆逐渐成为中国西部对外人文交流与合作的高地。近些年，重庆积极承办"一带一路"陆海联动发展论坛、中国西部国际投资贸易洽谈会、上海合作组织数字经济产业论坛等一大批重大经贸论坛和会议，国际交流合作不断深化，国际影响力不断提高。目前已经有意大利、英国、柬埔寨、日本、菲律宾、匈牙利、加拿大、乌拉圭、荷兰、白俄罗斯等12个国家在重庆开设领事馆，与重庆建立友好关系的国际城市达52个，建立友好交流关系的城市达110个，国际化和外向度持续提升。截至2022年底，已有上海合作组织国家多功能经贸平台和意大利商会等20余家外国商会与涉外机构落户重庆。

(2) 助力重庆打造国际消费中心城市

中欧班列（渝新欧）和西部陆海新通道带来的连通性升级，推动重庆的全球商品展销、集散和商业业态繁荣，加速重庆国际消费中心城市建设。重庆在两江新区建成了总面积4.7万平方米，汇聚40余个国家馆，包括近5万种各类商品的"一带一路"商品展示交易中心，引领时尚消费。跨境通道体系还为重庆谋求制度创新提供了抓手，助推重庆建设成为各类特色商品的全国分拨中心和消费中心、全国跨境电商示范区。便捷的流通条件和制度创新优势，持续推动重庆的物流环境优化，2019年，重庆获批全国六个物流降本增效综合改革试点城市之一，2021年被确定为全国六个开展营商环境创新试点城市之一，不断优化营商环境，促进城市消费升级，努力打造国际消费中心城市。

(3) 助力重庆打造国际门户枢纽城市

以中欧班列（渝新欧）和西部陆海新通道建设为引领，重庆搭建起了四通八达的跨境跨区域物流体系，增强了物流运输的韧性和可选择性。在此基础上，重庆先后获批国家铁路一类口岸等一系列开放平台，国际国内要素集散、资源配置、产业聚集功能显著增强，物流与经济社会深度融合发展，重庆逐步由长江上游航运中心升级为内陆国际物流枢纽。此外，重庆还不断完善物流枢纽功能建设，已获批港口型、陆港型、空港型、生产服务型国家物流枢纽，各枢纽节点围绕产业发展需求，不断优化供应链要素的空间组织，改善客流、货物流、信息流、资金流等经济要素的流通条件，助推重庆建设成为面向全球、引领全国、具有全球重要影响力的国际门户枢纽城市。

(4) 提高城市经济密度

由中欧班列和西部陆海新通道激发的开放发展体系促进了重庆经济社会的全方面繁荣，各类开放平台和园区最直接享受通道催生的开放发展红利。以重庆国际物流枢纽园区为例,作为中欧班列(渝新欧)及其催生通道体系的重要始发站和枢纽节点,园区围绕大通道、大口岸、大物流,积极引进包括中特物流华贸、浩航国际等多式联运物流项目和进出口贸易项目,推动园区土地开发和经济密度不断增长。园区规划面积35平方千米,目前已开发面积达24.8平方千米,吸纳就业人口超8万人。从具体片区来看,沙坪坝区作为班列始发站和铁路口岸所在区,通道发展为其带来了大量的物流企业,汇聚人流和产业流,激发经济潜力,自中欧班列(渝新欧)开行至今,沙坪坝区的土地价格翻了三倍。此外,重庆主城外的区县在招商引资过程中,借助中欧班列(渝新欧)和西部陆海新通道,及其构筑的通道体系进行城市营造,吸引包括长城汽车等重点企业入驻,带动地方经济发展。

五、小结

1. 跨境通道建设是提升区域社会空间位置的重要手段

通过案例研究发现,跨境通道建设有助于提高区域对外连通性,从而提升区域的社会空间位置(socio-spatial positionality)。在经济全球化时代,区域发展不仅取决于区域内部技术、产业和制度结构及区域相关主体的能动性,更受制于其对外连通性及其在全球网络中的社会空间位置(Sheppard,2016;刘卫东等,2017)。处于高层级社会空间位置的区域往往具有更优越的发展势能、发展条件。因此,如何提升区域社会空间位置成为经济全球化时代区域发展的主要任务。尽管提高区域对外连通性和区域社会空间位置的手段有多种,如举办大型体育赛事和高端论坛提高全球知名度及影响力,发展国际贸易、吸引外商投资和移民等增强区域对外经济联系,举办展会和技术交流会增加区域对外技术联系等,但基础设施互联互通和跨境通道建设最为关键。

从重庆的案例研究可以发现,中欧班列(渝新欧)和西部陆海新通道建设通过两个方面影响重庆发展。对外方面,连通性的提高改变了重庆市宏观区位条件,强化和提升了重庆在国家发展战略中的地位,扩张了外部空间市场;对内方面,可突破现有结构的束缚,为重庆产业发展提供新要素(新市场、新技术、新资本），激发新动能，开拓发展新空间。具体而言，中欧班列（渝新欧）和西部陆海新通道的开通改变了重庆的宏观区位条件，将重庆与欧洲、东南亚和南亚更便捷、更高效地联系到一起，不仅降低了物流的时间成本和经济成本，还扩大了外部市场需求。连通性的提高意味着重庆高水平配置资源的空间进一步扩大，有助于重庆争取更多更高等级的开发开放平台。

跨境通道建设不仅会引发需求侧变化（贸易规模扩大、贸易商品的调整），还会带来供给侧要素（土地供给、政策等）变化。从需求侧看，中欧班列带动了重庆与欧洲、中亚等地区的贸易大发展，西部陆海新通道也促进了重庆与东南亚国家的贸易联通。贸易条件的优化和贸易市场的改变，还优化了重庆的对外贸易商品结构，出口商品和进口商品都更加多元化。从供给侧看，跨境通道建设为重庆带来了大量政策红利（如开发开放平台种类的增加和数量的增多）。铁路一类口岸、保税物流中心（B型）、自由贸易试验区、国际物流枢纽等平台的批复不仅降低了重庆的物流成本，还形成了政策合力，共同促进国际通道与贸易、产业互动发展。

2. 跨境通道建设需要与贸易、产业和城市发展互为支撑

重庆的案例表明，跨境通道建设带动内陆地区发展外向型经济的过程是一个跨境通道、贸易、产业和城市发展四者互相作用、相互促进、循环累积的过程，各要素缺一不可（图11-4）。内陆地区没有通道，国际贸易和产业发展往往会缺乏动力，仅仅有跨境通道而不带动本地产业的发展，通道经济便只是"过道经济"，是"为他人作嫁衣裳"。重庆四通八达的跨境跨区域通道体系和多类型开放平台体系，为贸易和产业发展缩短了运输时间，降低了交易成本，扩展了市场需求，带来了新的发展要素。外向型经济的发展又将区位优势和开放优势转化为竞争优势，推动重庆更高水平地参与全球竞争，同时对跨境通道发展和开放平台建设提出了更高要求。国际通道建设和经贸的发展不仅给重庆带来了发展活力，还改变了城市形象，提升其"软实力"，而这又将反过来促进经贸发展。具体而言：

从贸易发展来看，首先，跨境和跨区域通道建设增强了重庆的对外连通性，降低了对外贸易的物流成本，使得传统贸易产生更大的利润空间，扩大了

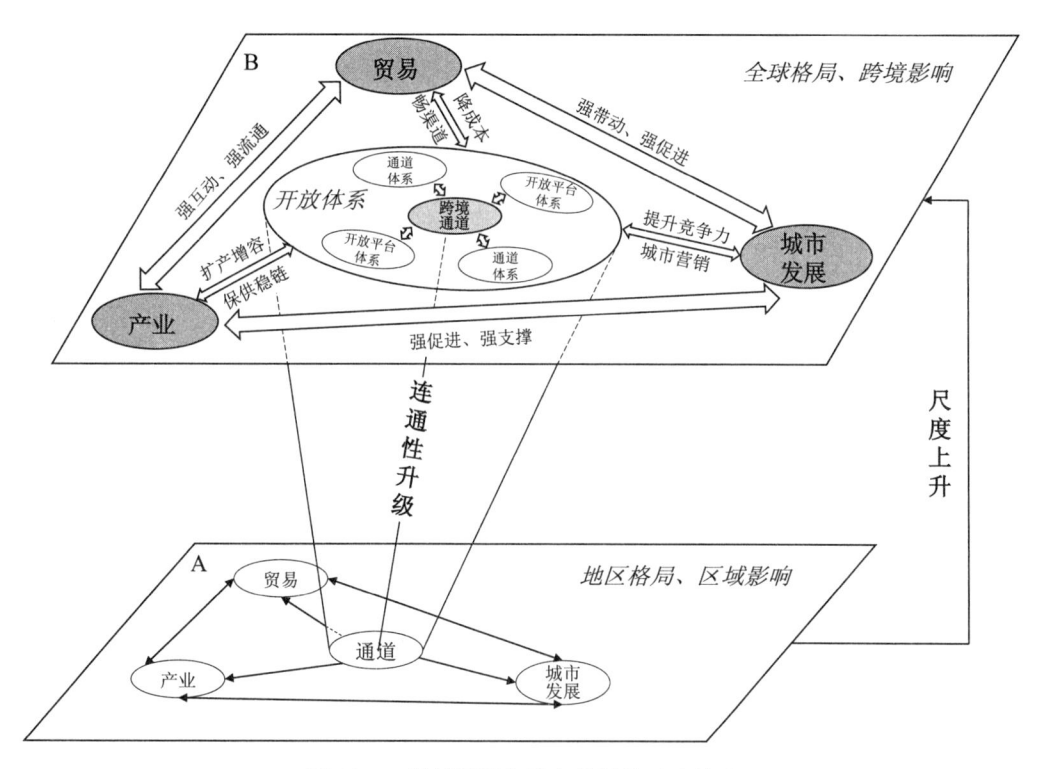

图 11-4　跨境通道与地方发展的互动关系

进出口规模。其次，国际通道体系为重庆建立了新的对外连接渠道，以更便捷的方式连接了更广阔的国家和地区，使得一些原本不具备贸易流通条件的商品产生了利润空间，形成新的贸易流，推动贸易商品种类不断拓展升级。最后，通道体系与平台体系的组合模式，不仅降低了重庆对外贸易的物流成本，产生了贸易创造效应，还扩展了贸易对象和贸易商品范围，增加了贸易量。

从产业发展来看，跨境通道建设与产业发展是双向互促的关系。首先，跨境通道体系提高了要素流通效率，将带动与物流产业相关的经济活动的繁荣发展。其次，重庆借助跨境通道构筑的开放发展体系为企业的全球化资源配置提供了便利，有利于本地企业跨国搭建产业链和供应链体系，分配跨境消费流，同时能够吸引其他地区的产业向本地转移，促进本地外向型产业的繁荣发展。再次，"通道体系+平台体系"带来的制度红利将催生新产业和新业态，进一步促进本地外向型经济繁荣；反过来，外向型产业的蓬勃发展将产生对更加优化的跨境、跨区流通体系和更加便利化的开放平台体系建设的需求。最后，通道体系的完善将带来新产业、新业态向园区、口岸集聚，推动开放平台体系的蓬勃发展，而开放平台内部产业的进出口需求又进一步促进通道体系的畅通。通道、平台、要素流动间的循环互促过程为地方产业发展提供强大助力。

从城市发展来看，中欧班列（渝新欧）和西部陆海新通道为重庆树立起连通性高地的形象，并借此为重庆吸引各类资源要素的涌入，为其谋划的各类发展目标服务，起到了城市营销的效果。在中欧班列（渝新欧）和西部陆海新通道的引领下，重庆市与欧洲和东南亚国家的经贸合作及人文交流得到加强，拉近了与欧洲和东南亚的经济距离及心理距离，拓展了对欧经贸合作和人文交流的深度及广度。中欧班列（渝新欧）及其催生的通道体系、开放平台体系，优化了区域物流环境，降低了物流成本，增强了物流运输的韧性和可选择性，并借此吸引更大范围的资源要素流入，推动重庆加快建设国家物流枢纽，这些又助推重庆国际消费中心城市的建设。

3. 跨境通道建设的几点启示

不同于前一轮新自由主义全球化任由资本"信马由缰""嫌贫爱富"，中国提出的共建"一带一路"倡议以互联互通为导向，旨在连接起更广泛的国家和地区，共享发展成果，促进共同繁荣，引领包容性全球化（Liu *et al.*，2018）。跨境通道作为"一带一路"互联互通格局的支柱，其带动的地方发展以生动的实践诠释了包容性全球化的思想和构建人类命运共同体的理念。就中欧班列而言，其串联起中国西部内陆城市西安、重庆、乌鲁木齐和边境城市霍尔果斯、阿拉山口等，这些城市均是前一轮经济全球化中因发展基础和区位条件等因素处于边缘地带的区域。

中欧班列和西部陆海新通道建设将重庆与更广泛的国家和地区联系起来，使其逐步由全球边缘区域升级为资本积累的前沿，获得发展机遇。中欧班列欧洲一端的节点城市，如原本规模小、经济地位弱、发展乏力的德国杜伊斯堡、比利时根特、波兰罗兹等城市，均因中欧班列带来的发展机遇而重新崛起为国际物流中心，焕发出巨大的经济增长活力。再如中老铁路的开行，将原本的"陆锁国"老挝改变为"陆联国"，中老铁路驱动的地方经济崛起也正在中南半岛的大地上生动演绎。

需要注意的是，并非所有的跨境通道均具有点燃地方经济增长的潜力。本章探究的跨境通道驱动地方经济发展案例是建立在通道的要素流通与本地经济发展进行紧密互动的基础上的。只有将通道运行与本地经济发展需求有效结合，促进通道的流通体系深度融入本地经济运转的大环境，才能形成通道可持续运转与地方经济繁荣互促的良性局面。而如果仅关注跨境通道自身的运转，未落实通道与本地经济的融合发展，那么地方将沦为通道运行的"过路站"或中介点，难以给地方经济带来有效的溢出效应。

参 考 文 献

Aalders, J. T., Bachmann, J., Knutsson, P. et al. The making and unmaking of a megaproject: contesting temporalities along the lapsset corridor in Kenya. *Antipode*, 2021, 53 (5): 1273-1293.

Abula, K., Abula, B. An analysis of gravity model based on the impact of China's agricultural exports — a case study of western and central Asia along the economic corridor. *Acta Agriculturae Scandinavica Section B—Soil and Plant Science*, 2021, 71 (6): 432-442.

Apostolopoulou, E. Tracing the links between infrastructure-led development, urban transformation, and inequality in China's Belt and Road Initiative. *Antipode*, 2021, 55 (3): 831-858.

Bennett, M. M. From state-initiated to indigenous-driven infrastructure: the inuvialuit and Canada's first highway to the Arctic Ocean. *World Development*, 2018, 109: 134-148.

Chome, N. Land, livelihoods and belonging: negotiating change and anticipating lapsset in Kenya's Lamu County. *Journal of Eastern African Studies*, 2020, 14 (2): 310-331.

Clauzel, C., Deng, X. Q., Wu, G. S. et al. Assessing the impact of road developments on connectivity across multiple scales: application to Yunnan snub-nosed monkey conservation. *Biological Conservation*, 2015, 192: 207-217.

Danyluk, M. Capital's logistical fix: accumulation, globalization, and the survival of capitalism. *Environment and Planning D: Society and Space*, 2018, 36 (4): 630-647.

Danyluk, M. Fungible space: competition and volatility in the global logistics network. *International Journal of Urban and Regional Research*, 2019, 43 (1): 94-111.

Dodson, J. The global infrastructure turn and urban practice. *Urban Policy and Research*, 2017, 35 (1): 87-92.

Elshahawany, D. N., Haddad, E. A., Lahr, M. L. Accessibility, transportation cost, and regional growth: a case study for Egypt. *Middle East Development Journal*, 2017, 9 (2): 256-277.

Gao, B. Y., Dunford, M., Norcliffe, G. et al. Capturing gains by relocating global production networks: the rise of Chongqing's notebook computer industry, 2008-2014. *Eurasian Geography and Economics*, 2017, 58 (2): 231-257.

Glass, M. R., Addie, J-P. D., Nelles, J. Regional infrastructures, infrastructural regionalism. *Regional Studies*, 2019, 53 (12): 1651-1656.

Harvey, D. Globalization and the "spatial fix". *Geographische Revue: Zeitschrift für Literatur und Diskussion*, 2001, 3 (2): 23-30.

Jia, F., Bennett, M. M. Chinese infrastructure diplomacy in Russia: the geopolitics of project type, location, and scale. *Eurasian Geography and Economics*, 2019, 59 (3): 340-377.

Kanai, J. M., Schindler, S. Infrastructure-led development and the peri-urban question: furthering crossover comparisons. *Urban Studies*, 2022, 59 (8): 1597-1617.

Laurance, W. F., Sloan, S., Weng, L. et al. Estimating the environmental costs of Africa's massive "development corridors". *Current Biology*, 2015, 25 (24): 3202-3208.

Li, H., Hameed, J., Khuhro, R. A. et al. The impact of the economic corridor on economic stability: a double mediating role of environmental sustainability and sustainable development under the exceptional circumstances of COVID-19. *Frontiers in Psychology*, 2021, 11: 634375.

Liu, W. D., Dunford, M., Gao, B. Y. A discursive construction of the Belt and Road initiative: from neo-liberal to inclusive globalization. *Journal of Geographical Sciences*, 2018, 28 (9): 1199-1214.

Liu, Z. G., Schindler, S., Liu, W. D. Demystifying Chinese overseas investment in infrastructure: port development, the Belt and Road initiative and regional development. *Journal of Transport Geography*, 2020, 87: 102812.

Matas, A., Raymond, J. L., Ruiz, A. Regional infrastructure investment and efficiency. *Regional Studies*, 2018, 52 (12): 1-11.

Michael, R. G., Jean-Paul, D. A., Jen, N. Regional infrastructures, infrastructural regionalism. *Regional Studies*, 2019, 53 (12): 1651-1656.

Murton, G., Lord, A. Trans-himalayan power corridors: infrastructural politics and China's Belt and Road initiative in Nepal. *Political Geography*, 2020, 77: 1-13.

Nyumba, T. O., Sang, C. C., Olago, D. O. et al. Assessing the ecological impacts of transportation infrastructure development: a reconnaissance study of the standard gauge railway in Kenya. *PLoS ONE*, 2021, 16 (1): e0246248.

Rippa, A. Mapping the margins of China's global ambitions: economic corridors, silk roads, and the end of proximity in the borderlands. *Eurasian Geography and Economics*, 2020, 61 (1): 55-76.

Rogelja, I. Concrete and coal: China's infrastructural assemblages in the Balkans. *Political Geography*, 2020, 81: 1-10.

Sanchez-Robles, B. Infrastructure investment and growth: some empirical evidence. *Contemporary Economic Policy*, 1998, 16 (1): 98-108.

Schindler, S., Kanai, J. M. Getting the territory right: infrastructure-led development and the re-emergence of spatial planning strategies. *Regional Studies*, 2019, 55 (1): 40-51.

Sheppard, E. *Limits to Globalization: the Disruptive Geographies of Capitalist Development*. New York: Oxford University Press, 2016.

Sulle, E., Dancer, H. Gender politics and sugarcane commercialisation in Tanzania. *The Journal of Peasant Studies*, 2020, 47 (5): 973-992.

Tups, G., Dannenberg, P. Emptying the future, claiming space: the southern agricultural growth corridor of Tanzania as a spatial imaginary for strategic coupling processes. *Geoforum*, 2021, 123: 23-35.

Zhang, R., Andam, F., Shi, G. Environmental and social risk evaluation of overseas investment under the China-Pakistan economic corridor. *Environmental Monitoring and Assessment*, 2017, 189 (6): 1-16.

Zhu, N. *China's Guaranteed Bubble: How Implicit Government Support has Propelled China's Economy While Creating Systemic Risk*. Beijing: Citic Press Group, 2016.

金凤君:《基础设施与经济社会空间组织》,科学出版社,2012年。

李小建等:《经济地理学》,高等教育出版社,1999年。

刘卫东:"'一带一路':引领包容性全球化",《中国科学院院刊》,2017年第4期。

刘卫东、M. Dunford、高菠阳:"'一带一路'倡议的理论建构——从新自由主义全球化到包容性全球化",《地理科学进展》,2017年第11期。

第十二章　风险防范[①]

当前，百年未有之大变局加速演进，国际力量对比深刻调整，俄乌冲突恶化了全球对抗，治理赤字、信任赤字、和平赤字、发展赤字有增无减，传统与非传统的安全风险不断加剧，世界正进入新的动荡变革期，这些复杂形势对共建"一带一路"高质量发展提出了更高要求。习近平主席多次在双多边国际场合强调"推动共建'一带一路'高质量发展"，有效应对各种风险。2021年11月，习近平总书记在北京出席第三次"一带一路"建设座谈会时强调："要完整、准确、全面贯彻新发展理念，以高标准、可持续、惠民生为目标，推动共建'一带一路'高质量发展不断取得新成效。"2023年，共建"一带一路"倡议已步入第十个年头，面对当今世界风险挑战进一步加剧的形势，习近平总书记进一步指出："面对日趋多元复杂的传统与非传统安全，中国同共建国家和地区一道，加强团结合作，科学研判风险挑战，共克时艰，共渡难关。"由此可见，风险防范与有效应对，是共建"一带一路"高质量发展的重要组成。同时，也亟须理论与实践相结合，有效化解与防范风险，推进共建"一带一路"高质量发展走深走实。

一、"一带一路"建设风险的本体论

"一带一路"是统筹我国全方位开放的长远、重大国家策略（刘卫东，2016），是面向全球的合作共赢倡议（win-win discourse），具有理想主义包容

[①] 本章作者：宋涛、孙曼。

性特征。与此同时，西方语境下不乏现实主义、零和博弈主导的"一带一路"地缘政治猜想与话语，拉采尔、马汉、麦金德等古典地缘政治理论经常被僵化地运用于"一带一路"地缘政治想象中，形成了东西方显著差异的"一带一路"地缘政治知识体系。我方语境下，防范客观的共建"一带一路"相关风险，是"一带一路"高质量发展的现实需求。而西方语境下，"一带一路"倡议的提出，彰显了中国的崛起，构成了对"西方世界"的竞争与挑战风险。此外，在后结构主义、后人文主义背景下，批判性地缘政治语境下的"一带一路"地缘政治讨论，常常强调超越人的或非人要素对人的主体性和元话语性的挑战（安宁、朱竑，2018）。一方面，地缘经济思维下，"一带一路"是传统"走出去""西部大开发"等国家政策的空间战略延续（Sidaway and Woon, 2017），是资本积累、寻找空间出路的空间修复（Summers, 2016）；另一方面，关系视角下，"一带一路"是复杂、动态、关系、多尺度社会关系的建构产物和空间分化的实践过程，其中交织着一系列的想象、话语、政策、项目和实践，时而一致，时而矛盾（Oliveira et al., 2020），并且随着历史、社会、文化和政治事件的波动而变化（Brambilla and van Houtum, 2012）。

"一带一路"指的是"丝绸之路经济带"与"21世纪海上丝绸之路"，但其空间内涵丰富，远超"陆-海"二元论，包括数字、极地、天空等立体空间（volumetric spaces）（Mostafanezhad and Dressler, 2021），构建了"双向互济、陆海统筹"的全方位开放格局（国家发展改革委，2019）。因此，"一带一路"的风险存在于广域的空间中，海、陆、空、数字、地下等空间均存在潜在风险。与此同时，"一带一路"风险存在于贸易畅通、设施联通等显性的物理联通上，也存在于资金融通、民心相通、政策沟通等流空间。刘云刚等（2020）从渔民等"草根群体"和日常空间实践进行了有益的探索，论证了海上丝绸之路的多权力中心结构和复杂的领域化空间。数字丝绸之路（Digital Silk Road）在后疫情时代被视为"一带一路"的2.0版本，并非像古典地缘政治中视"一带一路"为"中国中心论"下的总体化（totalizing）理论框架，数字丝绸之路体现了包容性、地方化（provincialise）的分权式治理结构（Woon, 2021）。极地海洋资源、应对气候变化等领域，已经形成新一轮的地缘政治博弈与争夺，极地丝绸之路既是全球性倡议，亦体现了国家的领域性存在（Bennett，2015）。地缘政治博弈风险也存在于地球大数据、遥感观测等立体空间的争夺（Bennett，2020）。

"一带一路"是区域再造、空间重构、尺度调整与治理优化的动态演化过程。在"一带一路"背景下，地理空间成为国家空间重构、空间生产、尺度调整、区域治理调整以应对风险的"新国家空间"（New State Space）（Brenner，2019），是当代城市区域主义的关键实践场所、国家协调区域发展和地缘政治空间重构的关键区域。"一带一路"使得城市区域主义成为新一轮的区域累积与空间增长模式，取代了过去中西部城市独立发展、企业家精神、相互竞赛的发展模式（Zhang and He，2021）。尤其是广阔的边境地区，面临着复杂的地缘政治风险与"一带一路"的巨大机遇，经历了多尺度的国家空间尺度重组、区域再造与城市区域主义（Song et al.，2022）。

"一带一路"体现了中国特色发展模式，还是全人类共同发展的普世准则？当前对于"一带一路"地缘政治观念、认识的博弈，归根到底，是中国特色社会主义模式下的中国例外论，以及双赢话语体系下的普世价值与西方有色眼镜下的"中国威胁论"所产生的摩擦与冲突。地理学者对"一带一路"建设的地缘政治环境进行了大量的研究，采用系统空间思维，衍生出"地缘环境""地缘风险""地缘安全"等概念（安宁、蔡晓梅，2020）。安宁等（An et al.，2020）探讨了儒家文化的开放性、包容性在"一带一路"中的体现，认为儒家的地缘政治思想在本质上是谋求构建一个和谐的世界秩序，而非追求零和的权力斗争。刘卫东（Liu，2021）则驳斥了将"一带一路"简化为"儒家地缘政治"的做法，认为"一带一路"的内涵远远比地缘文化要丰富，儒家文化的官僚、等级思想等，在当今中国的政治经济体系下已发生了深刻的变革。

政府、个体、组织等多元主体参与到了"一带一路"的地缘政治实践与理论中。在"一带一路"建设过程中，多元主体角色利用多重规则，采用多样手段，规避各自认为的潜在风险，取得了差异化的"地缘政治"效果（Walters，2022）。从投资经济学的角度，风险往往与收益密切相关，风险高的地方投资成本巨大，未来的可能收益也倍增。因此，某些"高风险"的"一带一路"地区，也会集聚一些风险"食利者"。在"一带一路"建设的国内政治组织模式中，相互竞争、追逐多元利益的部门、企业（国有企业、私营企业）等主体造就了相对破碎化的地缘政治版图（Zeng，2019）。在境外的中尼（尼泊尔）廊道建设中，外方政府官员、NGO、村民、宗教领袖、企业主等行动者表现出对"一带一路"的多元未来想象、多重风险叙述、多样避险修辞等（Murton and Lord，2020）。而批判地缘政治理论下的"一带一路"叙述，呼唤突破"国家中心主义"的宏大叙事，更多元地关注到这些行动者、利益相关者对于风险与收益的想象、话语及实践中。

二、"一带一路"建设的风险评估

风险是指相对某有机体发生的不利于有机体发展事件的不确定性。风险是客观存在的，其发生与否具有偶然性，但是某一时期大量同质个体某种风险的发生又有其规律性，所以在某种程度上风险又是可以预测和评估的。根据风险的定义，我们可以将"一带一路"建设的风险定义为在"一带一路"建设过程中面临的可能会发生的，阻碍其建设的事件的不确定性。而"一带一路"建设的风险防范则是国家、企业或个人在参与"一带一路"建设过程中为规避风险或降低风险所采取的各种方式和手段。

1. 风险评估相关研究进展

影响一个国家或地区风险高低的因素有很多，对其风险评估需要从自然、经济、人文、社会等多方面进行探讨。目前已有大量国外相关机构开展了风险评估、风险分类相关研究。例如国际上有经济学人智库（Economist Intelligence Unit，EIU）从政治稳定性风险、安全风险、基础设施风险、劳动力市场风险、税收政策风险、金融风险、外贸及支付风险、宏观经济风险、法律及监管环境风险、政府效能风险共计十大类风险对共建"一带一路"国家进行了风险评估；美国政治风险服务集团（PRS Group）从12个方面对全球100多个国家和地区进行了风险评估，包括政权稳定、社会经济、投资、国际冲突、外部冲突、腐败、军事、宗教、法律与秩序、民族矛盾、民主、官僚机构质量；世界国家风险向导（International Country Risk Guide，ICRG）从政治、金融和经济三大方面选取了 22 个指标评估了世界主要国家和地区的风险。

国内许多机构也每年发布国家风险评级和主权信用风险评级。例如，中国出口信用保险公司从政治、经济、营商环境、法律四大方面选取指标进行国别风险分析；中国社会科学院张明等采用 CROIC-IWEP 国家风险评级方法，从经济基础、偿债能力、社会弹性、政治风险和对华关系五大方面量化评估了中国企业海外投资所面临的主要风险。

许多国内外学者也开展了风险分类和评价的相关研究。例如，赫林（Herring，1983）认为国家风险包括社会风险、政治风险和微观风险；陈等（Chen et al.，2018）从宏观、中观和微观的视角出发，构建了包括政治、政策、经济、文化和生态环境等 12 个风险因子在内的评估体系；叙雷（Suret，1995）认为消除极端政治事件、还款意愿和还款能力是国家风险的主要评估内容；周伟等（2017）认为国家风险包含政治、经济金融和社会文化三大方面；胡俊超、王丹丹（2016）构建了政治、经济、主权信用和社会风险的综合评价体系；张芳芳等（2021）从政治、经济、社会和自然环境四个维度构建了综合风险评价体系。

2. "一带一路"风险评估指标体系

在已有机构和相关学者建立的风险评价体系的基础上，中国科学院地理科学与资源研究所刘卫东研究员团队测度了共建"一带一路"各国的风险，涵盖环境安全度、资源承载力、灾害安全度、治理能力、地缘安全度、碳排放空间、投资环境、社会稳定度、主权信用法、冲突安全形势、债务风险、发展水平、社会复杂度 13 项指标。其风险评估结果已经应用于团队开发的"一带一路"建设决策支持系统——"中科带路"APP 及智能决策系统。

根据该系统，共建"一带一路"国家的风险可以分为政治风险、经济风险、营商环境风险、社会风险、环境风险五大类。其中，政治风险包括冲突安全形势、地缘安全度、治理能力、主权信用四个指标；经济风险包括发展水平和债务风险两个指标；营商环境风险包括投资环境一个指标；社会风险包括社会稳定度和社会复杂度两个指标；环境风险包括灾害安全度、环境安全度、碳排放空间、资环承载力四个指标。具体评价体系如表12-1所示。

表 12-1 "一带一路"建设风险指标体系

目标层	准则层	指标层	单位	作用方向	指标说明	数据来源
综合风险	政治风险	冲突安全形势	指数	正	反映国家/地区发生冲突的数量和情况	全球事件、语言与语调数据库（Global Database of Events, Language and Tone, GDELT）
		地缘安全度	指数	负	反映国家/地区地缘环境的安全水平	世界银行、联合国
		治理能力	指数	负	反映国家政府的治理能力	世界银行、经济学人智库
		主权信用	指数	负	反映国家/地区的信用风险	穆迪指数
	经济风险	发展水平	指数	负	反映国家/地区的宏观经济发展状况	世界银行、国际货币基金组织
		债务风险	指数	正	反映国家/地区经济发展对外债的依赖程度	世界银行、泰国央行、越南财政部、国际货币基金组织
	营商环境风险	投资环境	指数	负	反映在一个国家/地区投资环境的优劣	世界银行、营商环境报告
	社会风险	社会稳定度	指数	负	反映国家/地区社会整体协调有序的程度	全球恐怖主义数据库（GTD）、世界银行
		社会复杂度	指数	正	反映国家/地区的社会复杂性状况	世界银行、联合国
	环境风险	灾害安全度	千美元	负	反映国家/地区发生各类自然灾害的风险	The Emergency Events Database (EM-DAT)
		环境安全度	m^3/人	负	反映国家/地区环境安全的高低	世界银行、联合国
		碳排放空间	吨/人	负	反映国家/地区绿色发展状况	世界银行、联合国
		资环承载力	指数	负	反映国家/地区的资源环境承载力	世界银行、联合国

3. "一带一路"建设决策支持系统

"一带一路"建设决策支持系统包括"中科带路"APP及对应的电脑端"绿色丝绸之路智能决策支持系统"（https://www.brisupport.cn/），旨在为"一带一路"建设风险防范提供决策支持。"中科带路"APP及对应的电脑端

"绿色丝绸之路智能决策支持系统"由中国科学院地理科学与资源研究所刘卫东研究员牵头,在中国科学院"丝路环境专项"项目一"绿色丝绸之路建设的科学评估与决策支持"的支持下,由团队成员协同开发完成,部分数据得到了其他专项项目的支持。

"中科带路"APP及智能决策系统包括风险评估、鸟瞰项目、丝路点评、国别概况、建设案例、拓展评估、深度评估、数据下载、冲突事件、热点事件、基础数据(智能决策系统)等功能模块。通过该APP,用户可直观快速了解共建国家和地区社会经济、资源环境概况及背景风险(图12-1)。

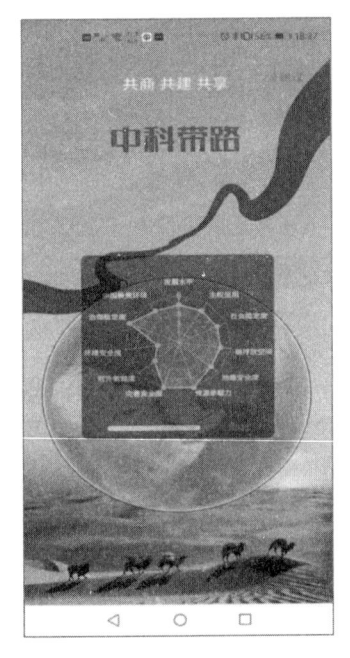

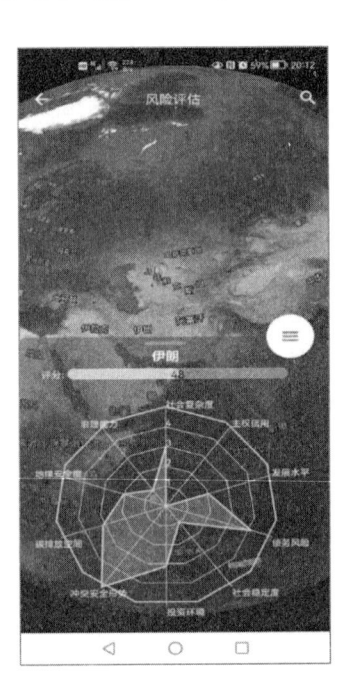

图12-1 "中科带路"APP界面

"风险评估"模块支持对共建国家和地区"一带一路"任意地理位置的投资背景风险查询,通过雷达图的形式直观呈现背景风险,并以红绿灯的形式表现风险等级。"鸟瞰项目"功能提供了工程项目的高分辨率遥感影像,并以时间轴动态展示影像变化,帮助相关人员及时掌握项目建设进程。"丝路点评"模块提供了"地理照片墙",用户可以在该模块发布基于地理信息的动态消息,分享心得,浏览他人动态并加以点评。"国别概况"模块提供了共建"一带一路"国家自然、社会、经济、文化、投资环境等多方面情况的简要信息介绍。"建设案例"模块以图文并茂的形式直观呈现"一带一路"典型共建项目的历史背景、项目概况、地理区位信息、进展情况等内容。"拓展评估"服务针对目标区域或建设项目，将风险评估中的各指标进一步细化到二级指标，开展细化评估，对风险评估的每一项指标给出详细的二级指标评估结果。"深度评估"服务针对目标区域或建设项目，在拓展评估的基础上根据用户的特定需求，开展深度的针对性评估并为用户定制研究报告。"数据下载"服务提供了共建"一带一路"国家自然与人文要素的基础数据下载服务功能。"冲突事件"服务用于展示全球冲突事件的分布情况，基于互联网大数据，通过自然语言处理技术解析冲突事件发生的时间、地点并进行可视化表达，同时根据事件发生的顺序，基于地图进行时间轴动态展示。"热点事件"服务基于 GDELT 数据集，解析近期全球发生的热点新闻事件分布并分类统计，进行可视化展示，该服务模块能够持续获取热点数据并进行更新。"基础数据"服务（电脑版决策支持系统）利用 WebGIS 技术向用户提供共建国家的社会经济、资源环境基础数据的可视化服务，包含共建国家的各级行政区划矢量数据、遥感影像数据、社会经济数据、基础地理信息数据，以及由上述各类基础数据计算得出的指标数据。该模块包括 8 大类 21 小类，共计 127 个数据集，其中社会经济数据集涉及多个年份，支持长时序动态播放、数据卷帘对比、图层叠加分析等功能。以上模块的分析与运用，能助力企业风险防范，支持"一带一路"可持续建设。

三、"一带一路"建设风险的科学应对与防范

1. 政治风险

"一带一路"建设面临着日益复杂多变的地缘政治风险。例如俄乌冲突的深入演进，已进一步升级为全球范围内多种形式共同参与的全面"虚拟战争"。西方国家联手对俄进行制裁和打击，使部分共建"一带一路"国家不得不选边站。俄乌冲突的长期化，恶化了"一带一路"标志性项目——中欧班列物流通道的顺畅运行，造成了世界海陆空物流堵塞、运输成本快速上涨。因此，包括

传统安全、非传统安全在内的地缘政治风险是当前"一带一路"建设的主要政治风险。

国内政治风险方面,部分共建"一带一路"国家政治制度稳定性较差,政治清廉度指数低,政权更迭、政党冲突等政治因素会给"一带一路"建设带来一定的风险。例如,肯尼亚的蒙(巴萨)内(罗毕)铁路是中国海外重大基础设施建设与运营较为成功的案例(刘卫东等,2019)。肯尼亚的政局相对稳定并实行总统内阁制,总统为国家元首、政府首脑兼武装部队总司令,由普选直接产生,任期每届五年。项目建设期间,主要存在以肯雅塔和奥廷加为核心的两大政党结构。国家领导人连任执政有助于铁路政策的稳定性与连续性,降低铁路运营的政治风险,保障铁路顺利运营。再如,近年来缅甸的政治局势处于高风险水平,缅甸国内政治动荡,尤其是2021年武装政变后,军政府体系、社会治理结构、政府清廉指数等剧变给"一带一路"缅甸项目带来一定的冲击。

为应对以上政治风险,我国政府、企业等利益相关者应:

(1) 深入推进"一带一路"建设,持续引领包容性全球化

无论全球政治经济形势如何变化,中国都要持续推进"一带一路"建设,坚定不移地引领包容性全球化,确保自身在全球化中的引领地位。同时,应在国际社会坚持保持中立态度,加强舆论引导,谨防国外媒体和政客借相关冲突等事件将我国强行拉入某国阵营,保持并发展与如俄乌等共建国家的正常贸易关系;审时度势,不断提升中国在全球治理中的话语权;积极加强与欧盟的沟通及贸易联系,积极援助斯里兰卡等陷入经济危机的共建国家。

(2) 深化政治互信,加强高层沟通与顶层设计

在"一带一路"的大背景下,中国与共建国家应首先深化政治互信。政治互信是合作的前提和重要保证,因此应通过已经建立的高层沟通机制,深化政治互信,在重要领域加强信息交换和协商,提升国家间的认可和配合,积极达成合作共识。这类合作有赖于顶层设计,可充分运用国际机构、智库机构、非政府组织以及商会协会等民间组织机构的力量,全方位推动国家政策间的顶层设计与衔接。

(3) 积极推动多边对话与合作,全面促成合作伙伴关系

坚持以共同利益为着力点,努力实现合作共赢的共同目标,以经济合作为基础,促进各层级的政治互信。应务实推动共商共建共享的合作理念,引导"一带一路"建设行为主体的多层级合作伙伴关系,鼓励投资者根据投资目的地的资源禀赋和经济情况,因地制宜地投资、建设、运营"一带一路"项目,同时积极探索与海外的成熟开发运营商建立长期合作的伙伴关系。

2. 经济风险

共建"一带一路"国家经济发展水平各异,经济、金融风险是企业投身"一带一路"高质量建设所必须高度警惕的风险。

第一,共建"一带一路"国家中,发展中国家居多,经济发展不平衡,部分国家国内经济状况受到国际资源、能源价格波动的严重影响,且基础设施等重大项目面临着"历史欠账"较多、配套建设能力不足的现实问题,融资需求缺口巨大。部分共建"一带一路"国家发展水平偏低,项目配套资金筹措能力严重不足。根据亚洲开发银行的数据预测,共建"一带一路"国家基础设施建设每年的融资缺口约为1.8万亿美元,其中亚洲国家缺口约为1 800亿美元。[①]例如缅甸、斯里兰卡、蒙古等国家都处于经济高风险状态,人均GDP较低,通货膨胀压力较大,国家发展对外债的依赖程度相对较高。此外,一些国家的营商环境风险处于非常高的水平,体现在营商制度环境待完善、外商直接投资环境及经济外向度等方面均存在较大风险。

第二,部分共建"一带一路"国家的汇率风险极大,某些货币不能自由兑换、资本管制严重、货币波动较大,存在着货币错配问题。这些国家的经济发展欠发达,需要长期的、大量的资金投入,但目前流入的资金大部分为短期资金,形成了期限错配。同时,人民币国际化进程虽然已取得长足进展,但近年来仍面临较大风险,特别是在当前面临国际贸易摩擦、资本项目可兑换放缓、中国面临资本外流风险、离岸人民币资产面临多重挑战等不确定因素的情况下,市场对人民币的信心可能会有所波动,人民币对美元的汇率也将在一定时

---

① 基建投资需求占GDP的比重已超过世界银行5%的政策目标(按7%计算),平均每年需求约1.8万亿美元。

期内动荡。整体上,"一带一路"项目在人民币国际化使用方面,受市场规模、流动性、开放度、汇率风险管理手段不足等因素制约,金融产品的体系较美元、欧元等仍存在较大差距,人民币的跨境支付、交易和投融资仍面临较大阻力。

第三,目前共建"一带一路"国家的资本市场普遍薄弱,金融基础设施发展滞后。共建"一带一路"倡议所带动的投资,有很大一部分集中在基础设施建设领域,而大多数基础设施投资都具有投资收益率偏低的特点,因而期限错配可能成为"一带一路"建设资金融通的一大风险。

第四,部分"一带一路"共建国家人口众多、储蓄率高,但是相对落后。资金不能为本地所用,外资投资"一带一路"存在着结构性矛盾,形成典型的结构错配。

为应对以上经济风险,政府、企业等利益相关者应:

(1) 构建多元投融资体系

在"一带一路"项目对外投融资合作中,应创新投资和融资模式,建设多元化的融资体系。提高"一带一路"建设项目的资金效率,加强政府和市场的分工协作,实现合作共赢。投融资模式选择可以与"一带一路"互联互通项目类型有机结合,考虑东道国具体债务环境,利用不同投融资模式的优势,发挥开发性、政策性和商业性金融机构的差异化作用,形成多元化的投融资格局。可基于项目性质,在项目分类后匹配投融资模式和金融产品。应发挥市场在资源配置中的决定性作用,坚持企业为主体,市场化运作,政府资金在必要时可用于撬动各方资源,保证投融资的可持续性。同时,在依法合规的前提下,利用金融衍生工具进行保值操作,如现汇交易、期货交易、期权交易等。

(2) 多种方式降低经济金融风险

要充分掌握投资国家、地区的经济制度、投资法规,对投资过程中可能出现的经济政策变动制定应急预案。对东道国公共债务占GDP比重、银行不良资产比重、外债占GDP比重、财政余额、外汇充裕度、贸易条件等因素进行实时监测,分析东道国偿债能力,预警短期内爆发偿债危机的风险的可能性,强化风险管控能力。相关企业在投资前应对东道国外汇政策对投资项目的影响进行估算，与当地政府保持沟通，在合同价款构成中应尽量减少当地货币构成，以降低汇率不稳定的风险。同时，应拓宽融资渠道，通过国别贷款、银团贷款、共同投资、联合融资等方式分散可能面临的债务风险，从而达到降低风险的目的。企业应参考国际国内风险评价机构（例如绿色丝绸之路智能决策支持系统）的风险预警信息，加强对投资国家的背景了解，降低投资风险。

（3）积极参与可持续投融资框架设计

应积极参与共建国家资本市场的框架设计、制度安排、交易系统和法律法规建设，开展人才培训等形式的教育援助，加强交易所、登记结算机构间的双边业务和股权合作，探索建立面向共建"一带一路"国家的区域性交易市场，从而盘活区域内资金和项目资源（方星海，2017）。

（4）加强与国际第三方市场合作

应以"一带一路"建设项目为依托，逐步深化国际金融合作，整合全球资源，多方联动开拓第三方市场，推动共建各国提高基础设施建设能力，在互联互通项目建设中达到互利共赢的效果。以"一带一路"项目为依托，充分运用亚洲基础设施投资银行、丝路资金等平台，借助银团贷款，提升国际多边开发机构和外资银行参与"一带一路"项目的融资意愿。

（5）加大政策性保险支持力度

国家层面，应强化保险业在服务"一带一路"建设过程中的风险防控与资金撬动作用。保险业要加强对国际局势、宏观经济形势的研判，密切关注共建国家和地区监管规定及法律法规的变化，进一步强化合规意识和风险意识，完善合规管控体系，增强行业的境外风险防控能力，切实守住系统性风险底线。应进一步扩大政策性信用保险覆盖面，积极探索承保模式创新，以共建"一带一路"国家为重点，围绕基础设施互联互通、国际产能合作和经贸产业园区等主要领域，加大政策性信用保险对"一带一路"建设的支持力度，同时不断完善共建"一带一路"国家风险动态监测、评级体系和重大风险应急处置机制，有效防范系统性风险。

（6）持续推进人民币国际化

应加速推进人民币国际化，进一步提高共建国家"一带一路"贸易、投融资、金融交易和外汇储备中的人民币份额，特别是加速推动中俄贸易的人民币支付；努力提高"一带一路"境外项目人民币融资和人民币跨境结算比重。以俄罗斯、中东欧、东南亚为重点，加快共建国家的人民币清算与离岸市场中心建设。深耕人民币海外金融市场，不断丰富国际债券、股票、基金、结构性证券等离岸市场人民币产品体系。同时，以俄罗斯为重点，加快建立共建"一带一路"国家和地区间的原油、天然气、有色金属、粮食等大宗商品人民币结算体系。

3. 法律风险

"一带一路"建设在法律方面面临地缘制裁风险、合同风险、阶段性风险等。

地缘制裁风险。近年来随着俄乌冲突、中美贸易冲突等地缘形势的变化，欧美发达国家对中国海外投资的安全审查愈加严格并施加了诸多限制。一些国家采用经济制裁、出口管制、"黑名单"等手段，给我国的"一带一路"建设项目带来法律风险。

合同风险。共建"一带一路"国家的法律法规体系各异，在贸易、技术标准、知识产权、劳工、基础设施等领域的法律系统差别巨大。大陆法系、英美法系、伊斯兰法系等差异化法系，全球性法律、区域性、多边、双边、国内法等法律的适用性各异，这些都导致法律合规方面的潜在风险。

阶段性风险。"一带一路"建设项目在不同阶段面临差异化的法律风险。例如，在项目招投标阶段，对主体资质、企业习惯、业务条款等方面的理解偏差，往往会造成不必要的法律风险；而在项目建设实施阶段，对项目的建设安全管治、用工、环保等方面的地方化法律了解不足，就可能招致不必要的违约风险。

中国企业及个人海外投资过程中如未充分了解投资国当地劳动法律规范，直接按照本国定式处理海外用工关系，可能会引发劳动争议甚至海外群体性事件，并面临相应法律风险。

为应对与防范以上法律风险，政府、企业等利益相关者要未雨绸缪、防患于未然：

（1）增强法律安全保障

国家相关部门要加强海外安全保障能力建设，维护我国公民、法人在海外的合法权益，积极参与、制定相关领域的国际法、行业标准等，有效运用法律手段防范风险、加强权益保护，加强对海外项目安全保障体系建设。

（2）提高法律风控意识

相关企业要充分了解当地政治、法律政策、外资准入制度，时刻关注东道国的政治经济环境、政府政策态度的变化，建立完备的法律风险评估体系。相关企业要牢固树立合规经营理念，摒弃政治手段、关系理念等干预项目投资的不合规做法。要成立专业的第三方团队细致全面地做好项目法律背景调查，以柔性引进方式聘请涉外法律理论界、实务界人士，为我方企业海外利益维护保驾护航。

（3）织密风险防控网格

应夯实风险防控的组织队伍，设立专门的风控部门，安排专业的风控人员，设定风险控制目标、编制风险控制预案、提出风险控制策略，提升运用法治思维和法治方式解决共建"一带一路"项目实践问题的能力。应结合企业自身的投资建设运营特点，对项目的海外经贸法律风险进行周期性评估，包括法律风险的事前系统性评估、事中法律纠纷应对方案设计、事后法律风险回溯评价，全面提高企业的法律风险抵御能力与风险对冲能力。

4. 社会风险

鉴于地缘政治的持续博弈、共建国家复杂国情与文化差异等因素的影响，"一带一路"建设中的人文社会文化合作也面临诸多风险。

首先，共建国家复杂的社会文化差异所带来的社会风险。共建"一带一路"国家民族文化多元，发展阶段差异显著。一些国家长期以来经济增长乏力，收入不平等，正规部门工作岗位短缺，造成国民失业率高、受教育程度低等社会风险。例如联合国《人类发展报告（2021/2022）》显示，埃塞俄比亚、几内亚等非洲国家失业率极高，人类发展指数较低。

其次，部分共建"一带一路"国家内部民族社会文化等矛盾突出，引发政变、抗议、恐怖袭击等非传统安全事件等社会风险。例如自2021年政变以来，缅甸的社会风险进一步暴露，严重干扰了"一带一路"相关项目的顺利实施。

此外，中外文化差异显著，难以兼顾当地社会文化的项目建设模式，将面临更高的社会风险。例如在中国铁路海外建设的案例中，中国铁路的"半军事化"管理文化与当地的"农耕/游牧"文化如何有机融合，有时成为铁路项目顺利建设运营的重要因素。由于制度和文化的差异，一些国家的民众对中国技术、中国标准、中国企业具有一定的不信任感，并容易在项目实施过程中造成潜在的文化冲突与风险。另外，一些国家的工会组织力量较大，因工资和福利待遇等问题罢工现象比较普遍，会给正常社会秩序带来较大影响。

应对以上社会文化风险，政府、企业等利益相关者应：

(1) 全方位、多领域、多样化的民心相通

应着重开展科技创新、健康防疫、文化交流、政党交流、智库合作、留学互访、职业技能培训、公关管理、企业社会责任、海外形象建设等共同关心领域的民心相通；加强议会、政党、民间组织往来；深化智库间联合研究、合作论坛，密切妇女、青少年、残疾人等群体交流；完善国际友城互访与联络机制，形成多元互动的人文交流格局。

(2) 践行企业社会责任，融入当地文化

应完善中国企业海外企业社会责任（CSR）监管体系，推动和规范中国企业践行"一带一路"价值理念。鼓励中国企业在海外投资时应主动了解当地宗教文化、风土人情、风俗习惯。中国企业应尊重当地宗教信仰与风俗习惯，积极融入当地文化，与驻东道国使馆和东道国驻华使馆、各类团体建立良好关系，主动参与到各类文化交流活动中。

(3) 培育企业文化，赋能项目属地文化

应结合企业文化，制定项目属地文化，可以通过企业文化口号、企业愿景、员工准则、企业管理规章制度、员工培训、"干中学"、宣传内容等机制的建立，培育地方民众和员工项目的运营技术目标与标准。同时在进行海外进行投资或项目建设时，应积极打造企业文化，增强员工归属感，促进本国员工及外国员工的相互了解及交流。

5. 环境风险

"一带一路"建设覆盖的地域范围十分广泛，其中有相当大面积的区域自然本底条件较差，生态系统比较脆弱。例如中亚地区是丝绸之路沿线的气候敏感区，长期以来面临着严峻的气象和水文干旱问题。特别是近30年来，全球变暖加剧了中亚地区的干旱威胁，使得因干旱引发的水资源短缺、生态退化及跨境河流争端等问题更加突出（李稚等，2022）。中国的西北干旱区和青藏高原同样极易受到全球气候变化的影响，过去50年青藏高原地区的增温速度是全球平均水平的一倍，这给"亚洲水塔"和"第三极"的生态环境带来深刻影响（游庆龙等，2021）。再如，非洲撒哈拉沙漠以南的萨赫勒地带土地荒漠化形势十分严峻，在过去100多年，该地区发生了若干次毁灭性的干旱，引发的饥荒造成了上百万人死亡。因此，部分共建区域脆弱的自然本底条件是"一带一路"建设不可避免的环境风险之一，例如俄罗斯、蒙古气候寒冷，冻土广布，然而近年来全球气候变暖加大了冻土风险，影响了中蒙俄跨境铁路的建设。

同时，气象、地质、海洋等各类自然灾害也是"一带一路"建设所面临的环境风险。一方面，共建"一带一路"国家气候类型复杂多样，降水区域差异明显，气象灾害种类多，洪涝、干旱、飓风等灾害时有发生。例如西太平洋是热带气旋活动最为活跃的地区之一，每年8—9月的台风都会对中国、泰国、菲律宾等国家造成严重影响。另一方面，共建"一带一路"国家地质构造复杂、地震活动频繁、地形高差大、侵蚀营力活跃，山地灾害（滑坡、泥石流、堰塞湖、溃决洪水等）极易发育。例如东亚和南亚大部分国家滑坡灾害分布广泛，中亚和西亚国家发生滑坡、泥石流频率较高，靠近喜马拉雅山脉的南亚国家滑坡、冰湖溃决等灾害多发，全球三大地震带中的两条分布于"一带一路"地区，地震活动频繁。[①] 中巴经济走廊在建设的过程中就面临着严峻的自然灾害风险，而雅万高铁、汉班托塔港等"一带一路"典型节点区域则面临着极端降水、飓风等气象灾害风险。

---

① https://baijiahao.baidu.com/s?id=1631809937052452331&wfr=spider&for=pc.

共建"一带一路"国家和地区生态系统类型多样，是全球生物多样性最丰富的区域之一，但近年来一些区域生态系统不断恶化。例如亚欧大草原退化，中亚大湖区的生态系统不断恶化已酿成咸海"生态灾难"，马来西亚和印度尼西亚的低地森林中的鸟类和哺乳类不断减少，盗猎和非法野生动物交易严重威胁了非洲的生物多样性（孟宏虎、高晓阳，2019）。因此，"一带一路"建设过程中也面临着巨大的生物多样性和生态系统保护的压力。

同时，"一带一路"在建设的过程中可能会造成一定的环境污染和生态破坏。例如印染行业的废水排放、采掘矿产的尾矿处置、油气及化工管线的泄漏以及碳排放等问题。这类问题多与环境管制标准及企业管理水平有关，也涉及企业社会责任。由于任何采掘业或多或少都存在改变或损害环境的可能性，任何制造业也都有或多或少的废弃物排放，对于极端环保主义者而言，建设项目总会有环境风险、总会破坏环境，也就会有可被指责之处（刘卫东等，2019）。因此，在一些情况下，环保问题可能是"一带一路"建设项目面临的最重要问题之一，关乎成败。

为应对以上环境风险，政府、企业等利益相关者应：

（1）深入推进共建绿色"一带一路"，践行绿色发展新理念

共建"一带一路"是中国在新时期推动国际合作共赢的倡议，应当践行绿色发展理念，倡导绿色、低碳、循环、可持续发展。应分享中国生态文明和绿色发展理念与实践，加强与共建国家的生态环保合作，提高生态环境保护能力，防范生态环境风险，携手共建绿色"一带一路"；构建"一带一路"绿色政策、标准与智力合作体系，推进国际产能和基础设施绿色低碳化建设运营管理，推动绿色投资与贸易；积极参与国际绿色标准制定，加强与共建"一带一路"国家绿色标准对接，积极寻求与共建"一带一路"国家应对气候变化的"最大公约数"，推动建立公平合理、合作共赢的全球气候治理体系。

（2）规范企业行为，强化企业提高环境风险意识

应压实企业境外环境行为主体责任，指导企业严格遵守东道国生态环保相关法律法规和标准规范，高度重视当地民众绿色发展和生态环保诉求；鼓励企业参照国际通行标准或更高标准开展环境保护工作，鼓励企业定期发布项目环

境报告。参与"一带一路"建设的企业不能抱有寻找"污染天堂"之心，而应严格遵守当地环境管制法规标准，做好企业社会责任，重点保护环境。

（3）加强与环保组织对接，做好项目生态修复

企业在东道国进行投资时，要积极与当地社区及各类环保组织（例如中非联合研究中心、联合国环境规划署等）进行充分沟通，充分利用环保机构资源，提前开展环境评估工作，逐步积累共同解决环保问题的经验。在建设运营过程中，严格控制废气、废油、废水等的处理工作，尽量降低对地方环境的影响。在项目建设后，应积极开展项目用地及周边区域的植被、水体、空气的生态环境修复和污染治理工作。

6. 舆论风险

中国幅员辽阔，周边舆论环境十分复杂，印度、越南、菲律宾、印度尼西亚等部分国家对中国存在较为矛盾的心理：既关注中国发展，期待通过与中国开展多方面合作给其带来发展机遇和经济利益；又对中国有防范心理，担心受到中国影响过深而处于不利地位。以越南为例，不少越南民众对华抱有一定消极情绪，在涉华舆论上，越南媒体呈现出较为矛盾的报道，一方面描绘中国强大形象，另一方面又频繁提及两国争端，中国的文化形象在越南舆论中呈现片面化、零散化甚至扭曲化（林斯娴，2022）。同时，以美国为首的西方媒体"污名化"中国现象较为普遍，例如美方通过各种途径散播"一带一路"合作制造债务陷阱、破坏相关国家环境、造成腐败等荒谬言论，试图阻挠"一带一路"建设。

同时，部分"一带一路"项目在运作和建设过程中可能存在缺乏透明度的问题，形成一定的舆论风险。一是一些外企担心"一带一路"项目招标过程中偏袒中国企业；二是一些国家的民众认为，项目的相关决策没有考虑民意；三是一些国家内部政治势力借项目透明度问题作为指责、攻击中国政府和东道国执政党的工具。例如缅甸当地村民曾指责莱比塘铜矿项目欠缺透明度，会带来环境、社会及健康问题，并因此爆发抗议迫使矿场暂时停工。部分西方媒体借机炒作，使用刺激性的字眼对其进行渲染式报道。

"一带一路"建设过程中还面临着舆情应对不利的风险。2019年底新冠疫

情暴发，一些国家借机将中国与病毒相关联，破坏中国国家形象，炒作所谓的"政治体制缺陷论""政府治理失灵论"。如果这些谣言应对不利，将会严重影响"一带一路"的声誉以及共建国家对"一带一路"项目的参与度。例如2020年4月下旬，肯尼亚、尼日利亚等原本亲华的国家中部分媒体发表了针对中国形象的歪曲报道，影响了非洲民众对中国形象的好感度；但同时也有许多项目顶着舆论压力稳步推进，例如雅万高铁、中老铁路等合作项目运行平稳并不断取得突破。

为应对以上舆论风险，政府、企业等利益相关者应：

(1) 争取舆论主动权，讲好中国故事

当前的国际传播环境较为复杂，以美国、英国等为代表的西方国家媒体影响较大。我国应以习近平新时代中国特色社会主义思想为指导，加快构建中国话语权和中国叙事体系，加强文化传媒的国际交流合作，系统塑造与传播我国的国家形象。应积极运用自媒体等新平台，培育一批根植于当地的文化传媒新渠道，全面系统传播中国经验，讲好"一带一路"的中国故事。

(2) 加强政策公开，提高项目透明度

坚持共商共建共享的原则，坚持一切合作都在阳光下运作。充分利用政府开设的"中国一带一路网"，定期发布政策文件，介绍合作进展，及时将所有官方文件、政策法规和项目情况公之于众。中国企业在共建"一带一路"国家开展投资合作业务时，应注重按照东道国业主的要求和国际惯例，在项目建设、运营、采购、招投标等环节按照普遍接受的国际标准进行。作好针对性的信息披露，健全公众监督机制，增强民众对项目的了解，尊重各国法律法规，提高透明度和包容性。

(3) 坚持多边主义与媒体合作，提升中国媒体回应能力

对于"一带一路"引发的多元化国际舆论，中国媒体需提升回应能力，通过话语权建设营造"一带一路"建设的话语空间。一方面，彰显"一带一路"填补全球公共产品赤字、助力共建国家基础设施建设的成效，以构建一种理据性的回应；另一方面，是通过事实和媒体话语彰显"一带一路"与当地民众及世界公众日常生活的密切关联，以构建一种情感性的回应（钟新、金圣钧，

2022)。应通过联合声明、新闻报道等多种方式，驳斥不实言论，创新话语空间，应对舆论风险。

参 考 文 献

An, N., Sharp, J., Shaw, I. Towards a Confucian geopolitics. *Dialogues in Human Geography*, 2020, 11 (2): 218-235.

Bennett, M. M. How China sees the Arctic: reading between extra regional and intraregional narratives. *Geopolitics*, 2015, 20 (3): 1-24.

Bennett, M. M. Is a pixel worth 1000 words? Critical remote sensing and China's Belt and Road initiative. *Political Geography*, 2020 (78): 102127.

Brambilla, C., van Houtum, H. The art of being a "grenzgänger" in the borderscapes of Berlin. *Agora*, 2012 (4): 28-31.

Brenner, N. *New Urban Spaces: Urban Theory and the Scale Question*. New York: Oxford University Press, 2019.

Chen, Y., Chai, H., Huang, Y. Based on fuzzy comprehensive evaluation method the investment risk assessment of Chinese enterprises in the countries along "The Belt and Road". *IOP Conference Series: Earth and Environmental Science*, 2018 (108): 042073.

Herring, R. *Managing International Risk*. Cambridge: Cambridge University Press, 1983.

Liu, W. D. Confucian geopolitics or Chinese geopolitics? *Dialogues in Human Geography*, 2021. DOI: 10.1177/20438206211017774.

Mostafanezhad, M., Dressler, W. Violent atmospheres: political ecologies of livelihoods and crises in southeast Asia. *Geoforum*, 2021 (124): 343-347.

Murton, G., Lord, A. Trans-Himalayan power corridors: infrastructural politics and China's Belt and Road initiative in Nepal. *Political Geography*, 2020 (77): 102100.

Oliveira, G. L. T., Murton, G., Rippa, A. et al. China's Belt and Road initiative: views from the ground. *Polit. Geogr.*, 2020, 10 (82): 102225.

Sidaway, J., Woon, C. Y. Chinese narratives on "One Belt, One Road" in geopolitical and imperial contexts. *The Professional Geographer*, 2017, 69 (4): 591-603.

Song, T., Sun, M., Liu, Z. Grounding border city regionalism in contemporary China: evidence from Ruili and Mengla in Yunnan province. *Territory, Politics, Governance*, 2022. DOI: 10.1080/21622671.2022.2096685.

Summers, T. China's "new silk roads": sub-national regions and networks of global political economy. *Third World Quarterly*, 2016, 37: 1628-1643.

Suret, C. J. M. Political risk and the benefits of international portfolio diversification. *Journal of International Business Studies*, 1995, 26 (2): 301-318.

Walters, W. Border practices and border games. *Environment and Planning C: Politics and Space*, 2022, 40 (5): 1103-1105.

Woon, C. "Provincialising" the Belt and Road initiative: theorising with Chinese narratives of the "digital silk road". *Asia Pacific Viewpoint*, 2021, 62 (3): 286-290.

Zeng, J. H. Understanding China's "Belt and Road initiative": beyond "grand strategy" to a state transformation analysis. *Third World Quarterly*, 2019 (40): 1415-1439.

Zhang, M., He, S. From dissensus to consensus: state rescaling and modalities of power under the Belt and Road initiative in western China. *Annals of the American Association of Geographers*, 2021, 111 (5): 1519-1538.

安宁、蔡晓梅:"跨学科视角下'地缘政治'概念及其研究范式",《地理科学》,2020年第9期。

安宁、朱竑:"后人文主义视角下的中国地缘政治话语研究",《地理科学》,2018年第6期。

方星海:"用资本市场支持'一带一路'",《中国金融》,2017年第9期。

国家发展改革委:《西部陆海新通道总体规划》,2019年。

胡俊超、王丹丹:"'一带一路'沿线国家国别风险研究",《经济问题》,2016年第5期。

李稚、李玉朋、李鸿威等:"中亚地区干旱变化及其影响分析",《地球科学进展》,2022年第1期。

林斯娴:"新时代大周边舆论环境研究:结构、特征及启示",《太平洋学报》,2022年第11期。

刘卫东:"'一带一路'战略的认识误区",《国家行政学院学报》,2016年第1期。

刘卫东等:《共建绿色丝绸之路:资源环境基础与社会经济背景》,商务印书馆,2019年。

刘卫东等:《"一带一路"建设案例研究:包容性全球化的视角》,商务印书馆,2021年。

刘云刚、刘玄宇、张争胜:"渔民视角下中国南海的领域构建",《地理科学》,2020年第7期。

孟宏虎、高晓阳:"'一带一路'上的全球生物多样性与保护",《中国科学院院刊》,2019年第7期。

游庆龙、康世昌、李剑东等:"青藏高原气候变化若干前沿科学问题",《冰川冻土》,2021年第3期。

张芳芳、刘慧、宋涛等:"中南半岛地缘综合风险评价与机制分析",《世界地理研究》,2021年第6期。

中科带路:"绿色丝绸之路决策支持系统",https://www.brisupport.cn/user/profile。

钟新、金圣钧:"疫情背景下国际主流英文媒体'一带一路'热门报道框架——基于大数据的扎根研究",《新闻与传播评论》,2022年第5期。

周伟、陈昭、吴先明:"中国在'一带一路'OFDI的国家风险研究:基于39个沿线东道国的量化评价",《世界经济研究》,2017年第8期。